代言◎著

于成龍

大清第一廉吏

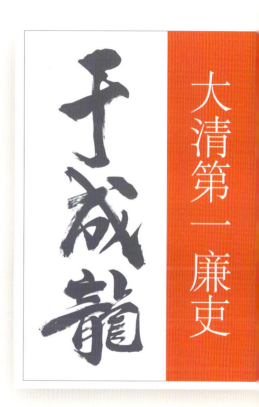

中国文史出版社

图书在版编目（CIP）数据

大清第一廉吏于成龙 / 代言著. —北京：中国文史出版社，2022.9

ISBN 978-7-5205-3688-2

Ⅰ. ①大… Ⅱ. ①代… Ⅲ. ①于成龙（1617-1684）—生平事迹 Ⅳ. ①K827=49

中国版本图书馆 CIP 数据核字（2022）第 168284 号

责任编辑：梁　洁　　　　装帧设计：程　跃　王　琳

出版发行：中国文史出版社
社　　址：北京市海淀区西八里庄路 69 号　　邮编：100142
电　　话：010 – 81136606　81136602　81136603（发行部）
传　　真：010 – 81136655
印　　装：廊坊市海涛印刷有限公司
经　　销：全国新华书店
开　　本：787mm × 1092mm　1/16
印　　张：19.75　　插页：8
字　　数：226 千字
版　　次：2023 年 1 月北京第 1 版
印　　次：2023 年 1 月第 1 次印刷
定　　价：58.00 元

于成龙画像（康熙四十五年作）

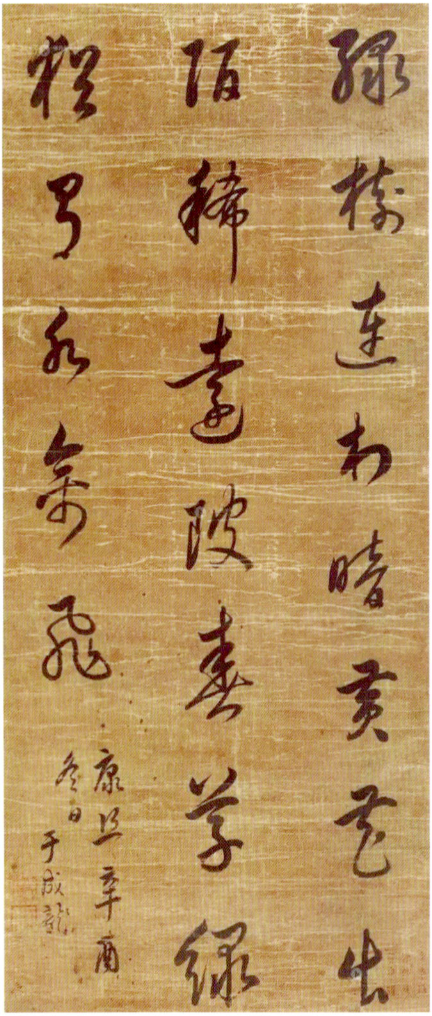

于成龙手稿（一）

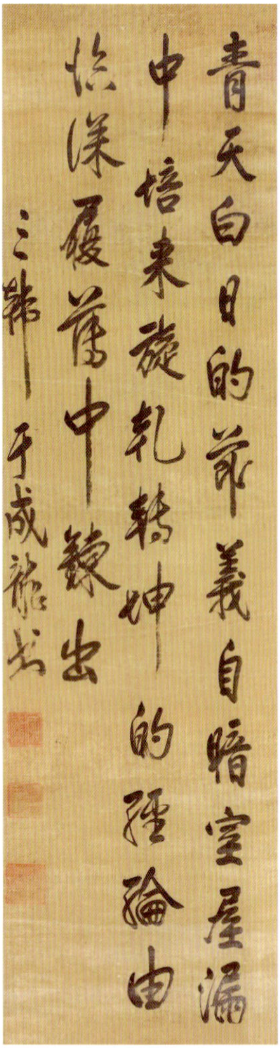

于成龙手稿（二）

于成龙雕像

于成龙故居

“于公旧治”石刻

于成龙墓园

再版自序

光阴荏苒。距离《大清第一廉吏于成龙传》首版在武汉大学出版社出版已经过去七年了。好在因为本书的原因，于成龙一时间成为热门人物，并拍摄了电视剧在央视播出，掀起了“于成龙热”。也是因为电视剧的影响，本书成为暂时的畅销书。

七年过去，我把《于成龙传》在原有基础上进行修订，目的是为了读者阅读起来更加轻松。决定再版《于成龙传》还有一个更为重要的原因，于成龙是古今廉吏的典范，值得千秋万代传颂，值得为官者学习。

在首版第一章的标题中，我就称于成龙为“千古一吏”，他是完全当得起这一荣誉的，也是名副其实的。我们客观地分析于成龙这个人，首先，他出身贫寒，一直到四十五岁之前，他都在山西永宁老家当农民，为官二十三年，从七品知县一路升迁到一品兵部尚书、封疆大吏，升迁速度之快，无疑在古今官场都堪称奇迹。他没有背景，他所信仰的正是清正廉洁和大公无私。另外，他清廉的程度就是包拯、海瑞也不可与之相提并论，从山西去往广西罗城之前，他就曾立下宏誓大愿，“此行不以温饱为志，誓勿昧天理良心”，几十年来主食都是萝卜青菜，一壶白酒，身边没有家眷相随，唯有明月寄相思。去世后，朝廷在整理于成龙的遗物时，发现他的官舍一片萧然，唯有褴褛衣衫和破鞋两双，堂堂一品大员身处江南烟柳繁华之地，还能恪守清操，不拿百姓一文，不取百姓一线，堪称古今第一廉吏。除此，于成龙还是能吏、干吏，说他是“千古一吏”当之无愧。

于成龙的成功，也在于他赶上了一个好时代，“康乾盛世”是中国古代最好的时代之一。康熙皇帝被誉为“千古一帝”，于成龙仕途上的几位上司金光祖、张朝珍、姚启圣、康亲王杰书，他们都是惜才、爱才的，如果没有这些上司的提拔、推荐，也不会成就于成龙。于成龙不光清廉，有能力也是事实，为官二十三年，数次被皇帝钦点为卓异。尤其是在封建社会，被皇帝钦点为卓异，是多少官员一生的心愿，有一次都不得了，何况像于成龙那样数次被评为卓异，这就不得不说是一个十分罕见的个例了。作为天下之主的康熙皇帝赞扬于成龙“天下第一廉吏”，这个荣誉可能对于成龙来说是受得起的，但是作为天子如此高度赞扬一位官吏，如果皇帝看错了人、表错了态，就有可能沦为天下笑柄，正因为如此，于成龙的清正廉洁是事实。

康熙皇帝如此高度赞扬一位廉吏，我想有几个方面的原因。第一，于成龙清廉是毋庸置疑的；第二，康熙皇帝要呼吁天下官员效仿于成龙，向于成龙学习；第三，康熙皇帝也在表明自己的立场，向腐败分子宣战，以此告知天下，皇帝整顿吏治的决心。康熙皇帝一生中最英明之处在于，他树立了清官典型，这也是于成龙升迁速度快的主要原因，康熙皇帝告诫天下臣工，只要清廉，就一定能够得到提拔，于成龙就是例子。康熙朝除了于成龙，同时期涌现出大批清廉、干练的官员，比如张鹏翮、陈鹏年、张伯行、张英、熊赐履、汤斌、陈廷敬、施世纶、李光地、彭鹏等人，直至雍正朝，史书记载“天下无官不清”，虽有些偏颇，但足以说明雍正朝没有人敢贪，这个和康熙、雍正治贪有关。康熙一朝，清官涌现，除了康熙皇帝破格提拔清官廉吏外，也与当时朝廷风清气正有关，清康熙一朝也是中国儒家文化发展的巅峰时期。

于成龙虽然只当了二十三年的官，但是在他曾经任职的地方，至今还有很多人在纪念这位清官，广西罗城、重庆合川、湖北黄州、福建福州、河北保定、江苏南京以及他的家乡山西等，百姓们很多都是自发纪念、政府参与。于成龙给山西人民增了光，他是后代官场争先效仿的楷模，他的“清端”光辉将永放光芒。

代　言

2021 年 11 月

前　言

我之所以会选择写于成龙是因为他是一位清官，受百姓拥戴，是希望将他的这种廉政思想发扬光大，传承下去，从而影响后人，造福于世人。

古往今来，为我所熟知并有一定影响和名声的清官有包公、海瑞、于公以及谭公等人，但是，唯有包公和于公的故事让我耳熟能详。包公素来以铁面无私、公正廉洁闻名，海瑞、谭公也重在断案公正，不惧权贵，王子犯法与庶民同罪，对待罪犯是一视同仁。尽管他们几位都是谦谦君子，断案如神，也相对清廉，除了朝廷的俸禄之外，从来不多拿百姓一分一毫，不会搜刮民脂民膏，更不会收受贿赂、贪赃枉法。他们为官一天就是为了替百姓做主。包公、海瑞、谭公虽然铁面无私、公正廉洁，但是，说到清廉之名还是于公稍胜了那么一筹。

于公虽然大器晚成，但是他依然不怨不恨，一心为民。自入仕以来，为官二十余载，这二十年来，从正七品县令坐到了两江总督、兵部尚书从一品的位置，虽然官越做越大，但是日子却越来越清贫，甚至一年到头不知肉味，这二十多年来于公的主食便以粗糠、青菜为食，人称“于糠粥”“于青菜”。

既然做了高官必然会有厚禄，那么，于公的俸禄都去了哪里呢？他将朝廷发给他的俸禄绝大多数都捐给了灾民，自己留下一小许的酒钱。于公后来做到了从一品兵部尚书等职，他饱受皇恩，可谓是声势滔天，作为汉人能受到康熙皇帝如此恩宠，实属古今罕见。尽管如此，于公并没有恃宠而骄，还是一如既往地恪守廉洁之名，为百姓伸张正义、平反昭雪。于成龙并没有像其他一品大员那样，携家带口，在哪里做官，家属就跟到哪里，让家属跟着自己享福。于公为官二十几年来，从来都是孤身一人，一家几十口人都留在山西永宁老家。他出仕之前，就已言明心志，此行不以温饱为志，以天下苍生为念。所以，家属跟着他上任，不但没有清福可享，还会跟着受累。并且，这二十几年来，也几乎没有给家里人捎过什么钱，所领的俸禄都给了灾民，家人生活也相当窘迫、清苦。拮据的生活并没有消磨于家人的意志，他们还是一如既往地支持于公、举家之力力挺于公。

于公只是在就任两江总督之前向康熙皇帝告老还乡回乡葬母，回过一趟山西老家，那个时候的于公已近垂暮之年，身体一天不如一天。他对康熙皇帝说，自古忠孝两难全，他说他将自己的余生都给了朝廷、给了皇上，分身乏术，没有办法尽孝。现在母亲已然去世，他希望能够回乡葬母，尽到一个为人子应有的本分，康熙皇帝恩准了。于公就那一次回了一趟家，也是他人生的最后一次，两年以后，便死在了两江总督任上，死时还是一个人没有家人相伴。于公将他的后半生都献给了百姓。可以说，他的廉洁之名当永垂不朽。于成龙死后，两江境内街行罢市，康熙皇帝为他更是痛哭流涕。他被康熙皇帝誉为“天下廉吏第一”。

本书着重写了于成龙四十五岁以后，在官场的这二十几年，包括他为人处世的原则、恪守本分的天职、为民请命的胆魄，最值得宣扬的是，他的政绩和他对政务的看法。有关他政绩方面的书有《于清端政书》等，上面记载了他为官多年的经验，还有他清廉之事迹，都是值得我们后人来学习的，我觉得彪炳青史的不仅仅只是他这个人，他的事迹、他的清廉都值得发扬和传承下去。

于公的一生是伟大的，是此生无悔的，是为了天下苍生作出巨大贡献的，他的精神应当世世代代传承下去，为世人树立一个坚实的榜样，他是百官之楷模，更是千古一吏。希望他能不被世人遗忘，于公的一生应该受到更高的褒扬。谨以此书献给天下读者，希望能唤醒那些尚在为恶、欺诈百姓的贪官污吏，多为百姓做主，为天下人谋福祉，这样一来，无愧于天地、无憾于自己，更对得起头顶上的那顶乌纱帽。

代　言

2022年10月12日

目录

第一章

北京选官

明朝末年，崇祯皇帝朱由检听信阉宦魏忠贤余党谗言，冤杀抗金名将袁崇焕，平西伯吴三桂为了美人陈圆圆冲冠一怒，背叛了明朝，引清兵入关，为清朝入主中原立下了汗马功劳，因此被封为平西王。在经历了明末长达几十年的战乱，百姓流离失所、民不聊生，清朝的统治也顺应了人民的愿望。

清朝皇室是来自东北的女真族，也就是后来的满族，入关的八旗兵总共也才二十万人，要想统治上亿人口的中原大国，必然离不开汉人的支持。清朝入主中原后，百废待兴，匪盗猖獗，国家正是用人之际。清朝政府也制定了基本国策，就是必须重用汉人，提倡满汉平等，这也是清朝能统治中原大国近三百年的主要依据。清初各州县经历战乱后，缺乏上任的官员，当时清廷科举未开，无有功名之人可用，让吏部官员十分棘手。

清顺治十八年某日，顺治皇帝福临正在批阅奏章，年仅七岁的三皇子玄烨站在皇帝身边观看。皇帝每批完一本奏折，他就要拿过去看看，很认真地思考。

总管太监吴良辅急急忙忙跑进来，奏道："皇上，康亲王杰书和吏部尚书孙廷铨求见。"

顺治皇帝迟疑道："他们来干什么？宣他们进来。"

皇帝将毛笔放在笔搁上。

"宣康亲王杰书、吏部尚书孙廷铨觐见。"吴良辅拂尘往背后一甩朝殿外喊道。

康亲王和吏部尚书急急忙忙走进了养心殿，抖了抖衣袖，跪拜。

"臣参见皇上，吾皇万岁万岁万万岁，拜见三阿哥千岁。"二人异口同声道。

顺治皇帝伸手示意道："两位爱卿免礼，天色已晚，不知两位爱卿所为何事？"

康亲王和吏部尚书孙廷铨站起来，孙廷铨从袖筒里取出提前写好的折子呈给皇帝，道："皇上，这是吏部刚刚整理出来的，都是全国各地州县缺乏上任官员的名单，请皇上过目。"

顺治皇帝接过折子浏览后，道："州县缺上任官员，你们吏部直接派就行了嘛，这种事情怎么还向朕汇报？"

吏部尚书孙廷铨一筹莫展道："皇上，正是因为无人可派，所以臣才来请示皇上。"

顺治皇帝一脸诧异地看着康亲王，道："这是怎么回事？"

康亲王杰书奏道："皇上，我大清入关不久，科举未开，无人可用，尤其是像广西、云南这些偏远州县，更没有人愿意去赴任。"

顺治帝似乎胸有成竹，便将这个机会留给了小阿哥玄烨，顺治帝摸了摸玄烨的脑勺，有意考问道："皇儿啊，你说该怎么办，你给皇阿玛出个主意吧！"

玄烨不假思索道："皇阿玛，儿臣倒觉得可以起用前朝的遗臣和有功名在身的举人进士入我朝为官。"

顺治帝困惑道："可是他们都是汉人啊，而且是前朝的遗臣，难道不怕他们起来反清吗？再说，这些汉人一向以炎黄后裔自诩，怎可轻易入朝为官？"

小阿哥玄烨，笑了笑道："皇阿玛，儿臣以为可以用。我满清最终入主中原少不了汉人的支持。如果没有汉人支持，仅凭我们满族的八旗子弟很难在中原立足，所以，我们不但要用汉人，还要重用，要满汉平等，给予他们重任，长此下去，天下百姓自然归附，何愁我大清不兴，再说了，大清现在科举未开也确实没有可靠的人才充任地方官员。"

顺治帝笑道："皇儿，你有十足的把握认为这些汉人举人、进士会当我大清的官？"

"一定会的皇阿玛，如果他们不当官，他们一辈子寒窗苦读就白费了，他们的心里就算再留恋明朝，明朝已经不复存在了。"三阿哥玄烨坚信道。

顺治帝听完玄烨的这番话，有一种醍醐灌顶的感觉，他深感欣慰地大笑道："没有想到朕的皇儿小小年纪竟有如此见识，比朝中的有些大臣都更有胸襟和气魄，必是帝王之才。"

吏部尚书孙廷铨逢迎道："三阿哥真是天才啊，此乃我大清之福。"

"是呀，我爱新觉罗氏的后代一代比一代强，这真是大清之福。"康亲王道。

康亲王和孙廷铨的一番说辞，听得皇帝心里美滋滋的，顺治帝道："康王啊，就按照玄烨的意思办吧，就目前来看，也只能这样了。"

"奴才遵旨，奴才和孙大人商议后，立刻昭告各州府。"康亲王道。

"臣告退。"

康亲王和吏部尚书孙廷铨缓缓退出了养心殿。

顺治帝欣慰地摸了摸三阿哥玄烨的脑勺，道："皇儿啊，你将来一定比朕强，平日里你不要贪玩，要多学多看，有什么不明白的就问朕，还有朝中的阁老们。"

"儿臣遵命。"玄烨面对皇帝拱手拜道。

在山西省永宁州来堡村有一位明朝崇祯十二年的副榜贡生，他叫于成龙，今年已经四十五岁。他胸怀为民请命的大志，没想到正赶上改朝换代，他的一腔热血都化为泡影。父亲早亡，家里还有一位老母亲，于成龙和妻子邢氏每天日出而作日落而息。地处黄土高坡上的来堡村历来干旱，一遇大风天，便黄沙滚滚，睁不开眼，头发上和衣服上满是沙土，鼻孔里、嘴里都是沙土，吐一口痰还夹带着黑血。

这一天，于成龙和妻子邢氏正在地里掰苞谷，掰一包就往背篓里扔，贤惠的妻子邢氏时不时用手绢为于成龙擦一擦额头上的汗水。

于成龙心疼妻子，抓住她的手腕，道："夫人，跟着我让你吃苦了。"

妻子邢氏摆了摆手，笑道："夫妻几十年了，儿子都有三个了，现在还说那些话干什么，也不嫌肉麻，倒是你，你一个前朝的大举人，没能当官造福百姓，跟着我在地里干这等粗活，倒是委屈你了。”

于成龙苦笑道：“罢了，这都是命，十年寒窗又如何，我都这把年纪了，一眼就能望到头，这辈子也就这样了。”

妻子邢氏很能理解丈夫于成龙的心情。

“爹，娘，我回来了。”于成龙的长子于廷翼往地里跑来，他的手里拿着一张写着字的纸，高高举起。

于成龙问道：“廷翼啊，你去了一趟城里就这么高兴啊？永宁城里都有什么新闻，说说。”

“爹，大喜啊，大喜。”于廷翼激动道。

“你这孩子什么天大的好事，把你高兴成这样？”邢氏不解道。

“爹，你看，这是永宁州衙出的告示，说是让前朝有功名在身的举子、进士去京城吏部选官，儿子觉得这是一个千载难逢的机会，爹的心愿不是一直在这上面吗，所以就给爹带来了。”于廷翼将告示递给于成龙，并激动地说道。

于成龙匆匆浏览后，欣喜若狂，问道：“廷翼，这是真的？”

“当然了，官府的告示怎么会有假。”于廷翼肯定道。

于成龙激动地往家的方向跑去，跑到一半，恍然大悟，又回来背起地上的一筐苞谷便往家跑，一路小跑，苞谷掉了一地。

邢氏由衷地高兴道：“廷翼啊，快跟上你爹，把掉在地上的苞谷都捡起来，你看他高兴的，肯定今天晚上是睡不着了。”

“好嘞。”于廷翼背起苞谷，和母亲往家里走去，跟在于成龙的身后有说有笑。

来堡村几乎家家户户都住在窑洞里，于成龙的家也不例外，他家的院子里有两棵柿子树，树上果实累累，火红的柿子垂直向下，压弯了树枝，柿子树下有一轮巨大的石磨，是于成龙家平日里研磨豆子用的。于成龙的母亲正在磨盘边上做着针线活，见于成龙一家几口背着苞谷往家里赶，于母忙问道："今儿个怎么这么早就收工了，太阳还没有下山呢，晚饭还早呢。"

于成龙将背篓里的苞谷往地上一倒，将背篓往地上一扔，双手捧着那张衙门出的告示，来到母亲面前，欣喜若狂道："娘，孩儿终于等来了一个千载难逢的机会，如果错过了这次机会，成龙恐怕一辈子都只能当农民了。"

于母放下针线活，一脸诧异地瞅了瞅于成龙，从于成龙的手里接过告示，匆匆浏览一遍，于母自幼跟随父亲读过几天书，所以识得一些字。

"这是真的?"于母难以置信地看了看于成龙。

"奶奶，当然是真的了，我从永宁城拿回来的。"于廷翼肯定道。

于母道："果真如此，这的确是一个千载难逢的好机会。我儿这是要到京城去选官吗?"

于成龙坚定地点了点头，道："娘，儒家讲修身齐家治国平天下，如今孩儿还有治国和平天下两大志愿尚未完成，成龙今年已经四十五岁了，如果错过了这次机会这辈子怕是永无出头之日，男儿果能做到光宗耀祖，就算大孝了。"

于母站了起来，满怀期待地看着于成龙，干脆道："我儿，去吧，如果这次你能当官，也是我于家列祖列宗保佑。"

对于母亲的支持，于成龙倍感欣慰，道："娘，儿子现在只是举人，放在明朝要当官是想都不敢想的事情，按这告示上的意思，有举人功名的，起码也能选正七品知县，前朝多少进士也只是勉强熬个知县，儿子一介举人，更应该珍惜。”

于母瞅了瞅邢氏和于廷翼，问道：“你们娘俩的意思呢？”

“男儿志在四方，成龙也这把年纪了，如果不能满足他的愿望就老了，让他去。”邢氏道。

“我也支持我爹。”于廷翼道。

于母笑道：“那好，今天晚上我们包饺子吃，就当给成龙送行了，此去京城山高路远，没有半个月是到不了京城的，还是提前走吧，以免误了时日。”

“那好，我这就去和面。”邢氏拴上围裙就往窑洞里钻去。

“我去帮娘洗菜。”于廷翼也跟着跑了进去。

于母紧紧握着于成龙的手，语重心长道：“成龙，如果这次真的能当官，你一定要好好干，于家先祖于坦在明朝也曾当过巡抚，你可不能辱没了先祖威名。”

“孩儿谨遵母亲教诲，外面风大，孩儿扶你进去吧。”

于成龙扶着母亲往窑洞里走去。

于成龙是来堡村唯一的举人，当晚，于成龙的妻子邢氏就为于成龙准备好了路上吃的干粮和细软，于成龙于翌日清晨，独自一人徒步往京城走去。于家家境贫寒，一家几口人要吃饭，根本没有钱雇马车，只能走路。

走了大半个月才来到北京城，于成龙初来北京，被京城繁华的市井震撼了，车水马龙，人声鼎沸，有驼队，有杂耍，有卖唱的，有京城的达官显贵走街串巷，时不时还有大官鸣锣开道。于成龙挎着包袱，站在人群中看热闹，不远处就是紫禁城的午门。午门宏伟壮观，于成龙只有望而却步。

初来北京城的于成龙，绕了大半个京城才找到吏部衙门，门口有守卫的兵丁，庄重威武，有吏部的官员在门口坐着接待，于成龙上前作揖道："大人，在下来自山西永宁，是来吏部选官的，这是永宁州衙出具的证明，请大人过目。"

吏部官员匆匆过目后，道："你叫于成龙，是崇祯十二年的副榜贡生？"

"正是在下。"于成龙恭敬道。

吏部官员给了于成龙一张条子，道："选官五日后举行，五日后也就是十三日辰时你还到这里来，带上这张条子去吏部的驿馆下榻，这几日你也可在京城四处走走。"

于成龙接过条子，给该官员作揖后便转身离去。

于成龙看了看条子上的地址，兴高采烈地走了。

这五日里，于成龙每天的生活就是在驿馆里看看书，去京城各处走走转转，感受一番京城的风土民情，他去爬了一趟北京西山，文人墨客最好爬山。

五日后辰时，于成龙是最早来到吏部门外等候的一批举子。到了巳时，举子们都来得差不多了，有吏部官员从衙门里走出来，面对众举子道："诸位举人老爷都随我进来吧。"

约莫有三五十人的队伍走进了吏部，在吏部官员的安排下，他们整整齐齐地排成了五排，于成龙站在右边第二排的顺数第三个位置。

随后，有穿二品官服的官员和穿五品官服的官员在数名小吏的陪同下走出来，那穿五品官服的官员上前道："首先祝贺各位举人老爷来到北京吏部选官，本官是吏部员外郎陈鼎业，我身边的这位是吏部侍郎冯溥冯大人。”

“见过冯大人。”众举人异口同声拱手道。

冯溥笑着示意道：“诸位都是有功名在身的人，不必多礼，本官今日是代表皇上、代表尚书孙廷铨大人来看望大家，希望大家以后都能做一名清正廉洁的好官，报效国家，回馈父老乡亲，本官的话讲完了，接下来由员外郎陈鼎业大人安排。”

说完，冯溥转身往内屋走去。

“冯大人，你是冯大人?”于成龙激动道。

冯溥回头朝人群看去，问道：“是谁在说话?”

于成龙出列，拱手道：“永宁于成龙见过冯大人，冯溥大人高风亮节、文采出众，于成龙仰慕不已，没想到今日有幸见到大人。”

冯溥思索片刻，道：“于成龙，我知道你，你在山西文坛颇有些名气。你的诗我读过，写得不错，当年八旗贵族在永宁圈地，你不顾安危为民请命，了不起。希望你此次能抽到一个好去处，多多造福百姓，将来本官或可在皇上面前为你美言。”

说罢，冯溥继续往前走，于成龙欣喜不已道：“谢过大人，成龙一定不负所望。”

“于成龙，你是永宁人?”于成龙侧后方一名操着山西口音的人问道。

于成龙点了点头道：“我是永宁人，兄台是?”

“我叫李东林，来自山西平阳府，挨着你们永宁的，不过我是位秀才，比不上你这位举人老爷，我是被平阳府推荐过来的，我家在当地捐了一座桥，现在朝廷急需用人，所以破格用我这个秀才。”

李东林得意扬扬道。

“幸会。”于成龙面对李东林作揖道。

“好了，大家都安静，不要吵了，选官马上就要开始了，看到没有，本官面前放着一个木箱，箱子里面放着竹签，每一支竹签上都写好了官署名，一会儿我喊到名字，就一个个来抽签，抽到哪里就是哪里，不能重复抽签，并且要报出你所抽取的官署名，吏部备案，都听明白了吗?”吏部员外郎陈鼎业郑重其事道。

“遵命。”众人齐声道。

“赵书明。”陈鼎业照着名单喊道。

“在。”

赵书明走到木箱前，取出一支竹签，喊道:“贵州仁怀县知县。”

赵书明站到一边，一旁的吏部文书记录在册。

“吴新亮。”

“在。”

吴新亮抽出一支签，报道:“四川平武知县。”

“于成龙。”

“在。”

于成龙疾步走到箱子前，犹豫片刻，抽出一支签，报道:“广西罗城知县。”

于成龙站到一边，一个时辰过去，所有人都抽签完了，在现场七嘴八舌地议论起来。那平阳府的李东林走到于成龙的面前，道:“于兄，你怎么抽到广西罗城了?”

于成龙一脸诧异道:“罗城怎么了?”

“那可是个烟瘴之地啊，盗匪为患，不好管啊。”李东林道。

于成龙冷笑道："我今年四十五了，能当上七品知县已经是造化，哪里还敢挑。"

"我比你运气好点，我抽的是广州府番禺县。"李东林得意道。

于成龙道："恭喜李兄啊，番禺是个好地方。"

吏部员外郎陈鼎业来到人群中一一向诸位大人道贺，道："诸位大人，本官在此恭贺诸位大人，祝你们前程似锦，多为百姓造福。"

于成龙带着吏部签发的上任文书，就星夜兼程往山西永宁赶去。为了尽快回到家里把好事告诉乡亲们，他提前写了信，而自己还是走路回家。

三五名来堡村的小朋友正在磨盘边上捉迷藏，一名小男孩抱住了归来的于成龙，男孩扯开眼罩，大喊道："叔回来了。"

于成龙笑着往村里走去，三五名小孩往四面八方跑去。

"叔回来了。"

"举人老爷回来了。"

小朋友们奔走相告。转眼工夫，来堡村的村民们就从各家的院子里走出来，来到村口，迎接于成龙。

于母、邢氏，于成龙的三个儿子于廷翼、于廷劢、于廷元站在最前面。

待于成龙走近，乡亲们异口同声喊道："于老爷。"

于成龙走到村民的面前，面对村民一一握手。

"赵大娘。"

"刘二爷。"

"张大嫂。"

于成龙的脸上充满了感激，道："谢谢你们，谢谢来堡村这片土地，成龙如今已是朝廷任命的七品命官，广西罗城县正堂。”

于成龙来到母亲面前，拉起母亲的手。母亲满含眼泪道：“我儿出息了。”

于成龙的发小王成德来到于成龙的面前，脸色沉重道：“成龙，我们从小一起长大，我也是读过几年书的人，当今天下是满族人的天下，你我皆为炎黄子孙，你去胡人的朝廷为臣，难道不怕后人唾骂吗？”

于成龙冷冷一笑，不以为然道：“成德兄，于成龙自幼受儒家思想的教化，深知大丈夫应当修身齐家治国平天下，在成龙看来，满汉蒙回谁当皇帝都不重要，重要的是这样的朝廷能不能带给百姓希望、天下安宁，你不该有种族歧视，历史上的北魏孝文帝，就是胡人，但是天下治理得国泰民安，当今朝廷自入关以来，讲满汉平等，讲三纲五常，减免赋税，唯才是举，这样的朝廷难道不是好朝廷，这样的皇帝难道不是好皇帝吗？布衣度人，只能度自己一人，当了官就能造福一方百姓，这样的官难道不应该当吗？”

于成龙说得在理，王成德无言以对，尴尬道：“成龙兄，你好自为之吧。”

王成德作了拱手礼便走了。

好友王吉人面对于成龙忧心忡忡道：“成龙，罗城县我知道，在广西境内的偏远小县，我去年在广西走马帮的时候，路过那里，民风彪悍，匪盗猖獗，实在不是人待的，你是北方人，那里气候潮湿，毒虫甚多，恐你水土不服啊，你还是交了官印，辞了吧。”

于成龙的好友们一个个说得如此可怕，听得于母心惊肉跳。

“成龙啊，如果真的是他们说的那样，你不如辞了官吧，娘只要你平安，这个官咱不当了。”于母不安道。

“吉人，你的好意我知道，但成龙今年已经四十五了，如果真的辞官，这辈子就再也没有出头之日了，读书人应见利勿趋，见害勿避，古人义不容辞之说，何为也?”于成龙态度坚定道。

于成龙的妻子邢氏面对于成龙道:“你长途跋涉也辛苦，先回家，我们坐下来再慢慢商议。”

于成龙的长子于廷翼从父亲手里接过包袱，一家人往家里走去。

村民们这才散去。

回到家里，妻子邢氏给于成龙下了一碗面，于成龙坐在炕头上吃了起来，母亲坐在一边，一家人围坐在一起，于母表情沉重地对于成龙道:“成龙，刚才听成德和吉人说了，我的心七上八下的，看样子这罗城县不是人间地狱，也不是什么好去处，娘担心你呀。”

于成龙一边吃着面，一边道:“娘，罗城县是一个县不是人间地狱，那里的百姓都能生存，我为什么不能?生逢朝代更迭之时，只有去罗城这样地瘠民贫的地方，或许才能建功立业。”

于母仍然一脸担忧，面对于成龙的三个儿子道:“廷翼、廷元、廷劢，你们的父亲就要去千里之外的罗城赴任了，你们难道不担心吗?快劝劝你们的父亲。”

三个儿子也左右为难。

邢氏道:“娘，成龙决心已下，就让他去吧，成龙吉人天相一定不会有事的。”

于母勉为其难道:“那好吧，希望祖宗保佑成龙。”

“我去给你收拾衣服，还有干粮，你歇息两日再启程吧。”邢氏看了看于成龙，往里屋走去。

这时，来堡村的几位乡亲来到于成龙家里，后面跟着五个年轻人。

于成龙下了炕，上前迎道："李大叔、赵大妈、张三婶、王老爹，你们怎么来了？"

几位长辈相约来此，见到于成龙就连忙跪了下来。

于成龙连忙将李大叔扶起来，并对一旁的两个儿子道："廷劢、廷元快把几位长辈都扶起来。"

于母见几位行如此大礼，问道："你们这是干什么？成龙是晚辈，怎么能受你们的跪拜。"

廷劢、廷元将几位长辈都扶起来。

于成龙瞅了瞅一旁的几个年轻人，心里大概明白一些。

王老爹面对于成龙，道："成龙，我今天和你赵大妈、李大叔、张三婶过来，就是想求你一件事情，你看呀，你现在也是一方父母官，七品知县，我的孙子朝卿，还有你李大叔的孙子李平，还有你赵大妈、张三婶的孙子于敏、陈实、王元，这几个孩子都不错，你能否在衙门里给他们安排个差事，怎么也比当农民强，一辈子没有出息，以后让他们在罗城给你打下手。"

于成龙却一脸为难。

"莫非成龙为难？为难的话我们就不勉强你了。"赵大妈道。

于成龙笑道："赵大妈，你误会了，罗城乃烟瘴之地，想必你们也听说了，我怕他们过去跟着我吃苦，要是出什么事情，我没法跟你们交代。"

李大叔连忙摆手道："成龙，你放心，我们是自愿的，这几个孩子娇生惯养，就应该让他们吃吃苦。"

王老爹面对朝卿喊道："朝卿，你过来，见过你成龙叔，以后就叫于老爷，现在你成龙叔是县太爷了。"

"朝卿见过于老爷。"朝卿朝气蓬勃道。

"你们几个都过来，拜见于老爷。"赵大妈道。

五人一一给于成龙行了见面礼，于成龙也只好勉为其难地把他们都收下。

由于于成龙家里所存的现银不足，无奈只能典当和变卖一部分田地和房屋，最后终于凑足了一百两银子。于成龙已经是年近半百的人了，家人担心这一路上无人照顾他的生活起居，于成龙和五个年轻力壮的仆人，收拾好生活用品和行李以后，便准备启程。

在临行之前，于成龙将自己的子嗣都叫到身边，交代了他们料理家务以及处理生活上的一些事情，并强烈要求和嘱咐他们要认真学习，考取功名。

临别时，于成龙说了两句很伤感的话，于成龙也并不是多愁善感之人，只是他确实舍不得就这样离开家人独自生活。也不知道今日一别，何时才能相见，他面对家人，伤感地说："从此以后，我在外做官，管不了你们；你们好好治家，也不用想念我了。"

这话，让屋里屋外的妻儿老母听后都不忍放声大哭，于成龙他自己也表现得很不舍，说："成龙身为大丈夫，是不应该轻易掉泪的，但成龙在临行前确实不放心你们独自离去，以后我不在家，你们还要多多照顾好自己才是，这样成龙也放心在外为官。"

依依不舍的于成龙，最后还是头也不回地离去了，于成龙向母亲磕头拜别后，向祖宗上完香便郑重告辞了。于成龙离开永宁老家以后，一路南行，向罗城飞奔而来。

于成龙途经晋南的稷山县时，停留了一阵，只因稷山县有他多年的好友武祇遹，他俩自从太原一别后，多年未见，没想今日却相会于稷山。武祇遹也曾中过举人，他并没有参加此次的举人选官，因此赋闲家中，病倒在床。于成龙也在此间探望了昔日好友，并向他述说了去罗城上任的情况，武祇遹也以罗城条件很差为由，好心相劝于他放弃去罗城赴职。

武祇遹拖着病体告诫于成龙，道："于兄啊，罗城远在广西千里之遥，正是我大清的边疆县城，那里常有匪寇出没，你只身前去，愚兄多有不放心之处啊，你还是回到京城将上任文书交予吏部吧，以后另行打算！据说那里去了几任知县，不是被杀就是逃跑，愚兄生怕于公你有个什么闪失啊！"

于成龙却不以为然，淡淡一笑道："吉人也曾劝过我，我才不相信，我于某人就非要死在那里不可，如今我年过半百，若再错失良机，恐怕以后都没有机会再为百姓出力了！所以，前面纵有千难万险，我也要迎难而上！我辈虽无功名在身，自古英雄豪杰也不尽然全是科甲出身，我此行决不以温饱为志，誓勿昧'天理良心'四字。你我相识已久，你应该了解我，我决定了的事情是不会回头的，子素好意成龙心领了。"

于成龙此番豪言壮语对好友无疑是醍醐灌顶，反倒被于成龙给震撼和教化了，武祇遹此时方知自己是白活一世。

于成龙一行六人，拜别了好友武祇遹以后，便继续上路南行。一路上于成龙虽然有朝廷免费的驿馆住宿，但是难免会花些自己的银钱。由于他是北方人，到了南方自然会水土不服，感到身体不适，当于成龙途经永州地面的冷水滩时，眼看着就要进入到两广地面了，他却在这个时候身染重病，这应该是他仕途的第一次遭难吧。

大病过后的于成龙可谓身心疲惫。于成龙是个好强的人，是个不苟言笑的正人君子，自然是不愿意因为病痨耽误上任的时间。于成龙可恨出师不利，人还没有到广西，就先病了，这对上任的时运恐怕不好，古代人大多这样迷信。冷水滩这个地方与广西省是隔山相望，当时的广西省城是有山水甲天下的美誉之称的桂林城，按照规矩于成龙首先要到那里去拜见巡抚，在他们处交接办理完手续以后，才能够走马上任。不过，于成龙大病初愈，或者说他的病还没有完全康复，一副病恹恹的样子，并不是很精神，感觉像刚刚倒了大霉，狼狈不堪。

于成龙要去罗城赴任，必须先到广西巡抚衙门报到，在这里他见到了人生中第一个贵人——广西巡抚金光祖。金光祖是一个不苟言笑的人，性格古怪，当于成龙一行人来到巡抚衙门时，他正在后衙批文。风尘仆仆的于成龙一行站在他的面前，灰头土脸，皮肤焦黄，衣衫褴褛，金光祖倍感诧异，从书案前走出来，围绕于成龙等人打量，冷冷一笑，又回到座位上坐下来。

“想必你就是新上任的罗城知县于成龙吧。”金光祖略显轻视道。

于成龙以洪亮的声音回答道：“正是下官。”

于成龙将吏部的上任文书拿给金光祖看，金光祖浏览后，将其丢在桌子上，金光祖点了点头，指着桌案上的七品官服，对于成龙道：“于大人，七品官服就放在这里，你随时可以领走，但是你领官服之前，我们之间应该有个约定，罗城的情况，想必你来之前就已经有过了解，我这里不想再重申，前面两任知县一死一逃，你可不能丢下一个县就跑了，至少在罗城干满三年。三年后，广西境内任何一个州县你都可以去，我这样说你明白吗？”

于成龙道：“抚台大人，您若不相信下官，下官现在就在这里立下誓言，我于成龙绝对不可能只在罗城干三年，也不会死，更不会逃。”

于成龙走到桌案前，将官服和官帽抱起来就往外面走。

金光祖大为吃惊，冷笑道：“比我还有脾气，我就拭目以待。”

于成龙一行进入广西境内后，就开始水土不服，随从闹肚子、发烧，上吐下泻，面色苍白，于成龙也有些病恹恹。

抚台劝他先留在省府把病养好了再说，不要忙着去上任，于成龙却说：“生病是再平常不过的事情了。朝廷既然赋予下官官职，下官就必须对得起朝廷，对得起百姓。若连这点小病都挺不过去，怎能为百姓做事！往日豪气，何从得来？”

长官们对于成龙感到很无奈，自然也都心服口服了。

办理完手续以后，于成龙一行马不停蹄继续向着柳州府出发，不知疲倦。在赶往柳州的路上，他的病情愈发严重，几乎已经病入膏肓，临近死亡的边缘。由于于成龙的意志够坚强，他的病情终于见好转，抵达柳州后，他的病情逐渐好转。在柳州知会知府后，下一站就直接奔罗城而去。由于地处偏远，山路崎岖，官方的驿馆栈道还不够完善，加之战乱之后有所损毁，路标也不够明确，于成龙只能是望天判方向，凭着自己的感觉走。

几经坎坷和挫折，于成龙主仆六人翻山越岭，终于来到了罗城县的边界山上，这一望，于成龙是彻底后悔了，但是后悔也于事无补，文书已经下达，人也到了。罗城县重山起叠沉浮，杂草丛生，植被繁茂，根本就看不见路。

随从叹道：“哀哉！此何地也！这分明就是蛮荒之地，哪里是人能待的！”

随从开始抱怨起来，心生退意，于成龙边走边给仆人们打气，道：“大家加把劲儿，只要到了县城，就应该好些了。”

于成龙命令随从一路披荆斩棘来到了县城，到了县城以后的场景让于成龙是彻底心凉了，从边界到县城依然是荒芜一片。

第二章

罗城上任

罗城是一座规模不大的城池，周长二里有余。于成龙进城之后，所到之处一片狼藉，房屋虽然有不少，但是十室九空，残破不堪，住在城里的人仅仅只有六户，全都是走不了被迫留在这里的老弱妇孺。于成龙只得寄宿在关帝庙，在关帝庙里面住了一宿之后，第二天一大早便来到县衙赴任。虽说是县衙，但简陋的程度如农舍一般，而且还是前任知县修整的。没有大门、仪门、两塀，迎面就是茅草搭建的三间堂屋。东边一间是驿馆，西边一间是书房，中间是审案办公的大堂。大堂背后有门，通向后院，后院三间草屋，是知县的宿舍，连围墙都没有。

于成龙一行狼狈不堪，有些直接累趴下了，他们直接在县衙门口倒成一片，有的靠在墙边。

有两个扛着锄头的半百农夫经过县衙，其中一人用锄头戳了戳于成龙的腿，于成龙这才迷迷糊糊睁开眼睛，于成龙连忙站了起来，他的衣服上满是荆棘，被划得大洞小眼，满是伤痕，于成龙激动道："老乡，这是哪里？"

“这里是罗城县城。”农夫道。

随从五人也被吵醒了，纷纷起身，他们的模样着实吓坏了两位农夫，他们拔腿就跑。

于成龙急呼道：“老乡，你们等等，我们不是坏人，我是新上任的罗城知县于成龙，这几位都是我的随从，我们是从山西过来的。”

几名随从异口同声道：“是呀，我们不是坏人，我们是跟着于大人的。”

一名农夫道：“你说你是罗城知县，你有什么证据？眼下这罗城匪盗猖獗，谁知道你们是不是骗子。”

于成龙面对朝卿道：“朝卿，你把官服和官帽拿过来。”

朝卿将包袱打开，里面装着官服和官帽还有官印，朝卿拿给农夫一一眼看。

两名农夫验罢，连忙朝于成龙跪拜道：“大老爷，小人不知道是大老爷，还请老爷恕罪。”

于成龙连忙上前搀扶两位农夫，笑道：“不知者不怪，请起，请问这里真的是罗城县城？”

“是呀。”农夫异口同声道。

于成龙和随从朝四周围张望，一片萧条。

朝卿面对于成龙道：“老爷，这也太荒凉了，我们永宁的一个集市一个镇都比这里繁华。这哪里是县城，跟破败不堪的农舍有何区别。”

“是呀。”其他几名随从异口同声道。

于成龙神情麻木，面对两名农夫道：“老乡，县衙在哪里？”

一名农夫指着于成龙背后的房子，道："于大人，你身后就是县衙。"

于成龙大为震惊，转身和随从就往里面走，里面杂草丛生，破败不堪，还有野耗子和蜘蛛网。

农夫连忙放下锄头，朝于成龙喊道："于大人，这里是南方天，小心有蛇，你要拿一根棍子打草惊蛇，我去通知城里的乡亲们，让他们过来帮忙收拾收拾。"

说罢，一名农夫扛着锄头就往回走，另外一位农夫放下锄头，从地上捡起一根木棍，走在于成龙的前面，为于成龙一行开路。

县衙的门窗已经掉落，大堂里还堆满了柴火，于成龙在县衙的门槛上坐了下来，面对这满目疮痍的县衙，他和随从的心拔凉拔凉的。

于敏道："老爷，这哪里是来当官的，分明和流放差不多。"

那农夫一听，心里也不是滋味，道："罗城远离中原，穷乡僻壤，自然比不上山西。"

于成龙瞪了瞪于敏道："休要胡说。"

李平一头跪在了于成龙的面前，让于成龙有些始料未及，李平道："老爷，我对不起你，我不想在这里待了，我想回山西老家，这里实在不是人待的。"

于敏、王元、陈实也一起跪在了于成龙的面前，异口同声道："老爷，我们也要回去。"

于成龙此刻倍感孤独，但对他们又深感歉意，他抬头望着朝卿，道："朝卿，你也跟他们回去吧。"

朝卿坚定不移道："我这辈子跟定老爷了。回到山西老家，我这辈子只有当农民，跟在老爷身边，至少能为百姓做点事情，老爷我就不回去了。”

于成龙从胸口掏出了四锭银子分别交到他们的手里，内疚道：“于敏、王元、陈实、李平，家里人把你们托付给我，我没有安置好你们，是我对不起你们，这些银子你们拿好，作为回家的路资，都起来吧。”

四人纷纷推辞，在于成龙的一再坚持下，他们最终收下了银子。

于成龙面对朝卿道：“朝卿，你替我去送送他们。”

四名随从给于成龙再次磕了几个头就走了，朝卿也跟了出去。

农夫看在眼里，深感同情，面对于成龙，他感慨道：“我们罗城先后来了两位知县，一死一逃，于大人你可不能丢下我们罗城百姓啊。”

于成龙道：“老伯，你贵姓？”

“小民是瑶族人，姓李。”

“原来是李老伯，这里是县城，怎么只有几户人，如此荒凉，人都去哪里了？”于成龙一脸诧异道。

李老伯叹道：“因为罗城已经很久没有县令，这里山高皇帝远，匪盗出没，奸淫掳掠，无恶不作，附近的百姓们都躲到山上苗寨去了。”

于成龙愤怒道：“这群土匪无法无天，本官一定会砍了他们的脑袋，真是苦了你们了。”

衙门外面吵吵嚷嚷，他们都在呼喊于成龙。

“于大人，乡亲们应该来了，我们快出去吧。”李老伯道。

李老伯和于成龙一起走了出去。城里仅有的几户人家都来了，大约有十几个人，都是些老弱妇孺，他们跑不动，来不及躲避土匪，只能留在县城。

刚才和李老伯在一起的王老伯面对于成龙道："于大人，现在城里只剩下这些人了，他们听到于大人来了很高兴，都来帮忙收拾县衙。"

于成龙瞅了瞅骨瘦如柴的乡亲们，很痛心道："乡亲们，让你们受苦了，我来晚了。"

一个中年孺人哭诉道："你真的是知县大人吗？我的儿子和媳妇现在都在土匪的营寨里，我老婆子一个人生活，眼瞎，腿不好使，真不知道该怎么办了。"

"于大人，我的女儿被土匪强奸了，杀害了。"一名中年男子道。

"于大人，求你了。"乡亲们异口同声乞求道。他们一同跪在了于成龙的面前。

于成龙连忙俯身道："乡亲们，你们都起来吧，我是罗城的父母官，我一定帮大家除了匪患。还望父老乡亲鼎力相助。"

李老伯招呼道："乡亲们，我们一起帮于大人把县衙打扫一下吧？"

十几个乡亲涌进了县衙的大院，开始拔草，将县衙里的柴禾都搬出来，将县衙里的乱石和瓦砾都收拾干净了。在乡亲们的齐心协力之下，半天工夫县衙就焕然一新。公堂和后衙也收拾得似模似样了。

当时于成龙在罗城的生活条件很差，将后院前任知县的住所简单收拾了一下，勉强能够住下，没有做饭的锅灶，于是就找了一个破瓦罐，挖了一个地灶。

于成龙此时不断地发出哀叹："哀哉！想不到这天下还有这样荒废的县城。"

之前想赶快上任，心里还有一丝念想，所以病情有所好转，但是现在的状况影响了他的心情，从而也加重了病情。

罗城的环境实在是没有办法生存，当时于成龙还向上级修书一封，要求放他们回去，上级未批，于成龙这样写道："边荒久反之地，一官一仆，难以理事，乞赐生归。"

此时的罗城匪患出没，于成龙甭说活得艰难，就连吃饭睡觉都要防范敌人来袭，他在枕头边上立了一口大刀，随时准备防范来犯匪徒。

翌日清晨，于成龙在后衙的破床上睡了一宿，没有睡好，他早早地就来到了大堂上，在大堂上来回踱步，一筹莫展的样子。

"于大人……"

一个身穿八品官服的男子挑着一担米，急急忙忙走进了县衙，后面跟着几十名衙役。于成龙走了出去，面对来人道："你是何人？"

那穿官服的男子笑道："于大人，下官是罗城县丞，叫胡德安，我听说你来了，给你送来一担米，这些都是罗城县衙的衙役，一直赋闲在家，现在县太爷来了，我把他们都叫回来了。"

于成龙感激道："多谢胡大人。"

县丞胡德安回头对众衙役道："你们都下去站岗吧，一定要保护大人的安全。"

"是。"众衙役按部就班，大堂上的衙役们各执水火棍，威风凛凛。

于成龙满意道："胡大人，县衙虽小，但也要符合朝廷县衙的编制啊，你还是尽快把县衙的主簿、教谕、典史、巡检、胥吏都给找回来，如今县衙还缺一名捕头，否则本县令怎么将匪盗缉拿归案。胡大人，你可知道这罗城最大的匪首是谁吗？”

胡德安眼神游离不定，迟疑片刻道：“于大人，这罗城毗邻九万大山，土匪来无影去无踪，下官也不知道他们的身份。”

“胡大人，于大人问你，你就如实说嘛，你不是不知道，而是不敢说，让我来告诉于大人。”一位手执折扇，身穿长袍的书生朝于成龙走来。

于成龙诧异道：“你是？”

书生作揖道：“小民拜见大人，小民是乡野教书先生，路过县衙听见大人正在询问胡大人，小民见大人心系百姓，于心不忍，才出来回话，请大人见谅。”

那先生不屑地瞅了瞅胡德安。

于成龙道：“刚才先生说你知道，快些说来。”

“于大人，罗城境内有一个最大的土匪，他叫谢昌顺，没读过什么书，祖上都是杀猪的，最擅长收买人心，手底下聚集了数百号人。他们没有固定的营寨，没吃的喝的就下山来抢，烧杀淫掠，无恶不作。除了此贼，罗城就太平了。”书生道。

于成龙震怒道：“胡德安，你还说不知道？！”

县丞胡德安吓得跪在了于成龙面前，连忙解释道：“于大人，下官上有老下有小，我怕那谢昌顺前来报复啊。”

面对胆小懦弱的县丞，于成龙也无可奈何。

见于成龙一筹莫展，书生道：“于大人，若要剿灭此贼，小民有个建议。”

“请讲。”

书生道：“罗城境内有一个壮士，是前朝的落榜秀才，能文能武，与那谢昌顺向来不对付。他武艺高强，有心报效国家，但是报国无门。如果能请他来当罗城县衙的捕头，谢昌顺的大限就不远了。如今于大人初来乍到，对罗城的情况不熟悉，而这位壮士正好为于大人所用。”

于成龙大喜道：“这位壮士叫何名？家住何处？”

书生道：“他叫李元武，就住在龙山的山寨里，小民与他有些交情，就让小民去劝他如何？”

于成龙激动道：“先生，果真如此，本县愿拜先生为罗城县衙的师爷，先生此去也名正言顺，可否？”

书生连忙拜道：“多谢大人，小民愿效犬马之劳，大人声名响彻三晋，小民仰慕已久。”

“小民这就去。”书生转身便要离去。

于成龙恍然大悟，道：“还不知道先生大名？”

“小民王怀民。”

于成龙欣慰地点了点头。

县丞胡德安放了一个马后炮，道：“大人，如果真的请来李元武襄助，那谢昌顺就末日不远了。”

于成龙瞪了胡德安一眼，道：“你刚才怎么不说？”

于成龙拂袖而去。

第三章

荡平匪患

李元武的营寨位于罗城龙山的悬崖峭壁之间，四周树木繁茂，遮天蔽日，山寨易守难攻，上山只有一条路，十分隐秘。李元武的内心一直有一腔报国热忱，与教书先生王怀民意气相投。那王怀民受于成龙所托，来山寨求见李元武。王怀民到来时，李元武正在山坳里练武，他手持长枪，飞天遁地，游走于峭壁之间，一根粗壮的树木被他刺穿。

“大哥，王怀民先生来了。”一名守山的兄弟跑过去禀告道。

“哦，快快有请。”

李元武把长枪扔给一旁的弟兄，便在一旁的石凳上坐了下来，翘首以盼。待王怀民到来，李元武连忙起身相迎，拱手笑道：“先生今日怎么有空来我山里？”

王怀民面对李元武坐了下来，沉默片刻道：“李兄，罗城来了新任知县你知道吗？”

“听说了。”

李元武应道，边给王怀民倒茶。

王怀民道："在下今日受于大人所托，上山请李兄帮忙缉拿匪首谢昌顺。李兄不是报国无门吗？这可是好机会啊！"

李元武冷笑道："看来怀民今天是来当官府的说客来了，天下乌鸦一般黑，无论是明朝还是清朝，都一样，哪有什么好官？"

王怀民道："李兄，这位于大人看起来一身正气，跟以往我们见到的官员都不一样，或许他能改变罗城的现状，况且我已经向于大人推荐你当罗城的捕头，怎么说也是吃皇粮的，比你在山里落草为寇好啊。"

李元武起身徘徊，犹豫道："我这帮兄弟怎么办？"

"这个好办，该遣散的遣散，要留下来的可以到罗城衙门当兵啊，现在于大人不是缺人手嘛。"王怀民果断道。

李元武笑道："怀民兄，你这么苦口婆心，这于成龙给了你什么好处？"

王怀民摇了摇头，笑道："李兄，我什么好处也没有，于大人现在就是光杆县令，但是我从于大人的眼神里看得出来，他是个好人，我相信他。"

李元武表情十分为难，道："怀民，你先回去吧，我好好想想。"

"你可要三思啊，机会可不等人呢。"

说罢，王怀民便往山下走去。

王怀民回到罗城县衙，于成龙正在后衙用破坛罐蒸芋头，朝卿正在烧火，于成龙在拾柴。见于成龙的生活过得如此清贫寒酸，王怀民的心里很不是滋味。

"于大人，你们就吃这些啊？"王怀民心里酸酸的。

于成龙手里拿着柴，笑道："王先生回来了，这些芋头都是李老伯送来的，平时想吃还吃不着呢。”

“这普天之下没有比大人更清贫的知县了吧？”王怀民调侃道。

于成龙笑道：“没有，那我就是第一个。”

朝卿道：“老爷向来节俭，身上有钱这一路上都捐给难民了，我们是逃难来到罗城上任的。”

王怀民叹了一口气。

“怎么样，王先生，李元武愿意下山助我吗？”于成龙问。

“他说他要再考虑。”

“考虑好啊，只要没有直接拒绝，你先回去休息吧，你尽快交接好书院的工作，从今以后你就是我罗城县衙的师爷，过两日，你跟我再上一次龙山，我亲自去会会这位李壮士。”于成龙道。

“大人，在下就先告辞了。”

王怀民朝衙门外走去。

朝卿从坛罐里抓出一个芋头，吃了起来，也不怕烫手，喊道：“老爷，芋头熟了。”

于成龙面对朝卿道：“朝卿，去把我从山西带来的老白汾拿来，这事要办，酒我也要喝。”

朝卿往屋里跑去，随后便取出酒瓶，于成龙拔出酒塞，便猛饮几口，再啃了一口芋头。

三日后，王怀民来到县衙报到，于成龙与他一起往龙山去请李元武，李元武此刻不在山上，他带着弟兄们在山下帮附近的村民们插秧。于成龙和王怀民远远就看见了，于成龙被李元武身上的品质深深感染了，王怀民刚要喊，被于成龙制止了。王怀民躲在远处，于成龙一人前往，他来到田间，面对李元武喊道：“老乡，这两年水稻收成如何啊？”

李元武摇了摇头，道：“收成还好，不过土匪也抢了不少，如果不是我护着，这附近的村民怕是活不下去了。”

于成龙一脸诧异道：“你护着？”

“是呀，我本是前朝秀才，被世道逼得走投无路才落草为寇，这罗城匪盗猖獗，如果不是我护着，山民们一个也不得安生，今天我带着弟兄们下山来给乡亲们插秧。”李元武感叹道。

于成龙笑道：“我看你的样子，也不像是山大王嘛。”

李元武直起身子，瞅了瞅于成龙道：“我听你的口音，也不是本地人嘛。”

“我是北方来的，来，我也来帮你们插秧，北方都是吃面食的，这秧苗我还没有怎么见识过。”于成龙边说着，边挽起裤子和袖子，下田来帮助李元武他们一起插秧。

于成龙手脚麻利，众人齐心协力，经过一上午的努力，这田里的秧苗都插好了。田里的乡亲们感恩李元武，纷纷向李元武招手致谢道：“多谢李壮士和兄弟们。”

于成龙和李元武洗了脚，穿上鞋子，行走在田间。

刚到路边，李元武就给于成龙跪了下来，道：“草民拜见知县大人。”

于成龙大吃一惊道：“李壮士，你如何得知我是罗城知县于成龙？”

李元武起身笑道：“罗城刚刚来了知县，您又是山西口音，与大人的交谈中，看出大人满腹经纶，试问这罗城县还会有几个山西人，李某也是秀才出身，如果这点眼力见儿都没有，如何能当山大王。”

于成龙大笑，回头朝远方的王怀民喊道：“王先生，你可以过来了。”

王怀民这才匆匆跑来，面对于成龙和李元武道：“于大人，被李兄发现了？”

于成龙笑道：“李壮士比我想象的厉害啊，怎么样李壮士，既然你都知道了，现在该做决定了吧？愿不愿意当我罗城县衙的捕头，总比你当山大王好吧，以后你就是官府公家人了。”

李元武毫不犹豫道：“于大人，小民愿听于大人差遣。”

王怀民却深感困惑，面对李元武道：“李兄，前几日你不是还要考虑吗？今天怎么这么快就答应了？”

李元武冷笑道：“我在想一个问题，从古到今，有几个官员会下田帮老百姓劳作，这样的官员能是坏人吗？于大人在诗坛早已声名鹊起，我读过他的诗，今日之事我更加确信于大人是我要追随的人。”

于成龙笑道：“李壮士，你过奖了。”

“李兄就是这样一个直来直去的人。”王怀民调侃道。

于成龙欣慰道：“好了，现在我罗城县衙，有了你们一文一武，加上李壮士的人马，平定罗城匪首谢昌顺指日可待，李壮士和王先生有什么好办法吗？”

王怀民一筹莫展道：“这谢昌顺乃流动作案，行踪飘忽不定，一会儿在罗城，一会儿在柳城，一会儿在柳州，关键又没有巢穴，着实难办啊。”

于成龙思索片刻，道：“这世上没有不偷腥的猫，既然是土匪，必然抢劫财货，李壮士你人脉广，你放出风去，就说柳州府要送一批物资和赈灾银到罗城，反正柳州到罗城就一条官道，我们的人埋伏在那里，守株待兔，箱子里装上炸药，泼上油，只要他们敢靠近，就放火箭，不烧死也炸死，你们以为如何？”

王怀民道：“办法是好，就是不知道这谢昌顺会不会上当？”

“一定会的，我了解他，这一次他必死无疑。”李元武肯定道。

“走吧，我们回县衙再做计较。”于成龙道。

“大人，我不能跟你回去，我得先回山寨安排妥当，另外，我投靠大人的消息还是先保密，不然我怕抓捕谢昌顺的计划有变，不能让谢昌顺看出这是我们的诡计。”李元武担心道。

“还是李壮士考虑周全，行，我和王先生先回县衙，到晚上你来县衙我们再做商议。”于成龙道。

李元武带着弟兄们往山上走去，王怀民和于成龙一起往县衙走去。当晚，在夜深人静的时候，李元武乔装过后，来到县衙与于成龙等人秘密谋划。三日后，于成龙等人依计而行，县衙的士兵配合押运货物，其实都是一些空箱子，里面装满了火药，箱体泼上了油，由数十名士兵押运，行走在柳州至罗城的路上。其实，于成龙等人也不知道谢昌顺一伙儿在哪里下手，会不会上钩，他们都没有谱，他们只有选择守株待兔，紧跟在押运货物的队伍后面，隐匿在草丛之中。果然不出所料，谢昌顺的人马出现了，他们的人就隐藏在草丛里，螳螂捕蝉黄雀在后，李元武的人在谢昌顺的后面，他们已经准备好了弓箭，箭头已经点上了火。

“兄弟们，上。”谢昌顺一伙儿百十人一拥而上。

官兵们见贼人来势汹汹，连忙丢了货箱，纷纷逃命，根本没有抵抗。谢昌顺一伙儿以为得手，走到箱子前，正用刀尖去撬开箱子，用锤子砸开箱子。李元武突然下令万箭齐发，火箭从天而降，射到箱子上，箱子瞬间燃烧爆炸，贼人有的被箭射死，有的被火烧得在地上打滚，有的被炸死。

惊慌失措的谢昌顺喊道："不好，我们中埋伏了，快跑。"

谢昌顺的身边只剩下十几个人，李元武连忙下令道："兄弟们，给我杀，不能让谢昌顺跑了。"

李元武的人马一拥而上，冲过去，与谢昌顺的残余厮杀起来，谢昌顺的手下拼死保护，李元武拿起枪，飞身刺向谢昌顺，谢昌顺一刀一挡，迅速闪开，仓皇而逃，朝柳城县方向去了。

李元武的手下想追，但被李元武制止了，道："不用追了，前面是柳城地界，不能越境捉拿，这件事情还是等于大人定夺。"

李元武的手下急道："大哥，不能让煮熟的鸭子就这样飞了。"

李元武道："如今我也是公家的人，不能乱来，一切按法定办事。"

李元武带着弟兄们往罗城县衙而去。

于成龙和王怀民、朝卿等人在县衙大堂上等候，于成龙焦头烂额，来回踱步，时不时往外面张望。

见李元武疾步往大堂上走来，于成龙忙上前问道："李捕头，怎么样了？谢昌顺捉住了吗？"

李元武一筹莫展，道："这谢昌顺的身边现在只剩下几个人了，大部分都被我们杀了，现在他逃往柳城县了，属下身为罗城捕头，深知朝廷法度，故不敢越境，请大人定夺。"

王怀民道："是呀，于大人，朝廷有规定，越境办案，除非有上级衙门的批文，否则会被视为藩镇割据，形同造反。”

于成龙眉头紧锁，他来到公案前，提笔写了一封信，迅速封起来，走下来交到李元武的手中，道：“李捕头，你腿脚快，去一趟省城桂林，找一下广西巡抚金光祖，只要金大人同意，这事情就好办多了，只要谢昌顺在广西，我们就可以捉拿他。”

“属下遵命。”李元武接过信，转身就出了县衙。

王怀民忧虑道：“于大人，在下认为，还是派几个人乔装打扮后，去柳城探一探谢昌顺的风声，还是监视，不能让他跑了。”

于成龙道：“这个主意好，来人。”

一名士兵走了进来，于成龙凑到士兵耳边对他叮嘱一番，士兵领命后便离去。罗城县衙的衙役便衣潜入柳城，躲在柳城县衙不远的角落里偷偷观察，见谢昌顺负伤走进了柳城县衙门。柳城县知县赵炳义正坐在大堂上悠闲地看书，谢昌顺连滚带爬地闯进来，看门的衙役也不敢拦。

“赵大人，救命啊。”谢昌顺冲到赵炳义的面前。

“大人，我们拦不住，他硬要见大人。”衙役为难道。

赵炳义对大堂上的衙役们挥了挥手，示意他们退下，衙役们放下水火棍，往后衙走去。

见谢昌顺狼狈不堪的样子，赵炳义放下书，呵斥道：“你是什么身份，本官又是什么身份，你竟敢这样大摇大摆地走进县衙，你想找死啊？你当这柳城县没人认识你吗？你不知道从后门进啊？”

谢昌顺急道：“赵大人，你要救救我啊，现在罗城已经回不去了，我几百号人现在只剩下几个人，全部被罗城新来的知县于成龙剿灭了，过去我孝敬你不少银子，这时候你可不能袖手旁观啊。”

赵炳义从主审位置上走下来，慢悠悠地来到谢昌顺的面前，瞪了谢昌顺一眼，冷笑道："我跟于成龙是旧相识，他是什么人我最清楚，你遇到他该你倒霉，如今你大摇大摆走进县衙来，生怕外人不知道我们的关系，你这样做恐怕还会连累我，只要我不发话，于成龙不敢来柳城抓人，你还是找个安全的地方先藏起来，这段日子最好不要露面，我尽量帮你周全，你自求多福吧。"

谢昌顺气不顺，道："赵大人，你过去吃了我不少银子，如果我被于成龙抓到，你的日子也不好过，你要三思啊。"

赵炳义震怒，拿起桌子上的茶碗就往谢昌顺身上砸去，道："谢昌顺，你敢威胁我？罗城县这些年没有知县，在柳城如果不是本官给你罩着，你早就被人千刀万剐了，还不快滚。"

谢昌顺正要出衙门。

"你给我滚回来，从后门走。"谢昌顺又才灰溜溜地从后门离去。哪知道前门和后门早已被于成龙的人严密监视起来。

于成龙派出去的人，一队人继续留在柳城监视谢昌顺的动向，一队人回到罗城向于成龙禀告。

此时，罗城县捕头李元武已经从桂林回来，带回了广西巡抚金光祖的批文，于成龙正在罗城大堂上与李元武和王怀民等人商量事情。于成龙自来到罗城，感染了风寒，一直咳嗽不止，加上水土不服，身上起了湿疹，朝卿在后院给他煎好药，端到了大堂上。

罗城县衙的两名便衣士兵走进了大堂。

"大人，谢昌顺进了柳城县衙。"士兵道。

王怀民语气沉重道："你亲眼看见的？"

"正是，谢昌顺从县衙出来后脸色不太好。"士兵道。

李元武肯定道："看来他去求柳城知县赵炳义救命了，谢昌顺在柳城也干了不少坏事，平日里柳城知县也没少拿他的好处，看来这次赵知县没有答应他啊。"

于成龙恍然大悟，道："我有一位同窗，听说早几年他去了广西做官，多年没有联系，这位柳城知县和他同名同姓，不知道是不是我的同窗。"

王怀民问道："于大人，如果是当如何？"

于成龙笑道："怀民，你放心，如果赵炳义真的犯法，本官一定向朝廷揭发，不会徇私枉法，这点你放心好了。"

王怀民道："如果真是这样，也不枉我们跟大人一场。"

于成龙喝完药，随之起身，拿上公案上的巡抚批文，面对王怀民和李元武道："李捕头，怀民，你们叫上几个士兵，我们去一趟柳城县衙。"

于成龙一行大摇大摆往柳城县走去，刚出县衙大门，县丞胡德安正好带人从乡镇巡视回来，见于成龙行色匆匆，喊道："于大人，你们这是去哪儿？"

"我们去一趟柳城县衙，你留守县衙。"于成龙道。

胡德安道："于大人，这柳城知县赵炳义我们打过交道，要不要我跟你一起去？"

"不用了，赵知县是我同窗，我比你熟。"于成龙道。

胡德安尴尬地笑了笑，便往县衙走去。

于成龙、王怀民、李元武三人来到了柳城，柳城县城繁华喧嚣，市井之声不绝于耳。于成龙等三人站在柳城县衙的门外，面对宏伟壮观的柳城县衙，于成龙感慨道："这柳城县真是富裕啊，罗城县衙就几间农舍，大概是广西最差的县衙了吧。”

王怀民道：“大人所言确实如此。”

李元武带着佩刀，面对县衙门口的衙役道：“兄弟，进去通报一声，就说罗城知县于成龙大人到了。”

于成龙一行跟在衙役的身后，朝县衙大堂上走去。此时，赵炳义刚从后衙出来。

“启禀大人，罗城知县于成龙大人到了。”衙役道。

赵炳义见于成龙，连忙热情地上前招呼道：“北溟兄，你我一别多年，想不到在这穷乡僻壤之地相见，听说你当了罗城知县，我原本想过几日空了去罗城拜访你，没想到你今日就来了。”

于成龙笑道：“炳义，你我既是老乡又是同窗，那我就不跟你客气了，我给你介绍一下，这位是罗城捕头李元武，这位是我刚请的师爷王怀民。”

于成龙面对着李元武和王怀民介绍道。

“见过赵大人。”李元武和王怀民一起给赵炳义作揖。

“免礼。”赵炳义笑着说。

赵炳义抓着于成龙的手腕，往公堂上走，道：“北溟兄，你请上座。”

“大家都坐。”赵炳义回头对王怀民和李元武道。

衙役搬了两把椅子到大堂上来。

于成龙推开了赵炳义，道：“炳义，今天来，我是有公务在身的，等事情了了，我们再畅饮如何？抚台大人的公文收到了吧？让你配合我抓捕罗城在逃的匪首谢昌顺，他现在人就在你柳城。”

赵炳义笑道：“哦，北溟兄放心，抚台大人的手谕我已经收到了，只是你怎么知道谢昌顺就在我柳城境内呢？万一他去了别的县，或者桂林呢？”

李元武信心满满道：“不会，于大人已经让我派人给监视起来了，就在柳城，跑不了。”

“既然如此，元武，怀民，我们马上赶过去，将他捉拿归案。”于成龙面对王怀民和李元武道。

说罢，于成龙、李元武一行，急匆匆往衙门外走去。

于成龙回头道：“炳义，你跟我去吗？”

赵炳义道：“既然是巡抚大人的命令，我就跟你去一趟，这样的恶人不能再让他跑了。”

说罢，赵炳义带着衙役，跟于成龙一行往柳城县城东面的关帝庙追去。罗城县衙的便衣士兵密切监视着关帝庙，没有见谢昌顺走出来。

于成龙的人，还有赵炳义的人，将关帝庙团团包围。

“李捕头，带人进去把谢昌顺给我抓出来。”于成龙吩咐道。

王怀民瞅了瞅一旁的柳城知县赵炳义，看到赵炳义胸有成竹的样子，心里有些不安，七上八下的。

“感觉哪里不对啊。”王怀民喃喃自语道。

李元武冲了出来，激动道：“大人，谢昌顺被人杀了。”

“什么！”于成龙冲了进去，见谢昌顺正躺在关帝庙里，死状十分难看。

赵炳义也随之进去，愤怒道：“谁这么大胆竟敢在我柳城杀人，真是岂有此理。”

于成龙等人面面相觑，煮熟的鸭子飞了，谁的心里也不好受。

“北溟兄，对不住了，是我这个当知县的疏忽了。”赵炳义的表情似有些扬扬得意。

于成龙无奈道：“炳义，先告辞了。”

于成龙带着王怀民等人回到了罗城县，脸色铁青的于成龙在大堂上来回踱步，一副一筹莫展的样子，愤怒道：“现在好了，一切线索都断了，谢昌顺死了，他背后谁人在撑腰也没有证据了。”

“大人，我怀疑是赵炳义杀了谢昌顺，他的嫌疑最大。”王怀民道。

这话让正要进门的罗城县丞胡德安听到了，他的眉头紧锁，一副贼眉鼠眼的样子。

李元武道：“是呀，于大人，赵炳义的嫌疑最大，谁敢在他的地盘上杀人，而且杀的还是江湖大佬，看来他是要杀人灭口啊。”

王怀民沉思片刻，道：“回来的衙役不是说，看到谢昌顺从柳城县衙出来嘛，谢昌顺的脸色不好，想必他是威胁了赵炳义，或者是知道了赵炳义的太多事情，所以赵炳义才杀人灭口，我们的人可是一步也没有离开呀，看来这赵炳义果真厉害啊，在我们眼皮底下杀人。”

于成龙道：“你们说的都有道理，但是现在人已经死了，我们的线索断了。”

“老爷，王先生，李捕头，饭做好了，你们先吃点吧，吃了饭再谈。”朝卿从后衙走出来喊道，他包着头巾，满脸都是锅灰。

于成龙、王怀民、李元武往后衙走去，胡德安没有进去，他出了衙门，鬼鬼祟祟，正好被李元武看到。

“这胡大人怎么来了，也不进来。”李元武困惑道。

王怀民往外瞅了瞅，道："这胡大人有故事啊。"

于成龙听出了王怀民话里有话。

众人来到后衙院子里，一张破桌上只有三碗萝卜青菜汤，朝卿还在锅里盛，于成龙端起萝卜青菜汤就在一旁的石阶上坐了下来，并大口吃了起来。

王怀民和李元武盯着桌子上的萝卜青菜汤，一脸诧异，他们看了看于成龙，于成龙吃得津津有味。

王怀民面对于成龙吃惊道："于大人，你平日里就吃这些东西？"

于成龙笑道："我本是庄稼人，这萝卜青菜在北方还不常吃到，如今罗城的百姓还在流离失所，我作为罗城的父母官，我只有和百姓同甘苦，况且很多人连这个都吃不上，就委屈你们二位了。"

李元武看了心里很不是滋味，道："看来我李元武没有跟错人，于大人真是心系百姓的好官，属下和怀民今天还是头一遭蹭于大人的饭，没想到于大人的生活这样辛苦。"

朝卿从厨房里端出一碗萝卜汤也吃了起来，面对二人道："老爷每天吃的就是这些。"

李元武摇了摇头，与那王怀民面面相觑。

于成龙道："元武、怀民，你们赶紧吃，元武一会儿随我去一趟苗寨，把乡亲们都接回来，如今谢昌顺已经死了，罗城境内只剩下一些不成气候的盗匪，我们再慢慢清理，怀民一会儿以衙门的名义拟一份告示，让衙门里识字的人都来抄写，抄写一百份，张贴在罗城县城和乡镇，告知乡亲们，可以回家了。另外，县丞胡德安这个人我不相信，我怀疑前任王知县的死与他有关，怀民你想办法查查。”

“是。”二人异口同声道。

说完，便各自端起萝卜菜汤吃起来。

就在这时，李老伯和城里其他几位乡亲带着东西来到了后衙。有的手里提着米，有的拿着鸡，还有的提了两条大鲤鱼。

“于大人，这是我跟乡亲们的一片心意，请你收下。”李老伯喊道。

李老伯的手里提着一只鸡，还是活的。

“于大人，我给你带了两条鱼。”

“还有米，于大人。”

乡亲们争先恐后地把自家的东西放在于成龙面前。

于成龙连忙放下碗筷，起身来到乡亲们面前，一副受宠若惊的样子道：“乡亲们，你们都拿回去，于成龙谢谢你们了。”

李老伯道：“于大人，你帮我们剿灭了谢昌顺，就是我们罗城的青天大老爷，老朽我每天看你吃青菜萝卜，于心不忍啊，你这样下去怎么得了，把身体累垮了，还怎么给老百姓做事呢？”

朝卿面对于成龙道：“老爷，你就收下吧，这些东西也不值钱。”

于成龙面对朝卿呵斥道：“朝卿，你怎么能有这种想法？为官者不能拿老百姓一针一线，如果收了一次就会有第二次第三次。”

朝卿只能低头不语。

王怀民道：“于大人，这些都是老百姓的心意，如果你不收，实在是驳了他们的面子啊，你就收下吧。”

“是呀，于大人，这些日子你在罗城的所作所为，乡亲们都看在眼里，你是什么样的人，大家最清楚，元武斗胆请你收下，你们确实也应该改善一下伙食了。”李元武不忍道。

在众人的轮番劝说下，最后于成龙勉强收下了，并声称不能再有下次了。乡亲们这才心安地离去。

说罢饭，于成龙带着李元武和朝卿一起前往苗寨去了，为了让乡亲们感受到诚意，于成龙只有亲自去迎接他们。

第四章

保境安民

于成龙一行翻越了几个山头，才来到苗寨。他站在山坡的巨石上，远远望见苗寨炊烟袅袅，乡民们正在做饭。苗寨的四周均有乡民们在站岗放哨，他们有的手持大刀、有的持巨斧、有的持枪，来回巡视，有乡民来来往往进出苗寨。放哨的乡民远远望见穿官服的于成龙往苗寨走来，他迅速跳下哨岗，往寨子里跑去。

“洛寨主，山下有个穿官服的人往苗寨来了。”报信的气喘吁吁道。

那洛寨主正在寨子里与弟兄们把酒谈兴，他连忙放心酒杯，往山下走去。

“走，我们去看看。”

洛寨主到山寨门口的时候，于成龙、李元武和朝卿三人已经在那里等候。见到洛寨主，李元武面对洛寨主道：“洛寨主，这位是罗城新来的知县于成龙于大人。”

洛寨主道：“原来是元武兄，我虽然没有下山，但是罗城的事情我也道听途说了一些，据说你帮着这位于大人剿灭了谢昌顺，于大人真是好计谋啊。”

于成龙笑道：“洛寨主过奖了，于成龙一切都是为了罗城百姓。”

洛寨主问道：“于大人今日前来，莫不是来接乡民们下山？”

于成龙朝洛寨主作了作揖道：“洛寨主，我代表罗城的百姓谢谢你收留他们，如今我这个县令上任了，匪首谢昌顺也已经死了，罗城县已经太平了，我希望乡亲们能回家。”

洛寨主瞅了瞅于成龙，又看了看李元武，道：“元武兄的人品我是了解的，他能死心塌地跟随于大人，想必于大人你是一位好官，走吧，于大人随我进寨，我立马召集乡亲们。”

于成龙一行跟着洛寨主进了寨子，朝卿在于成龙耳边道：“老爷，想不到这洛寨主还是通情达理之人。”

在洛寨主的张罗下，罗城县的一万多乡民迅速被召集到一起。乡亲们第一次见到这位罗城新来的知县，议论纷纷，各执一词，对于成龙充满了疑虑。

洛寨主与于成龙一行站在高处，面对乡亲们，乡亲们或靠或站，或蹲或坐，态度怠慢，没有一点激情。

于成龙面对乡亲们，道：“乡亲们，我是罗城新来的知县，我叫于成龙，今天我告诉大家一个好消息，罗城的马匪谢昌顺已经被本官剿灭了，今天是来接大家回家的，这是罗城县衙出具的告示，你们可以回家了。”

乡亲们听到谢昌顺被杀，欣喜若狂，手舞足蹈，现场立刻热血沸腾。

乡亲们异口同声道：“于大人万岁。”

于成龙看到乡亲们高兴，他深感欣慰，道："乡亲们，这些都是于成龙应该做的，你们收拾收拾就随本官下山去吧。"

人群中有一位老者，喊道："于大人，谢昌顺已死，追随谢昌顺的人会不会报复？"

于成龙笑着道："请乡亲们放心，于成龙一定把罗城的土匪余孽打扫干净，我身边的李元武李捕头大家应该都认识，他以前占山为王，现在已经归降了朝廷，在罗城县衙当捕头，有他在，大家可以放心回家了。"

"是呀，有李壮士在，我们放心。"

"李捕头是个好人呀。"

"我们可以放心回家了。"

乡亲们七嘴八舌地说着，各奔东西，携家带口往山下走去。有的挑、有的扛、有的拉，其乐融融。

罗城的百姓都回到了自己的家园，于成龙还自掏腰包买了耕牛，几家共用一头耕牛，罗城恢复了生机。

根据罗城目前的状况，于成龙须分三步走：一是先彻底清剿罗城境内的匪患，维护一个和谐安定的社会环境这样才有可能发展；二是修建交通路线，罗城杂草丛生，树木繁茂，进出县境的道路较少，要致富先修路的道理他还是懂的，只要搞好了交通才能有贸易商的往来，进而发展经济；三是恢复生产，开垦荒地，发展农业。根据三步走，于成龙首先实行了第一步，维护社会治安稳定和谐，他实施了保甲法这一社会制度，保甲法一般是按照集中居住在一起的五家一保，十家为一大保，或者是几家为一保；几保为一甲等。

保长和甲长，就是加强基层的管理，他们就像民兵组织一样，具有防御功能，一旦有匪患入侵，他们就会团结一心，共御外敌。于成龙就是以这样的办法，预防盗匪的。于成龙在罗城首先明正典刑，对那些桀骜不驯或者触犯大清律法的人绝不手软，所谓天子犯法与庶民同罪，于成龙的原则是这样的，只要犯法，不论大小都要受到不同程度的惩罚。

又到了一年一度的播种季节，罗城百姓苦于没有种粮，无法下种，罗城地处山区，杂草丛生，很多土地荒芜，加上天灾和战乱，别说种粮了，就连吃的都没有。

迫于无奈，于成龙只好到柳城县去借种粮，知县赵炳义推三阻四，不愿与于成龙借粮食，后来于成龙得知柳城县有一桩令赵炳义很棘手的案子需要处理，苦于胸中无策。这件案子的当事人正是一个高官的亲属，迫于压力该县令必须在限期内将此案侦破。现在好了，自己才能有限，于成龙帮助他把这件令他寝食难安、茶饭不思都解决不了的案子给结了，他还不对于成龙感恩戴德，于成龙以此向该县令借要种粮，这时候很快就被应允了。

于是，于成龙便差人将借来的种粮运到罗城县，只是希望不要就这样错过播种季节，要不然来年罗城县的百姓就没有吃的了。罗城的老百姓也在当年顺利地播种，种苗长势一片大好，当年迎来了丰收年。

罗城在经过了于成龙的一番精心整顿之后，焕然一新，较比之前的荒凉景象，明显繁华了很多。

尽管如此，于成龙的心里还有一块石头没有落下，前任王知县的死因至今也没有个结果，他愁得焦头烂额。

一日，等衙门里的人都回家以后，于成龙把王怀民和李元武都叫到后衙，于成龙心事重重地面对二人道：“怀民、元武，我让你们查关于王知县的死因查得怎么样了？”

李元武肯定道：“杀王知县肯定跟谢昌顺脱不了干系，只是现在谢昌顺已死，死无对证啊。”

“大人让我暗中调查县丞胡德安，我也确实没有发现任何可疑的地方。”王怀民一筹莫展道。

于成龙眉头紧锁，来回踱步，面对二人道：“本官来到罗城已经三年了，虽然老百姓都回归田园，安居乐业，但王知县的死没有查个水落石出，我就是离任也不得圆满啊，朝廷把王知县的案子交给我，我总不能什么也没查出来吧！”

王怀民和李元武面面相觑，也束手无策。

于成龙坐了下来，朝卿给他倒了一碗热水，安慰道：“老爷，事情总会有水落石出那一天，咱们还是要保重身体啊。”

“是呀，于大人，朝卿说的对。”李元武安慰道。

于成龙道：“这件事情没那么简单，如果说是谢昌顺杀了王县令，我相信背后还有指使人，他谢昌顺就算吃了熊心豹子胆，也不敢这么做，杀害朝廷命官可是满门抄斩的大罪，这个人就是我们官府的人，嫌疑最大的就是胡德安。”

王怀民疑惑道：“大人何以这么肯定？”

于成龙冷笑，道：“是狐狸就不可能没有骚，貌似天衣无缝，往往会露出马脚，我们就让胡德安自己露马脚。”

李元武问道：“大人看来是有计策了？”

于成龙胸有成竹道：“今天晚上我们就来一出引蛇出洞，元武，怀民，还有朝卿，你们今天就放出风去，就说我已经找到埋葬王知县的地方了，今天晚上要找仵作对王县令的尸骨进行检验，我们的人就暗中监视，如果真的是胡德安做的，他一定会出现，依我这些年对他的了解，他肯定沉不住气。”

王怀民竖起了大拇指，大赞道：“妙，于大人真的是好计策，我等佩服得五体投地。”

“对，胡德安做贼心虚，一定会去查验。”李元武激动道。

朝卿道：“老爷此计，一定会让胡德安不打自招。”

于成龙猛饮一口热水，振奋道：“分头行动吧。”

王怀民和李元武朝外面走去。

那日，胡德安路过衙门，正往里面走，路经衙门的两名农夫边走边说。

“你知道吗？听说呀于大人已经找到王知县的尸首了，今天晚上就要去挖。”一个农夫道。

“太好了，王知县可以沉冤昭雪了，一会儿我早点收工，我们一起去瞧瞧。”另一名农夫道。

胡德安表情凝重，他转身往相反的方向走去，行色匆匆，做贼心虚的样子。

于成龙、王怀民、李元武正躲在县衙对面的暗角里观察，见胡德安离去，于成龙面对李元武道：“李捕头，你带上几个衙役偷偷跟上胡德安，看他去哪里，千万不要被他发现，如果我所料不错，这个胡德安现在就要去找王知县的尸骨，如果真的跟他有关，我一定将他法办。”

“属下遵命。”

李元武带着佩刀，面对衙门口早已准备好的衙役吹了吹口哨，三五名衙役跑了出来。

“跟我走。”

李元武带着衙役们跟在胡德安的身后，胡德安做贼心虚，一路走一路回头，东张西望，李元武等人只有暗中跟踪。天色渐暗，胡德安一路来到县城东北处十里外的树林里，这里有一条沟壑，溪水潺潺，溪水旁边就是乱石，胡德安用力抬起巨石，里面一堆白骨还有头颅，让人不寒而栗。

尾随胡德安的李元武等人大惊失色，连忙带人围上去。

胡德安倒也沉着冷静，一直低着头，冷笑道：“万万想不到，我中了于大人的计了。”

李元武愤怒地拔出刀，架在胡德安脖子上，道：“胡德安，如果我今天不是衙门里的人，我恨不得一刀把你劈成两半，看看你的心是什么颜色，前任王知县是多好的人，竟然死在你的手里，起来跟我回衙门，和于大人去说吧。”

李元武对身边的衙役道：“把王大人的尸骨都收起来，带回衙门作为物证。”

几名衙役收起武器，蹲下来捡拾王知县的遗骸。而李元武却押着胡德安往县城方向走去。

当于成龙证实了这一切，面对恶贯满盈的胡德安，他勃然大怒，将惊堂木重重拍下，呵斥道：“胡德安，你快从实招来，你到底是怎么杀死王知县的？”

衙役把王知县的骸骨放在大堂上。

李元武指着王知县的骸骨，面对胡德安，义愤填膺道：“胡德安，王知县是多么好的人，他来到罗城县为乡亲们做了多少好事，他一个外地人图什么，你为什么要那么残忍？你看看这些白骨，你晚上不做噩梦吗？不怕王知县的鬼魂找你吗？你倒是看啊。”

李元武愤慨不已，他将胡德安的头使劲往下按，胡德安的脸都快贴到王知县的头颅骨，胡德安吓得脸色煞白，坐在地上蜷缩成一团，道：“我招，我全都招，谢昌顺每次在外抢劫的财物都有我一份，后来王知县来了，他要抓捕谢昌顺，断我财路，我把王知县骗到树林里，授意谢昌顺杀了他。”

于成龙道：“我就知道，王县令是朝廷七品命官，如果没有你在背后充当谢昌顺的保护伞，谢昌顺也不敢对县令下手。这件案子还有没有其他人参与？”

胡德安摇了摇头，道：“没有了，知情的人，有的被我找罪名发配边疆了，有的被我杀了。”

于成龙面对一旁负责记录的师爷王怀民道：“都如实记录了吗？”

“大人，全部录完。”王怀民道。

“给他，让他画押。”于成龙脸色铁青道。

王怀民把录好的材料和笔放在胡德安面前，道：“你看一下，没问题就画押吧。”

胡德安道：“于大人，这件案子与我家人无关，他们毫不知情，你处决我一人就行，不要罪及我的家小。”

于成龙道：“胡德安，本官自会查清，果真与他们无涉，我自当放过他们。”

胡德安毫不犹豫地画了押，王怀民将材料给于成龙过目了。

于成龙抽出令箭，道："罗城县丞胡德安杀人罪名成立，本官判处胡德安斩首示众，来人呀，将胡德安押出去立即执行。"

"是。"

胡德安被两名衙役拖了出去，李元武紧随其后，出了衙门，衙门口聚集了老百姓，纷纷叫好，胡德安就在衙门外的香樟树下砍了头。

于成龙表情沉重地对王怀民道："怀民，此案立即报柳州府和广西巡抚衙门备案。"

"是，我这就去办。"王怀民应道，准备出门。

见于成龙心事重重，他停下了脚步，道："大人，案子已了，大人应该高兴才对，怎么看大人好像并不高兴啊。"

于成龙叹道："怀民啊，凶手杀了，但从此人间少了一位像王知县这样的好官，我如何高兴得起来。"

王怀民欣慰道："大人真是忧国忧民啊。"

王怀民转身朝外面走去。

面对大堂上王知县的骸骨，于成龙心痛不已，面对两班衙役道："大家帮忙把王大人的骸骨捡起来包装好，找个吉日让王大人安息。"

衙役们一起动手，将王知县的骸骨都捡起来封存后，抬了出去。

就在于成龙悲痛不已的时候，衙役来报，说于成龙的长子于廷翼来罗城了。于成龙转悲为喜，正准备出门迎接，于廷翼已经来到衙门口。

"爹……"狼狈不堪的于廷翼来到了大堂上。

于成龙兴奋不已，面对于廷翼道：“廷翼，你怎么来了？”

于廷翼擦了擦汗水，道：“奶奶和娘让我来罗城看看你，廷翼也想你，罗城距离咱山西太远了，我足足走了两个多月。”

于成龙感慨道：“你现在来好多了，路也修好了，乡亲们也回到了自己的家园，五谷丰登，县衙也修缮一新，几年前我来的时候，这里真的没法住人，走，去后衙休息，喝口水。”

于廷翼的背上背着背篓，他解了下来道：“奶奶和娘给你带了山西的特产。”

“朝卿，廷翼来了，赶紧出来一下。”于成龙朝后衙喊道。

朝卿应了一声，连忙跑了出来，见是廷翼，他激动道：“廷翼，你怎么来了？”

“朝卿，谢谢你在罗城照顾我爹。”于廷翼感激道。

朝卿笑道：“廷翼见外了啊，是老爷收留我，不然我还在永宁种地呢！走，去后衙，我给你倒茶。”

朝卿将于廷翼身上的背篓解下来，背了进去。

于成龙和于廷翼走在后面，于廷翼来到后衙，看了看四周围的环境，心里很不是滋味。他在石凳上坐了下来，于成龙面对着他坐下来，朝卿拿了两口碗给于成龙和于廷翼分别倒了一碗凉茶，朝卿朝一同坐下来。

于廷翼感慨道：“爹，你这哪里是来当官的，简直就和流放差不多，这里哪里是县衙，分明就是农舍，和咱们山西的县衙比起来差远了，这罗城还真是烟瘴之地。”

朝卿笑道：“廷翼，你算运气好的，如今的罗城比我们刚来的时候还是好多了，当年我和老爷在后衙睡觉，枕头上还藏着刀子，身边还放着长枪，那时候的罗城土匪横行，现在算太平了。”

于廷翼看了看朝卿，又看了看于成龙，一阵心酸道：“朝卿，爹，你们在罗城受苦了，看到你们平安，我也安心了。”

多年未见儿子，于成龙恍如隔世，他自是很高兴，道：“廷翼，来一趟罗城不容易，就多住些日子再回去吧？”

于廷翼恍然大悟道：“对了，爹，奶奶和娘给你带了很多东西。”

说罢，于廷翼起身，从背篓里翻出来山西的汾酒两坛，还有老腊肉两刀，还有风干的鱼等，放在于成龙面前。

“娘知道你爱喝山西的老白汾，罗城买不到，所以让我给你带两坛，娘嘱咐我让你少喝酒，这些鱼干都是野生的，你也要多注意身体。”于廷翼道。

于成龙看到这一地东西，倍感思念家乡，热泪盈眶道：“廷翼，爹对不起奶奶和你娘，你要替我照顾好她们，你们兄弟三人要发愤图强，考取功名，将来为百姓当官。”

朝卿走过来，将地上的东西都抱起来，拿到屋里去。

“太好了，老爷天天萝卜青菜，可算能吃饭了。”朝卿边走边念叨。

“朝卿，不可胡说。”于成龙道。

“爹，不用朝卿说我也知道，你就是这么个人，你想呀，你为了老百姓当官，你的身体垮了，当不成官了，如何能为老百姓做主，所以爹，你还是要养好身体。”于廷翼道。

于成龙笑道：“廷翼啊，以后爹听你的。”

于廷翼朝里屋朝卿喊道：“朝卿，取一刀肉来，今天我亲自下厨，给你和我爹炒两个荤菜。”

朝卿激动道："好。"

朝卿取出一刀肉，跑了出来，于廷翼接过肉，来到厨房，开始切肉、洗菜。

面对这个孝顺的儿子，于成龙深感欣慰。

第五章

钦点卓异

于廷翼在罗城滞留了大概有半个月，便带着于成龙的嘱托回到山西。父子分别，依依不舍，于成龙很难过，也许这一别不知何年何月才能见到儿子，重归故土，于成龙感慨万千。罗城县在于成龙的治理下，几年时间就发生了翻天覆地的变化，罗城的道路也修通了，地里的庄稼也都长出来了，再也没有土匪横行，田间地头随处可见忙碌的乡亲们，他们的欢声笑语传遍了罗城的每一个角落。罗城重新回到了正常的社会秩序。

于成龙在罗城为官期间，总结出一番道理："时法令太严，有犯必杀；情谊为重，婚娶丧祭民间之礼，一概尊重其习俗。罗城之治，也应该这样。"于成龙坚持"法令虽严，但莫过于情义"的原则。说明于成龙还是有些人道主义精神的。他执法虽严，但是因人而异，对于一些桀骜不驯、屡教不改的匪徒，他自然是杀人不眨眼，不会动丝毫的恻隐之心；相反，如果是那些普通老百姓犯下的小错，他是能够宽以待人的，对于那些尚存善念的人是可酌情而从轻审判的。于成龙正是这样为官的，他来罗城赴任不久，已经将罗城的社会秩序打理的是井然有序、井井有条。

数百年前的罗城县，仍旧民风彪悍。罗城又是夷汉混居之地，向来争强斗狠，割据势力，谁也不肯相让。这些人往往会为了一点鸡毛蒜皮、微不足道的小事，而大打出手，甚至以凶器相对导致死亡。于成龙到罗城之初，经常有命案发生，就连这仇恨也有家族遗传，父传子。父亡，就是父债子还，有种冤冤相报何时了的感觉。

于成龙为官清廉、公正，深得民心，很多少数民族的首领也愿意听命于他，但是，却有些冥顽不灵的顽固子弟，依然不肯罢休。于成龙一连发出若干告示，他们还是一意孤行、屡教不改，矛盾日益加剧。

冰冻三尺非一日之寒，终于有一天，赵、廖两家人发生了大械斗，经过调查发现，双方竟然是为了争得五亩上地而见血。这两家人，争强斗胜也不是一天两天了，这一次两家人几乎是全家出动，看来事情已经发展得相当不妙了，到了不拔刀不行的地步了。经过一场激烈的厮杀，结果赵家死了三人，而廖家则死得更多，死了七人。赵家的房屋被焚毁七十二间，赵家人觉得是他们吃了亏，便率先跑到县衙告状，请求于成龙主持公道。

于成龙一气之下，将这两家人都传到县衙公堂，于成龙将这两家人械后的损失折算起来与那五亩土地做比较。就两家人损失的房屋和人命来看，远远超过这五亩土地的价值，事实摆在眼前，两家人都明白。于成龙杀一儆百，将此案的罪魁祸首归结到两家族长。

愤怒不已的于成龙道："争抢土地是小事，但是出了人命可就是大事，人命关天。来人呀，将赵家族长赵君芍、赵翰生和廖家族长廖桂穆、廖顺成斩首示众，以示警告。那五亩荒地，是造成此案的引火索，这五亩地回收为官府所有，两家人不能再对其进行买卖，否则就是在侵犯公家财产，还要论罪。”

李元武亲自带人将两姓族长押往衙门外，并当众斩首了，两家人不寒而栗，起到了震慑作用。

于成龙面对一旁抄写口供的王怀民道：“人命关天的大事，不能就这么算了，你去一查到底，赵家死了三个人，廖家死了七个人，查一下打人的都是谁，是谁先动的手，如果双方有涉嫌故意杀人的，本官一定依法严办。”

王怀民站了起来，看了看大堂上的众人，道：“属下一定查清楚。”

李元武与王怀民下到各处走访调查、取证，用了三天时间，找出了两家打死人的凶手，于成龙按律定罪。

这五亩地以官府的名义卖与外姓，以此断绝两家争执，卖土地的钱，又捐给罗城的贫苦百姓和解决一些民生问题。两家人的这场纠纷就在于成龙的英明果断下解决了，罗城百姓也因此受到了教训，看到两家族长被处斩，血淋淋的人头还都挂在县衙外面，百姓们毛骨悚然、不寒而栗哪个还敢再参与打架斗殴。

又有一次，出现了民告官事件，罗城县一生员控告县衙书吏胡安之，敲诈和欺骗老百姓，还说于成龙是姑息养奸。面对百姓的指责，于成龙并没有表现出丝毫的怒容，显得很镇定自如，他虽然并没有当众向老百姓承认包庇下属的罪过，但是他依然表现得很惭愧，他惭愧自己做得不够好，让老百姓怀疑自己。当官要做到让老百姓为之信任，并不抱怀疑的态度，那么就是位好官，就达到了自己理想的境界。

于成龙公开处理了此案，并当众在批文中说："如果不是你仗义执言，本县就会终身受到坏人的蒙蔽。本县去年到罗城上任，身边缺少能干的人才。只有胡安之周详安稳，谨慎勤劳，在众胥吏中鹤立鸡群，表现出色。本县因此信任他，把许多事情都交给他办。又见他办事认真，毫不苟且，矢勤矢慎，于是更加信任。没想到胡安之这些出色表现，原本就是要骗取本县信任的。先取得本县的信任，然后肆无忌惮地祸害百姓。本县读书多年，竟不能看透这个玄机，如果不是你来控告，至今还受蒙蔽……现在已秘密派人将胥吏胡安之拘押审办，特此通知你。"

民告官，根本就没有胜算，何况就算告成了，原告恐怕也难免皮肉之苦，但是这名生员既然在于成龙这里告成了，最后于成龙将这名书吏胡安之依法究办了。

由此可见，于成龙是怎样的官员。如果换个角度想，于成龙是个酷吏，是个昏官贪官，哪个还敢去告？就是因为老百姓都了解于成龙的为人，对他很是信任，所以才敢上衙门里告书吏，他们也知道于成龙会给他们做主，这才助长了老百姓的勇气。老百姓深知于成龙的为人，不会给他们板子受，更不会驳回他们的诉状。

在旧社会，封建时期，衙门书吏欺瞒长官、欺压百姓屡见不鲜，但是没有人敢出来上告和做证。另外，上官和下属之间有利益上的往来，如同自己的左膀右臂，自然谁也不会傻到拿刀亲手砍断自己的臂膀吧。所以，官员们都只是睁一只眼闭一只眼，只要不把事情闹大都好解决。

不过，这次生员的控告，于成龙受理了，虽然最后书吏被依法拘押了，究竟判决的结果是怎样的，后人并不知晓，因为对于罗城这样的县级地区的一件小案子，官方正史也并无记载。民告官的成功案例，在罗城是史无前例的。

当时，罗城县有一家号称“总戎侯伯”的绅士大户，曾经做过武官，在罗城地面上一向是目无王法、肆无忌惮想干什么干什么。

于成龙却严正地申明：“今威令已行，民知礼仪，此曹不悛，终不可为治。”

可见于成龙态度之坚决，但是一直以来苦于抓不到该户把柄。同样的例子发生在了当地一个姓黄的大户家里，这家大户有一名书童，由于违反了黄家的家规，黄家当家把他打得个半死，然后，再命人将此书童送到县衙，还恶人先告状，理直气壮地要求于成龙对其判以斩首。

于成龙面对重伤倒地的书童，道：“你叫什么名字？你家主子为何打你？”

“小人叫李佳林，是黄家少爷的书童，少爷不在，我在他书房借了一本书，本想看完了就还回去。”李书童道。

于成龙道：“是什么书？”

“《三国演义》。”书童道。

黄家少爷道：“那是顺治四年出的典藏版，我平时都舍不得翻阅，你这狗东西还偷。”

于成龙瞅了瞅黄家少爷，道：“黄家少爷，国有国法，你也不能滥用私刑。再说，偷书不算偷，你也是爱书之人，既然受圣人教化，为何做出如此下作之事？”

黄家少爷被怼得哑口无言。

于成龙回头又对李书童道：“没有给主人打招呼，未经主人许可，就是偷，你要引以为戒。”

于成龙面对两班衙役道：“来人呀，将书童拖下去打十大板，黄家少爷滥用私刑重打三十大板，看谁以后还敢藐视王法。”

黄家少爷和书童被拖了出去，就在院子里打了起来，黄家少爷叫苦连天，嚣张气焰被压了下去。

封建社会时期，男尊女卑的歪风盛行，妇女往往是没有地位的，她们没有读书、从业和做官的权利，对于当时的女性来讲，就是嫁个好人家，然后相夫教子即可，对丈夫要夫唱妇随，要遵守三从四德。而且丈夫死后，她们很多都不再嫁人，就只是独守空房，独自撑起一个家，将子嗣抚养成人。这就是当时社会的传统教义，叫嫁鸡随鸡嫁狗随狗，谁也没有怨言，要是有哪个寡妇偷汉子，或者干一些见不得人的事情，就认为是在伤风败德，败坏门风，便会受到凌迟处死和浸猪笼的惩罚。当时的社会就是这样，所以多了很多寡妇，她们当然有些不是因为不能再嫁，而是不愿意再嫁，觉得这样是对已故丈夫的不忠诚。而且，妇女在先天上就比男性输掉一筹，她们天性柔弱。尤其是一些寡妇，她们的丈夫死去，家中再也没有年轻力壮的顶梁柱，于是，就让那些心怀不轨的歹人有了可乘之机，他们常常在四下无人的时候，对这些独居空房的寡妇施行强暴和调戏，由于当时的社会风气，妇女们只能是敢怒不敢言，鉴于是家丑，也绝不敢外扬，认为这样无疑是将自己的苟且之事暴露在光天化日之下，以后再也无法做人，出门也不好意思再见邻里乡亲。歹人们正是抓住了这些妇女们的弱点和心思，所以才敢如此肆无忌惮，这般为非作歹。当时，很多妇女被欺负以后，还装作若无其事、逆来顺受，只是一味地忍气吞声。

当时，于成龙在罗城任上，就发生了类似案件。一寡妇沈氏的九岁儿子跑到邻居江峰青家里玩耍，打伤了江峰青家七岁的儿子，事发后，寡妇沈氏迅速赶到现场，并当着江峰青的面，出手教训了自己的儿子，并向他赔礼道歉，谁知，这江峰青是不依不饶，硬是不肯轻易放过这寡妇，非要将此事闹大，并上告官府，让沈氏赔偿自己的儿子医药费。这事，本来也是寡妇理亏，是自己儿子犯错在先，是应该赔偿点医药费，妇女心软，也就答应了，跟随他上衙门。来到衙门以后，双方将整件事情的来龙去脉详细地陈述了一遍，于成龙也听得很清楚。但是，于成龙却站在了寡妇一边。

于成龙面对不依不饶的江峰青道："孩子打闹原本也正常，沈氏一个寡妇不容易，一个人带孩子，现在跟你道过歉了，也愿意补偿你孩子的药费，何苦再为难她？你可是一个大男人啊！这样吧，沈氏的医药费本官替她出，这事就算了，孩子你们带回去自己好好管教。"

沈氏一听，深感内疚道："大人，你是个好官，怎么能让你出这个钱，不能让你出。"

沈氏从身上拿出一两银子递给江峰青，江峰青看了看于成龙又深感为难，不肯接，于成龙从公案前走出来，同样拿出一两银子给江峰青道："她是寡妇，你不能要她的，拿本官的，这件事到此结束。"

江峰青羞愧难当，摇了摇头无奈道："于大人，你是个好官，你来到罗城县为我们老百姓做了很多好事，我不能收你的钱，算了吧，沈氏回家管好你的孩子。"

江峰青面对于成龙作揖后，拉着孩子就出了县衙。

沈氏也始料未及，于成龙面对沈氏母子道：“你回去好好管束孩子，这银子你拿回去，好好过日子。”

于成龙把自己手里的银子一并送给沈氏，沈氏推辞道：“于大人，不行，你的钱我不能要。”

在于成龙再三坚持下，沈氏才收了钱，对这青天大老爷感恩戴德，拉着孩子就走了。

罗城百姓对于成龙十分信任，大事小情都来找他。就连污衣这样的小案也要找他。罗城有一户居民，平襟亚家。由于家中有些小钱，放不住，便从广东捎回来几件绸缎，预备结婚的时候再穿。没想到这新衣服刚一买回来，就被这新颖的款式和颜色给深深吸引了，便有了想要试穿的冲动，哪里还等得到结婚那天。他觉得自己也长得比较好看，所谓人靠衣装，马靠鞍，决定穿出去向大伙儿显摆显摆。于是，他穿上这件衣服便来到了大街上，城里城外的瞎逛，看能否碰到老朋友、老熟人，好称颂自己几句，找寻点精神上的刺激和快感。没想到，这更倒霉的事情来了，在经过一座石桥的时候，被一个挑粪的乡民屈天章撞到，屈天章由于给他避让，不料失足滑倒，两桶大便就溅到平襟亚身上。

平襟亚一把拽住屈天章的手腕，愤怒道：“好呀你，这可是我刚刚从广东买回来的衣服，是绸缎的，准备成亲的时候穿，现在你给我弄脏了，怎么办？你赔给我。”

屈天章瑟瑟发抖，道：“多少钱，我赔你就是。”

平襟亚冷笑道：“赔，你赔得起吗？一百两银子，拿给我吧。”

屈天章大惊失色道：“一百两？你就是把我卖了我也赔不起啊！”

“赔不起，那就跟我到衙门，找县太爷说理去。”平襟亚将屈天章往县衙方向拖。

现场路过的人，很多瞧热闹的，他们纷纷捂住自己的口鼻，生怕被粪便的味道熏着。

平襟亚大摇大摆地抓着屈天章就来了县衙，于成龙此刻正在公案上写材料。

“大人，他弄脏了我的衣服，我要他赔我。”平襟亚气势汹汹道。

屈天章自知理亏，一副畏畏缩缩的样子，道：“大人，他要一百两银子，就是卖了老汉也赔不起啊。”

于成龙搁下笔，道：“怎么回事？你慢慢说。”

“这件衣服，是我刚从广东买的，丝绸面料，我刚出门就被他一桶粪便溅了一身，我真倒霉，我是留着成亲穿的，我今天就要他赔。”平襟亚咄咄逼人道。

屈天章叫苦连天。

于成龙面对粪农屈天章道：“你快跟人家道个歉。”

屈天章面对平襟亚深深鞠了一躬，道：“对不起，老汉不是故意的，老汉确实没有那么多钱赔你，我就是一个种菜的。”

于成龙便对堂上的平襟亚问：“你那衣服能洗干净吗？”

平襟亚害怕挨板子，不敢胡说一通，就如实地回答：“能洗。”

于成龙又接着说道：“能洗就回家洗一洗吧！洗完了不还是新的吗？屈天章弄脏你衣服不对，但又赔不起钱，他道歉也道歉了，再说他也不是故意的，今天就算本官打死他，他也赔不起啊，这样本官再让他给你磕二十个头赔礼吧！”

“好嘞。”圆滑的屈天章连忙跪在平襟亚面前给他磕头。

平襟亚也深知于成龙的为人，此事只好作罢。

“算我倒霉。”平襟亚朝于成龙作了拱手礼便匆匆离去。

罗城百姓安居乐业，在于成龙的治理下不久，便已呈现出一片繁荣景象。罗城虽不乏这样的小案子发生，却很少有大案，这说明了什么，说明了罗城在于成龙的治理下已无大患，并且这些小案子在于成龙的手里，也处理得妥妥当当，罗城百姓对他更是爱戴有加。对于成龙这样的罗城父母官，百姓对他无疑是感恩戴德。通过这些小案件，折射出于成龙在断案中表现出来的特殊才能，公正无私、心细如尘，堪称断案如神。罗城在于成龙的治理下，罗城呈现出路不拾遗夜不闭户的繁荣景象。

某日，于成龙带着捕快、衙役还有新任罗城县丞张德全的陪同下，下到乡镇视察，刚回到县衙门口，王怀民就从里面走出来，面对于成龙道：“于大人，大堂上来了一个人，说是你的朋友。”

于成龙匆匆来到大堂上，见一个身穿灰色褂子，一双破草鞋的老年男人正背对着他，望着大堂上明镜高悬几个字。

“你是?”于成龙困惑道。

老年男人转过身来，一见是金光祖，于成龙大喜道：“下官于成龙拜见抚台大人。”

见于成龙下跪，众人连忙一同拜见。

金光祖笑着走到于成龙面前，将于成龙扶了起来道：“于大人请起，我应该感谢你呀，把罗城治理得这么好，这些日子，我没有给你打招呼，自己到罗城的乡镇、田间地头走访了一遍，你在罗城的政绩是真的，有口皆碑啊。”

于成龙道：“金大人，下官给你介绍一下，这位是罗城县衙的捕头李元武，如果不是他，我也不可能成功剿匪，这位是我的幕宾王怀民先生，这位是罗城新上任的县丞张德全张大人。”

金光祖欣慰道：“好呀，如今的罗城已经不是七年前那个烟瘴之地了。原本我让你在罗城干满三年，没想到你一干就是七年，辛苦你了。”

于成龙热情招呼道：“金大人，请上座。”

金光祖道：“不要着急嘛，我先进去把衣服换了，你们在这里等我，马上会有好消息要告诉你。”

说罢，金光祖朝后衙走去。

于成龙等人原地待命，心里七上八下的，对巡抚刚才说的好消息期待不已。

少时，一支锦衣卫从后衙走了出来，为首的手里捧着圣旨，金光祖换好了二品官服后，便大摇大摆走了出来。

手握圣旨的锦衣卫站上了大堂的公案前，高举圣旨道：“圣旨到，罗城知县于成龙接旨。”

金光祖和在场所有人一起跪了下来，跪接圣旨。

“奉天承运，皇帝诏曰：广西罗城知县于成龙，为官清廉，处事干练，除匪患，安乡民，兴农业，罗城秩序井然，深得朕躬，乃为官者典范，堪列卓异，加升四川合州知州，即刻赴任，钦此。”

“吾皇万岁万岁万万岁。”

于成龙双手捧接圣旨，如获至宝。

众人起身，异口同声面向于成龙道贺：“恭喜于大人，贺喜于大人。”

金光祖又是欣慰又是不舍，道：“于大人，你可是我广西唯一卓异，皇上钦点，很多人当了一辈子官，也想获得皇上颁发的卓异，你是幸运的，皇上升任你合州知州，这可是五品官啊，老实说老夫还真的舍不得你。”

李元武连忙跪在于成龙面前，请求道：“于大人，这七年来我一直跟着你，除暴安良，我没有成家，孑然一身，让我跟你走吧，你去哪我去哪，我李元武这辈子跟定你了。”

于成龙亲自将李元武扶起来，道：“我于成龙何德何能啊，只是我终日萝卜青菜，我怕委屈你了。”

“大人能吃，属下我也能吃。大丈夫能做到修身齐家治国平天下其中一条，也死而无憾了。”李元武态度坚决道。

金光祖道：“于大人有李捕头在身边，也是于大人之幸啊。”

金光祖安排好了一切，就离开罗城了。于成龙与县丞张德全办理了交接，收拾好了行李，就带着朝卿、李元武、王怀民往四川合州赶去。

于成龙离开罗城那日，罗城百姓夹道送行，排队的百姓从罗城县衙一直排到城外，人山人海。百姓们一个个泪流满面，对于成龙依依不舍，此刻于成龙的心情也是百感交集。

见于成龙远去，以李老伯为首的罗城乡亲们，跪送于成龙，李老伯老泪纵横，喊道：“于大人，于青天，一路保重啊。”

“于大人，你这一走，我们可就再也见不到你了。”

“于大人，常回家看看，这里永远是你的第二故乡。”

“于大人一路保重……”

“于大人，我们罗城的百姓永远忘不了你。”

……

百姓们七嘴八舌，他们知道于成龙不会收他们的礼物，所以也就没有送。百姓们一个个哭红了双眼，纷纷擦抹眼泪。

于成龙回头面对乡亲们挥了挥手，眼泪翻滚，转过身继续往前走。

“老爷，乡亲们还在追我们呢。”朝卿道。

于成龙暗自抹泪道：“走，不要回头。”

罗城百姓目送于成龙等四人消失在他们的视野中。

第六章

辞别抚台

于成龙离开广西，途经桂林时，专门去拜访了金光祖。在于成龙的心目中，金光祖是他仕途生涯的第一个贵人，在罗城七年，如果不是金光祖的支持，于成龙也不可能实现自己的政治抱负。如果不是金光祖强烈推荐，于成龙也不可能被皇上选上卓异，这些于成龙心知肚明。朝卿、李元武、王怀民住在城外的来宾客栈，金光祖单独接见了于成龙。

那天，柳州城下起了小雨，人们披着蓑衣，戴着斗笠，打着油纸伞行走在雨里，巡抚衙门后院的屋檐下雨水滴答滴答地往下滴，石拱桥下的金鱼在池子里活蹦乱跳，院子里的芭蕉树正含苞待放，城里升起了缕缕炊烟。金光祖在芭蕉树旁边的忘忧亭里招待了于成龙。石桌上摆了十几道广西本土特色菜，有柠檬鸭、马肉米粉、沙蟹汁豆角、灵马鲶鱼等，于成龙面对这一桌美食，却不肯动筷，金光祖看出于成龙的顾虑，笑道：“于青菜之名可不是虚的，罗城的百姓叫了你好几年吧，这一桌子美食，你于成龙活了大半辈子也没有这样吃过吧？不过呀，你放心，这些菜都是我金光祖私人掏腰包请你吃饭，没有用公家一文钱，这是我金光祖个人的心意，于大人我作为巡抚，我要感谢你，感谢你把罗城治理成广西的模范县，虽然皇上嘉奖了你，但本官脸上也有光，北溟公本官敬你一杯，为你送行。”

于成龙受宠若惊、诚惶诚恐，他站了起来，双手捧着杯子，面对金光祖道：“金大人，你是二品大员、封疆大吏，于成龙只是一个小小的七品知县，怎么敢让你请我吃饭呀，于成龙受之有愧，不敢当啊，要说感谢也应该是我于成龙谢谢抚台大人您呀，如果不是你的栽培，也没有我于成龙的今天，是你向皇上保举我，是你让我放手去干，没有你的支持，哪有我于成龙的今天呀。这杯酒应该是我敬你。”

金光祖笑道：“于大人，你谦虚了，也罢，我们就互相敬酒，你敬我，我敬你，咱俩就算扯平了。”

于成龙道：“成龙原本以为抚台大人不苟言笑，想不到抚台大人如此风趣。”

金光祖笑道：“于成龙，我听出来了，在你眼里我金光祖对谁都板着一张脸对吧？我告诉你，我不是不会笑，而是没有可以让我高兴的事情，但是你于成龙是好样的，把罗城治理得路不拾遗夜不闭户，我就很高兴，你看我不是笑了吗？”

金光祖开怀大笑。

于成龙站了起来，拿起酒壶，再次给金光祖斟满酒，双手捧杯，面对金光祖道：“抚台大人，成龙再敬你一杯。”

金光祖连忙抬右手示意，道：“于大人，你请坐，你即将前往四川，本官有良言相赠，今日一别，不知何时才能再见，但本官不会看错人，你于成龙将来的成就一定不在我之下……但北溟公你生性耿直，官场之上人际关系错综复杂，我担心你终有一天要吃亏啊，希望你日后遇事要沉着冷静，不要再任性了，你是我广西走出去的卓异，我当然希望你仕途顺畅。”

于成龙感慨道：“金大人既是我的贵人也是我的知己，金大人所言正是成龙软肋，性格往往决定命运，成龙就是那个不撞南墙不回头，撞了南墙也不回头的人，也不知是福是祸。”

金光祖起身，于成龙也跟着起身，金光祖来到于成龙面前，拍了拍于成龙的肩膀，感慨道：“北溟公，既然知道，何不改正呢？”

于成龙摇了摇头，笑道：“这就是一个人的命，我于成龙就是这么一个人，俗话说江山易改本性难移，如果轻易能改，就不是于成龙了。”

金光祖道：“北溟公，仕途艰险，你要珍重啊，去了别的地方，可不是在广西，我给你撑腰，其他督抚未必有我这般爱惜人才。来，北溟公我们再满饮几杯，今日一别，不知何年能再见。”

金光祖抓住于成龙的手腕，将他按了下来，给他斟满酒，又为自己斟满，亲自递到于成龙的手上，于成龙受宠若惊，再次站起来，又被金光祖按下去，道：“北溟公，你是一个清官，我金光祖托你的福，我敬你。”

金光祖一连与于成龙碰了几杯，一饮而尽。

于成龙深受感动，道：“金大人，于成龙何德何能，能得抚台大人如此抬爱，应该是于成龙感谢金大人才是，是你在广西一直支持下官。”

金光祖道：“你是我广西唯一的卓异，这不仅是皇上对你的肯定，也是对我这个巡抚的认可，我也跟着沾光，你多吃点，去四川必然途经贵州，那里地瘠民贫，免不了受苦。”

金光祖安排于成龙坐下来，亲自给于成龙夹菜，能得上司如此青睐，于成龙受宠若惊，此时的金光祖再也不是那个严厉的上司，更像是一个久别重逢的老朋友。于成龙刚吃几口，恍然大悟，忙从袖筒里取出事先写好的《为政方略》递给金光祖，道：“抚台大人，成龙才疏学浅，但在广西罗城为官七载，对广西实况做了多方面考证，结合自己多年来的为官心得，写下了《为政方略》，专门带过来献给抚台大人，希望对抚台大人和广西百姓有帮助。”

金光祖接过《为政方略》，仔细浏览后，甚为吃惊，拍案而起，欣喜不已道：“妙……果然是好方略，北溟公你的这份方略，对我广西的治理很有帮助啊，谢谢你呀。”

于成龙的这份《为政方略》，简明扼要，将广西的实际情况作了充分说明和考量，内容涉及几个方面：

一是“肃清吏治”。于成龙提出：“平息地方之要，莫若安民。而安民之法，必以肃清吏治为先务。吏得其人而洁己爱民，则弭盗、固圉、省刑、息讼、兴利、剔弊诸务毕举。虽在边徼，可渐次化理矣。”

二是坚决铲除地方匪患。于成龙认为，匪患并不是天生的，而来源于人民群众，从老百姓中产生的，并不是生来就具备烧杀抢掠的天性。人之初，性本善。哪个人愿意为匪为盗，原因很简单，要么是官逼民反，要么是他们没有饭吃了，才会狗急跳墙。战乱、灾荒之年，百姓颗粒未收，饥寒交迫，又得不到官府的赈灾援助，这才占山为王。二来是由于官府强行催缴赋税，施以酷刑，百姓因难以忍受这般痛苦，最后，被迫为绿林好汉。所以，导致匪患太多的地方，其责任主要还在于地方官员。官员更要以身作则，体恤民情，要爱民如子，尽可能减免一些老百姓繁杂的赋税。百姓生活富裕了，社会进步了，家家有饭吃、有衣穿，谁还愿意到山上去当土匪头子，弄不好还要杀头，这是在以身试法，铤而走险，相信不会有人愿意这样做。

三是安抚和管理少数民族。于成龙认为，广西是多民族地区，民族矛盾日趋增大，壮族、瑶族等民族时有反清倾向。虽然，朝廷以军事将他们给镇压住了，但是，他们的心里更不服朝廷统治，时有骚动。于成龙的解决方法是："若稍疏一面之网，多方招抚，开诚布公，消疑释嫌，逆僮虽愚，亦必乐生恶死，悉归王化，不烦弓矢而土宇宁谧。"这句话的大意就是，要彻底地消除这一隐患，不一定要依靠武力，而要用更为宽厚仁慈的招抚手段，这样才能彻底消除他们对朝廷的戒备和反叛之心。于成龙认为，作为少数民族的他们，对汉文化不甚了解，给他们讲孔孟之道、三纲五常也是无济于事。"骄悍固其素习"，这一方法根本无法从实际上解决问题。地方官员作为父母官，更应该悉心地教导他们回归本心，要循序渐进，不要急功近利，要"宽舒其手足，约束其心思"，不仅要在行政权力上收复他们，更要收服当地人的心，让他们死心塌地做大清的子民。处理民族关系上更要做到一视同仁，不能去可以偏袒哪个民族，要对他们做到晓之以理，动之以情，对于少数民族有能力的人，我们应该要对其重用。对于"抚绥驯制"，于成龙则认为"宁猛勿宽"，一旦有人触犯到国家法律，定不宽恕，定将严惩不贷。

四是军事设防。于成龙初到广西，而且是芝麻绿豆大的小官，对广西全省的地理形势并不是太了解。所以，于成龙在这方面给金光祖提出的意见是按照平生所学，结合现状，归纳出来的一点：“屯戍之兵不可不设，而统兵之法不可不严。兵以卫民，亦有祸民者；兵有防奸，亦有作奸者。屯戍设防，宁简毋滥。”这句话的宗旨，还是以民为本，他深刻地阐述了军民关系要处理得当。出征作战，军士纪律涣散，常常偷溜、脱离出队伍，四处扰民，不仅偷鸡摸狗，还趁机玷污良家妇女。而且，作为地方行政官府是无权管理和拘押军队中的将军、士兵的，他们就是犯事也是军法处置，所以，官府对此格外头疼，严整军纪才是头等大事。

五是修缮破损驿馆。驿馆是古代来往官员的栖息地，外地官员上任和出差，可以住进驿馆里面。古代，在通信方面是没有现在这么发达和多种多样的，那个年代，只有书信来往和飞鸽传书。而且交通工具，无非也就是牛车、马车之类的，一封信件来往两地就会花去很长一段时间，一两个月都是很正常的。所以，驿馆也就成了官方传递和收发信件的唯一途径。驿馆又称驿站，不仅有传递信件的功能，还兼带着接纳各地官员食宿的功用。驿馆里面，国家设置有专门管理驿站的官吏，每年他们会有一定的经费，作为他们的俸禄和来往住宿官员的生活开支，然而，驿馆其实也就是一个中转站，不仅有紧急信件需要传送，如发生战乱，还有紧急军务需要通报。有些过往官员，知法犯法，无理征调和肆意讹诈，一旦出了差错，上司还对其进行责罚。驿馆的这些信官们，由于忍受不了他们的责罚，纷纷弃官而逃，由此导致了很多驿站无人管理，形成倒废。于成龙对驿馆的看法是，驿站最为民苦。如何能完善驿馆的不足，于成龙的意见是，驿馆既然是国家通信的命脉，这上面一定不容出差错，更不容忽视。就算再难，也要恢复其功用，对驿馆应该严格规范其功能，凡来往的信使及官员，需要检查他们的“火牌”“勘合”等证件及相关文件，手续检验完毕，才正式入住或者通行，手续不全的官员则拒绝服务。此外，严禁过往官员再任意调离驿官和索取财物。并且，驿馆也要建立并完善一些制度，比如，建立档案和工作记录，供上级官员随时核查。避免驿站官员出逃的现象，一旦发现将严肃处理。除此之外，还有很多，包括一些细微的政策落实，于成龙都向金光祖提到了。

六是管理土司事务。土司是封建时代的一种民族政策，土司拥有对其辖区的自治权。是从元代时期才兴起来的，但发展到清朝，已经有了相当大的影响。朝廷委任他们这一职位的权力是很大的，可以说掌握着辖区的生杀大权。

当然土司也会有大小之分，在土司的领地里，就跟诸侯一样，诸侯有大小之分，土司亦如此，他们相互间常常争名夺利、抢夺城池和争夺统治权。土司官职跟皇家是一样的，世袭制，老土司死后或者退位可以将土司之位传给自己的亲生儿子，不过，土司一般具备朝廷颁发的印信，作为自己上任的凭证，表示土司是由朝廷任命的，并且他们都要无条件地服从大皇帝的统治。除此之外，土司在自己的领地里享有至高无上的权力和地位。他们只需要每年向朝廷缴纳赋税和进贡即可，名义上是少数民族官员，但是实际上相当于独立的王国。只要不发生战乱和反叛朝廷的行为，皇帝一般不会干涉其内政。只是到了清代后期，朝廷的权力辐射已逐渐退化，难以再对其进行管束，各土司之间便相互混战。

于成龙的建议是，之所以会出现这种情况，是由于土司身边缺乏贤能辅助，所以才会如此肆无忌惮。他的意见是，让朝廷派一些精通律法的贤良进去，当教导员教导他们，引导土司工作。地方官府，不能任意干扰土司执法，或者对其约束，反倒会适得其反。对于刑狱之事，于成龙也有自己的看法，由于百姓遭受战乱之苦，很多良民迫于生存，才加入作奸犯科的行列当中，以至于监狱人满为患。于成龙提出，“宁失出，毋失入”的原则，意思就是宁可错放，也不乱抓一人。于成龙抵制诉讼歪风的办法是，“禁止教唆，严绝赦前”，大概意思也就是说一旦发现有唆使当事人打官司的讼师，一定要严惩不贷。新皇登基或者是太后过寿等国家大事一般会大赦天下，无论犯下何等罪过，一律不追究。但是，在大赦天下之前，所犯之罪，一律不在受免之列。如不是特别严重的事情，很难列案。这样也降低了官府的工作量。

七是鼓励百姓垦荒屯田。各地经过战乱之后，人口锐减，导致土地荒芜。现在天下初定，各地生产生活也恢复到正常轨道，将那些流浪在外的流民集中在一块，成了朝廷的一件大事。刚刚入主中原的清王朝，在民生工程这块还是很人道主义的，鼓励百姓垦荒种地，并且在三年之内不向朝廷缴纳一分一毫的苛捐杂税，待三年生产逐渐得到恢复后，老百姓再向朝廷履行缴纳赋税的义务。于成龙的意见是，只求地方官员谨遵朝廷的“三年起税”这一惠民政策即可，不需要再向老百姓施加任何压力，老百姓为了生存，为了要吃饭，哪个又不愿意去耕种呢？只要让老百姓安心耕种，待粮食得到一定产量后，他们自然会对朝廷感恩戴德，社会生产也会逐渐得到发展和进步。对于贪官污吏一定要严惩不贷，贪官污吏是历朝历代都有的问题，朝廷并不能将之一网打尽。封建时期尤为严重，加之，广西省我国西南边陲，少数民族聚居的地方，与南洋各国隔海、隔山相望，可谓天高皇帝远。在广西做官的这些地方官员们，作奸犯科的可能性最大，也最多。

于成龙却说："蛮烟瘴雨，地瘠民贫，性命之念重，富贵之心冷。"

这句话的意思是说，只有在那些富裕之地为官，才会起贪心，搜刮民脂民膏，官员贪污受贿风气最盛。广西则不同，广西乃边疆省份，自古以来经济就很一般，算得上是穷乡僻壤的地方，在广西做官的也就自然没有油水可捞，只得安身立命，安安分分做事。相对那些富裕繁华之地，广西的官员对于钱财的意识更淡泊一些，只要上级官员认真、严厉督导，他们一定会恪守本分，便能很快对贪污受贿的风气赶尽杀绝。官府衙役们，常常背着上司，欺上瞒下，欺压百姓，于成龙的建议是，发现一人、处置一人，绝不姑息养奸，这样会起到杀一儆百的效果。对于衙门的衙役，需每年更换一批，此法是为了不让他们长期待在一个衙门，这样时间一长，熟手、熟路以后，便要作奸犯科。于成龙对于储粮一事，也有自己的看法，储粮是为了应对灾荒之年，老百姓有吃的，救灾所用。等于说，这算是预备粮食。于成龙的储粮法则是，效仿古法，建立"常平仓"。凡遇丰收之年，可适量多储存一点。秋天丰收之时，从老百姓手中将余粮平价收购回来，然后，纳入官仓。来年，要是遇到天干，或者苗木长势不好时，可将储存的粮食平价出售给老百姓。只要官府认真对待，一定能够起到救济作用。

于成龙在《为政方略》后夹带了附本：

一是塘兵骚扰民间，所谓的"塘兵"指的就是驻扎在各地的绿营兵，根据驻扎范围大小依次排列，大的称之为“汛兵”，一般的称之为“塘兵”，相当小的称之为“铺兵”。朝廷明文规定，“文设铺兵，武设塘兵，两不相涉”，这样做就是要限制塘兵的自由，不允许其扰乱民间，骚扰百姓。但是，地方官员们有的与塘兵勾结，狼狈为奸，为了从塘兵们身上获得某种利益，当官的肆意纵容塘兵们为非作歹，四处扰乱乡民。于成龙请求彻查。

二是“见年”的“答应”承担。“见年”作为通假字读为“现年”，主要指乡村那些催办钱粮的基层官员。“答应”，便是指，那些负责接待、供应事务的小吏。那些大官一般分工还是比较明确的，各干各的，相互不影响、不干扰。但是，一般像八品、九品这样的芝麻官，还有一些算不上品级的小吏，他们的分工通常是很紊乱的。朝廷规定，“见年”这一官职的人员，一般只是负责催办钱粮，但没有上衙门当差的义务。不光如此，“见年”们还负责起衙役们的饭食和当官的应酬酒席，这些财力和人力都要“见年”来担当，故而压力很大。于成龙对金光祖提出了改革建议和严查。

三是知府权力过大。州县官员一般都属于基层官员，在古代州基本与县平级，州县的上级便是道、府、厅三衙门。道和厅一般是由省上派出来的机构。州县的管理和监督权，由道、府、厅三衙门分化，相互牵制和制约。但是，在朝廷撤销了道、厅两衙门之后，便只剩下府一个。知府拥有管理州县的直接领导权，权力总揽。这样一来，个别知府难免会徇私枉法，纵容下属，州县官员政绩到底如何，还不都是知府的一句话，下面的官员贿赂、讨好于知府，还不就是相安无事。基层官员的情况，省里的一些大吏，比如：巡抚、布政使、按察使等官员是无法了解到真实情况的。于成龙劝说金光祖在这方面引起重视，对知府的权力想办法进行分化。

四是公平缴纳赋税的银两。于成龙对官员们收取百姓赋税的方法提出了一些建议，其目的就是要杜绝和防止那些贪官污吏，乘机贪污。他将自己平日里收取税收的可行办法，尽数告诉了金光祖。

五是及时发放，提高办事效率。

六是通融征收的期限。于成龙对赋税的征收期限，也提出了自己的看法，就是要灵活处理问题，根据老百姓家庭条件的不同，适当放宽要求，给他们一点方便。“如此新例虽定，而恩行于例之中，是催科中之抚字也。”这句话，正是于成龙平日里的执政理念之一。

七是体恤“见年”生活。这一条，主要还是在为“见年”说话，为“见年”多开方便之门。

八是关于苛捐杂税的问题。杂税，大家顾名思义，当然也不是很难理解。杂税，也就是在朝廷明文规定的正式赋税之外的税收。杂税一般情况下并不是朝廷下令主持收取的，有一些地方官员，为了贪赃枉法，给自己找的一个借口吧，比如，什么修建民生桥梁、寺庙之类的幌子，实则是在给自己遮丑。当然，除此之外，杂税还有一种解释就是一些七七八八的税收，也不全然是官员们贪污吧。可能真的是要派上用场，还是关于民生工程的一些项目，政府财力不足，肯定是要求助于民间的。只能向地方百姓收取，名为义务捐献，其实，也还是强制性的征收，必须执行。当然，所捐的数量倒也不是很大，东拼西凑也就成了，只是这些莫名其妙的杂税，搞的老百姓都很头疼、很麻烦。官府说，这些钱要咋用、咋用，究竟是怎么用的，谁也不知道。只是遵令照办。

九是官员体统与百姓冤屈。于成龙建议金光祖严打官吏腐败现象。像州县这类的基层官员，肩负着老百姓的民生疾苦，是父母官。尊卑有序，于成龙是不鼓励民告官这一风气形成和泛滥的。广西省地处边界，而且生活着很多少数民族，他们受汉文化影响较少，身上的蛮夷之气尚未完全褪去，并且对事物认识不够，通常会受到一些居心叵测的人的煽动和蛊惑。这些心怀不轨的人，就是要趁机骗取这些少数民族同胞身上的钱财。鼓动他们到衙门里面，滋事生非，民告官。当真正对簿公堂的时候，这些心怀鬼胎的人便不知去向，留在公堂上的一些少数民族，由于语言不通，便无法立案侦查。但是，近几年，广西的状况却发生了改变，民告官，大多是事出有因，并非是无事生非，他们确实是被一些欺压百姓的贪官污吏给逼出来的，不得已才走上这条路。于成龙建议被老百姓告发的官员，需自行领责，当官的为了顾及自己的颜面，最好还是辞职避免于公堂对质。

“若反复争辩以求免罪，将罪责都加在百姓身上，岂不自愧？纵使辩明无辜，复何面目腼居民上乎？”

但是，上级官员，又不能助长民告官的风气，这样会使他们得意忘形，因适时而定，否则，会让一些蓄谋已久的刁民，钻了空子。作为上级官员，应该讲民告官的状子暂时先扣押下来，待事情调查清楚以后，再对其责任人依法治罪，但不公开审理。这样一来，既查办了一些贪官污吏，也不助长百姓的民告官的风气。这样一来，既维护了律法的公正，也打击了民告官的风气，岂不是两全其美，一举两得。那个年代，可是一个注重礼教的年代，社会很传统，将长幼尊卑问题看得很重，君是君，臣是臣，民还是民，不可肆意犯上，视为大不敬。

十是关于边防问题和民族问题。这一问题，是于成龙专门为金光祖考虑到的。广西靠近越南国，清朝时期，包括西北、东北边疆各国和东南亚各国均为清朝的附属国，奉清朝为天朝，也就是宗主国，每年各国都要派出使臣来到北京向大清皇帝进贡，可谓是四海臣服，八方来朝。所以，这些国家一旦遭到任何不测，或者内乱，清朝都会派出兵力对其进行镇压。内乱之时，这些小国的乱臣贼子们纷纷前来投奔清朝，以求清朝的庇护，依附清朝作为他们的靠山，以此达到他们在自己国家称王称霸的野心。尽管如此，朝廷依然不能完全信任他们，边界还是要严加防范，以防敌兵来袭。广西境内，多处已改土归流，土司制度不复存在，很多少数民族也未必能够真心臣服。应密切关注他们的生活，看他们是否真的在蠢蠢欲动。金光祖作为广西一省的巡抚，这点很重要，就是广西的安危，毕竟广西是一个边界省份，不同于其他内陆省份，至少要做到防患于未然。于成龙再次就与民生有利的措施向金光祖提议。金光祖对“建学宫，创养济院”的概括很深，前者注重的是兴学，后者强调的是养老。“学宫”也就是指在封建时代官办的学校，罗城在当时的广西来说，算得上是较为贫困的县，所以，罗城的官办学校“学宫”想必也好不到哪里去。这样一来，县学学校条件差，便有可能会面临与其他学府合并，就跟现在是一样的，一些偏僻的地方，由于招不到学生，或者教育经费不足，或者校舍环境较差的情况下，便会直接面临着合并，与其他有实力、有名声的学校一起开办，让这些有实力的学校进而带动这些相当落后的学校。除此之外，别的办法，也就只有另批新地重建，要么就是在前朝的学宫上加以修复进而使用。这些朝廷都是有规定的，知县的职责便是：“掌一县治理，决讼断辟，劝农赈贫，讨猾除奸，兴养立教。凡贡士、读法、养老、祀神，靡所不综。”这一规定里面，包含着县令的诸多职责，其中，就有教育。既是县令的职责，那么也就是知县的义务，职责范围内必须应该做的。就罗城当前的状况，肯定是要重修“学宫”的，那么这笔修建的经费从何而来，要么就是朝廷拨款，要么就是靠老百姓伸出援助之手，这毕竟是一项支农惠农政策，还得靠罗城县的一些地主、乡绅捐助了。于成龙本人也十分重视教育，他认为，教育是提高人口素质，提升人的文化修养、培养人才的唯一办法。只有教育才是强国之根本，于成龙认识到了这点。关于教育问题，于成龙也向金光祖提出了自己的看法。除此，还有“养济院”等一系列的民生问题。“养济院”也就相当于今天的“养老院”，供养一些无儿无女、失去劳动能力的老人的庇护所，让他们在这里颐养天年，平安度过余生。

金光祖坐下来认真看完于成龙呈上的《为政方略》后，意犹未尽，于成龙随之向金光祖呈上《条陈盐引利弊议》的方案，于成龙提出，“区划户口食盐法”政策实施以后，各地官员都投入到紧锣密鼓的行动中来，招商立阜、组织官运等，自己如果没有条件招商引资的，便委托上级代为招商。这样一来，各地官府的食盐销售任务基本上都能完成，个别地方甚至还超标贩卖。官员们的“考成”是没有问题了，但是，老百姓却因此受到了更为严重的剥削，他们的生活更加艰辛了。根本问题就出在“官运”和“阜商”这两个方面，于成龙提出的解决方法，那就是必须“禁官运”“禁阜商”。官运，顾名思义，就是官方组织人员负责食盐的运输，尤其是柳州府一带，地贫人稀，官府也并不富裕，他们并没有多余的银两来运销这食盐，老百姓更加没有钱也不可能事先予以垫付。最后，只得向盐主赊账，由于不是现金交易，盐主便趁此机会抬高了价钱，官府在运输食盐的时候，考虑到不是自家的买卖，于是，便有意无意地赚这黑心钱，运费是一个劲儿往上抬。最后，拉到市场上来销售的时候，他们会算上自己的成本，盐价要高出很多倍，这些成本和剥削都是要老百姓自己来承担的。本来食盐就是官府在管理和倒卖，是他们在发货，也是他们在运送和销售，对于市场的实际需求量他们从来都不曾考虑，只是一味地发货，发多少都要想方设法卖完，哪怕是强制性让老百姓买下，老百姓纵是怨声载道也无可奈何。这样做的目的就只有一个，那就是地方官员在上级那里挣表现，显政绩。这官运来的食盐，价格本来就相当高了，还要逼迫老百姓购买更多的食盐，商贾、富豪家庭便罢了，这普通老百姓，贫苦人家，他们哪里来的钱买盐，生活都成问题，何况是买这昂贵的盐。由此一来，强迫购买食盐，也很大程度上影响了那些本该向国家履行纳税义务的贫苦老百姓们无钱纳税。最后，更多的家庭因为交不起国家的赋税也倾家荡产，变卖自己的家当。所以，于成龙向金光祖郑重提出，必须废除“官运”这一旧规。接下来就是“阜商”，所谓的“阜商”，其实也就是当地的盐商。

这些地方盐商，为了赚取暴利，大发横财，从运盐到销售的整个过程，不过浪费一点，为了谋取更多的利益，可谓是精打细算，费尽心思。成本比起官运的来，还要低出很多的，但是，卖价却与官运的盐持平，这些地方盐商们之所以这样做，就是不希望因此而得罪官府，要是将盐价卖得太低，那么，老百姓都开始来抢购盐商的盐巴了，自然就没有人去买官运的盐，官运的盐要是卖不出去，或者销量达不到这便直接影响到地方官员的升迁以及上级对地方官员政绩的考核。但是，如果卖的价钱太高的话，非但没有人去买不说，官府还会拿这些盐商是问，运输成本比他们低，卖价却比他们高，可想而知，那等于是在讹诈老百姓，官府哪能袖手旁观。既不能提高价钱卖，也不能降低价格，所以，盐商只能选择与官府的盐价持平，这样，基本上就能和气生财了。尽管如此，就算与官运的盐价持平，盐商的利润也是不小的，于是，好处多了，也便多出许多贩卖食盐的商贩。于成龙提议说，这些地方盐商为了谋取私利，与官府勾结，四处拉帮结派，强行将暴利施加给老百姓，没钱买盐的，也要强行上门逼迫其购买，买盐的钱还是要一分不少地交到他们手上，这不算偷，更不是抢，一个是买，一个是卖，至于说买卖的过程，也就没有太多的人关心了，他们最多只是敢怒不敢言。于成龙认为，这样的社会风气很不好，对社会的影响极深，对老百姓的迫害也较大。于成龙便主张，取消这些盐商的销售资格。于成龙的建议，还是支持“流商”的，流商，顾名思义，也就是外地来往的商人。这些流商们都是一些自由贸易的商人，什么赚钱，便做什么生意，但是，底线是不触犯法律。由于竞争激烈，流商们愿意到外地去贩卖价格便宜的食盐。为了使流商们得到应有的方便，于成龙提议就是从简关口环节，流商可以自由进出广西，只需要在梧州办理一个“交引换票”的手续即可，相当于在省内有了合法经营的许可证。从梧州到柳州府，再次进行换牌，获得在柳州府辖区内的销售权利，进入到府境内，就不应该再对其进行检查和管理了，让这些流商们自由地贩卖。除此之外，官府对私盐的贩卖应放宽稽查打击力度。如此一来，流商和老百姓们都能得到方便，得到实惠。

于成龙还提到，广西提督手握重兵，每年的食盐消耗量是很大的，然而，为这些兵营们准备的马平盐包，不足二百。省内多出来的那些盐引，完全可以先存放起来，作为不时之需。还有两广境内驻扎的那些将军、藩王们，他们仗着自己的功勋和权威，常常会干些贩卖私盐的勾当，由于他们是军门人士，并有爵位在身，便更加肆无忌惮了，地方官员官卑职小不管事不说，就算官大的，也不敢拿这些将军、王爷们开刀啊。

康熙在削藩之前，平南王尚可喜、靖南王耿精忠、平西王吴三桂都是在的，而平南和靖南两王都驻扎、屯兵在南方，地方官员多少还是有些忌惮。如此，于成龙还是支持这些贩卖私盐的将军、王爷们的，并提议官府不要去干涉他们，让他们同流商去自由地竞争，目的就是均衡盐价，保障市场的食盐供给。于成龙给金光祖上表的这篇政论，确实有远见卓识，于成龙虽然读书很多，但是不至于像传统书生那样沦为书呆子吧，他还是比较灵活的，应对政治问题，依然保持着清晰的头脑。将他毕生所学都灌注到了治理广西的目的上，虽然，他只是罗城县令，主管一县之事，至于说，县外乃至广西省这都是总督、巡抚该要做的事情，他完全没有必要理会，甚至还如此的上心，将广西百姓当成是自己治下的子民，将广西的事当成是自己的家业在打理，着实难得。他巧妙而充分地运用了道家“无为而无不为”的哲学思想，为金光祖上书了这份建议。盐务，之所以会有这样的弊端，在于官府们都比较心浮气躁，大家都想着要在上司面前多挣表现，一级级地分派，一级级地施压，才会出现如此不堪入目的一面。地方官员们因此也急功近利，但是反倒起了副作用，适得其反，官府们只需要调节好情绪，恢复到一个冷静的心理，适当放宽食盐的政策，销量也会跟着上升，何愁“盐引”任务完成不了。于成龙的这篇文章，无疑为金光祖解决了一个大大的难题。而且于成龙此人才气过人，文章字字句句见解独到，颇有老将之风，完全不像一个刚刚出仕的官员，更像是一个官场老手。金光祖开始欣赏起于成龙的才学来，他的远见卓识的确让人佩服，他的这篇精妙绝伦的文章，为广西全省诸官解决了一个令他们都寝食难安、茶饭不香的烦恼，也为广西全省的百姓解决了生活上的压力，吃盐的困难。

“北溟公，你的建议很好啊，很实用，这段时间我正为盐务之事发愁，你的想法无疑是及时雨啊。我金光祖感谢你呀。我再敬你一杯就当给你送行了，本官公务在身就不能多陪了。”

金光祖放下于成龙的两份方略，敬了于成龙一杯酒，并一饮而尽。

于成龙起身作揖道：“抚台大人多珍重，成龙去也。”

于成龙准备往外面走去，刚跨出两步，就被金光祖抓住了手腕，语重心长道：“北溟公，将来你的成就不会比我低，你一定要记住我的忠告啊。”

于成龙笑着道：“成龙铭记在心。”

于成龙转身离开。

金光祖目送于成龙离去，感慨道：“此人在，是我罗城之福，广西之福，大清之福啊。”

第七章

主政合州

于成龙一行，离开广西桂林，一路跋山涉水，肩挑背扛，来到位于大巴山深处的合州（今重庆合川）。这一走又是一个多月，他们满脸尘垢，披头散发，好不狼狈。于成龙母亲当年给他做的那双布鞋，他一穿就是七八年，这次徒步来到合州，那双旧布鞋显得破烂不堪，他的脚指头都伸了出来。抵达合州城的那天，重庆正下小雨，大巴山的秋冬季节雨水绵绵，路面湿润打滑，雨雾笼罩着整座山城。于成龙一行，除了李元武，其他人都冻得瑟瑟发抖，于成龙一行在城外的一处败落的观音庙里架起木柴，升起火来。

于成龙、朝卿、王怀民如饿狼扑食一样，围在火堆前，李元武身强力壮，暂时能抵御寒冷。

于成龙搓搓双手、跺跺双脚，哈了哈气，微微颤抖道："这合州怎么这么冷？我们山西下雪也没有这么冷。"

"是呀，老爷，挑了一路担子，我的双手双脚都麻木了，想不到南方也这么冷，虽然未见雪，但比我们永宁冷多了。"朝卿瑟瑟发抖道，双手双腿抖得厉害，打着寒战。

“我感觉这里比咱罗城还冷。”王怀民蹲着烤火道。

于成龙见李元武站在一旁，未见其有冷意，于成龙一脸吃惊道：“元武，你怎么不怕冷?!”

李元武笑了笑走到火堆旁，伸出双手烤了起来，道：“大人，我们都是练武之人，怕什么冷呢，这天气我还能下河洗澡呢，桂林那条漓江，我每年这个时候都会下去游上几圈。”

于成龙深感吃惊，道：“真羡慕你有一副好身体啊。”

“李捕头，你真厉害，这天我连用冷水洗脚都怕。”朝卿笑道。

王怀民道：“大人，你们有所不知，重庆这地方虽说是南方，但是冬天真的比你们山西冷，你们那里刮的是雪风，冬天有炕，只要不出门便不觉得冷，但是合州这地方到了冬天就是阴冷，冷气从地底下冒起来的，这种冷是刺骨的冷，比你们山西的冷还冷三分呢。”

于成龙面对王怀民，又看了看李元武和朝卿，深感愧疚道：“我于成龙对不住大家了，跟着我这个穷官，没有享什么福，尤其是你怀民，你的妻小都在罗城，还愿意跟我于成龙来合州，辛苦你们大家了。”

李元武道：“大人，我本是山中土匪，如果不是大人，我这辈子也不可能有机会吃皇粮，踏上正途，是我应该感谢大人。”

“于大人，读书之人应该有修身齐家治国平天下的理想，我只是一个秀才，没有机会入朝为官，于大人是清官，廉吏，怀民跟着于大人为百姓做事，义不容辞，自古忠义两难全，怀民对得起百姓，也就只好辜负妻儿了。怀民将在余生誓死追随于大人。”王怀民坚定不移道。

观音庙外狂风怒吼，一阵风将庙门刮开，外面下着雨夹雪，屋顶的瓦片已经积了一层薄薄的雪，一位中年农妇扶着一位头发花白、衣衫褴褛的老婆婆往庙里走来，那婆婆拄着竹竿，一瘸一拐，步履蹒跚，中年农妇紧紧地搀扶老婆婆。她们的衣服都湿透了，老婆婆一路走一路咳嗽。

“娘，庙里好像有人，里面正在烧火取暖，我们进去吧。”中年农妇急切道。

老婆婆却停下了前行的脚步，道：“也不知道里面是好人还是坏人，现在世道并不太平，我一个老婆子倒没有什么，你还年轻，万一遇到坏人怎么办？”

中年农妇犹豫片刻，扶着老婆婆往庙外走。

于成龙闻声，道：“我们出去看看。”

众人一同出门，那中年农妇见于成龙等人衣衫不整，头发脏乱，恐惧道：“你们是什么人？”

于成龙笑道：“老人家，妹子，你们不要怕，我们都是好人。这天寒地冻的快进庙里躲躲吧。”

中年农妇和老婆婆有些不安地瞅了瞅于成龙等人，老婆婆道：“眼下这世道，谁知道你们是好人还是坏人。”

王怀民上前道：“大娘，我们都是读书人，你看我这模样打扮就知道了，放心吧，我们不是坏人。”

那中年妇女在王怀民身上打量一番，面对太婆道：“娘，看样子他们不像坏人。”

李元武笑道：“大娘，就算我们真的是坏人，你们娘俩躲得过去吗？”

那中年妇女一见李元武悬在腰间的佩剑，吓得脸色煞白，大叫道："娘，他身上有刀。"

吓得太婆后退几步。

中年农妇吞吞吐吐道："你们到底是什么人？"

朝卿道："大娘，你们不要怕，我们都是正经人，这位是合州新上任的知州于成龙于大人，正要赶往州衙上任，这位带刀的是于大人身边的捕头，这位先生是于大人的幕宾，我们都是好人。"

中年妇女难以置信道："于大人，你真的是知州大人？"

于成龙笑道："大娘，妹子，我就是合州新任知州于成龙，我们是从广西柳州过来的，我听你们的口音好像不是本地人，看你们也冻得不行了，随我进里面去，我们一边烤火取暖一边聊，顺便把你们的情况都跟我说说，说不定我还能帮助你们。"

太婆面对中年妇女点了点头，朝卿上前和中年妇女一起把太婆扶了进去。

娘俩儿忒狼狈，她们围着火烤，湿衣服已经冒烟了，老人还冻得瑟瑟发抖，中年妇女不断地给太婆擦头发上的水，太婆站不住，偏偏倒倒，差点晕倒在地，幸好被李元武一把扶住，那中年妇女面对李元武道："多谢壮士。"

李元武一脸诧异，道："你们这是？"

"让大家见笑了，我们娘俩儿已经有两天没有吃东西了，现在连走路的力气都没有了。"中年妇女热泪盈眶道。

于成龙对朝卿道："快去庙里找一下，看看有没有可以坐的，搬出来，扶大娘休息。"

朝卿转身往观音像后面找去，他找了两个蒲团垫子拿了出来，给太婆垫上，并扶太婆坐下来。

于成龙连忙又对朝卿吩咐道："朝卿，你把包袱里的两张大饼拿出来，给大娘和大妹子吃。"

朝卿犹豫道："老爷，这可是我们最后的干粮，给她们，我们吃什么?"

于成龙生气道："快去拿，我们已经到合州城了，马上就要到州衙了，难道没有我们一口吃的？她们已经两天没吃东西了，先给她们吃。"

朝卿不情不愿地走向包袱前，缓缓打开包袱，取出两张包好的大饼，拿到中年妇女面前。

于成龙又从怀里摸出一两银子递给中年妇女，道："妹子，本官身上只有这一两银子了，一路上都散完了，你们先拿着用，顺便给我们讲讲你们的情况，你们好像不是本地人。"

中年妇女见于成龙送钱，连忙推辞道："大人，你给我们吃的，已经无以为报了，还怎么敢要你们的钱，不能要!"

"是呀，大人，我们不能要。"老婆道。

见她们推辞，于成龙硬塞给妇女，她这才勉强收下。

中年妇女伤感道："我们是从云南逃难过来的，平西王吴三桂准备举兵反清，在云南到处招兵买马，我的丈夫被抓去当了兵，生死未卜，云南兵荒马乱，我和婆婆相依为命，一路要饭来到合州，本想进城讨些吃食，没想到这方圆几十里一户人家也看不到，如果不是遇到大人你们，我们娘俩就要饿死了。"

于成龙愤怒道："想不到逆贼吴三桂真的敢反叛朝廷，先叛明，后反清，真该死呀。"

王怀民道：“大人，她说的没错，我们这一路走来确实没有看到几户人家，就连这合州城也没有半点生气。”

李元武道：“早年我听过张献忠屠川的传闻，想不到是真的，四川现在缺人，自从先帝顺治时就曾下诏，让湖广、江浙一带的人迁居四川定居，这么多年了，合州城还是空空如也。”

于成龙一筹莫展道：“看来，我们来合州第一件事就是招抚流民，恢复生产，这里大片大片的土地没人耕种，真是可惜了。”

中年妇女和太婆吃完大饼，那妇女与太婆一起给于成龙叩头。

“感谢大人救命之恩。”娘俩儿异口同声道。

于成龙连忙起身扶她们起来，中年妇女乞求道：“今天要不是大人，我们就饿死了，看得出来大人是一个好官，请大人收下我们娘俩，以后我就在大人身边，给大人洗衣做饭。”

于成龙为难道：“你们也看到了，我于成龙是个穷官，眼下合州还是这个样子，我们几个每天都是青菜萝卜，没有大鱼大肉，你们跟着我受得了这份苦吗？”

大娘道：“大人，我们娘俩现在相依为命，我这儿媳什么苦都能吃，让她给你做个帮手，起码我们娘俩不至于饿死。”

“是呀，大人，求求你收下我们吧。”中年妇女乞求道。

于成龙见她们可怜，道：“你们就留在我身边吧，以后给朝卿打下手。”

朝卿一副痴傻的样子，笑道：“以后你就帮我洗菜烧火吧，给大伙做饭。”

于成龙面对娘俩问道：“我还不知道你们的姓名呢？”

“我婆婆龙氏，我叫余慧，大人就叫我余氏吧。”余慧道。

于成龙吃惊道：“你也姓于？”

“大人，我是剩余的余。”余慧道。

于成龙道：“我是二横竖勾于。”

于成龙见娘俩吃饱了，身上暖和了，外面的雨也停了。

于成龙起身道：“雨停了，这里距离州衙也不远了，我们还是先进城吧。”

于成龙走在前面，朝卿背着大包小包，李元武和余慧扶着龙氏往外面走去，王怀民也帮着朝卿拿东西，于成龙的肩膀上也挎着包袱，他们一起向城里进发。

合州城只有横竖几条街，大街上一个人也没有，鸦雀无声，寂静得可怕，突然一只野猫从房梁上一跃下来，从于成龙的肩膀上掠过，吓得于成龙下意识躲闪。

周围的房屋破败不堪，残垣断壁随处可见，没有一家客栈，没有一家商铺，像一座死城。

大街上石板铺成的路上已经长满了青苔，雨后又湿又滑。

“想不到如此大的合州城竟然一个人也看不到。”李元武吃惊道。

王怀民感慨道：“合州已经成为一座空城，州城尚且如此，合州所属铜梁、武胜、大足县又是何光景呢?!”

于成龙道：“看来张献忠对四川的破坏很严重啊，天府之国、鱼米之乡竟这般荒芜，看来土著蜀人已所剩无几了。”

合州城不大，他们走着走着，就到了州衙门口了，两名衙役怀里抱着水火棍正在州衙门口睡大觉呢，他们衣衫不整、不修边幅。

李元武上前，用剑鞘拍了拍睡在地上的衙役，喊道：“醒醒……”

另外一名衙役也被吵醒，两名衙役揉了揉眼睛，伸了伸懒腰，打了打哈欠，站了起来，一脸不屑道："你们找谁呀？这里是州衙，你们赶紧离开。"

于成龙义愤道："你们是衙门体面所在，谁批准你们在上岗时睡觉的？"

衙役道："你谁呀，大爷的事儿你管得着吗？再不滚我打死你们。"

那衙役正要举水火棍要打于成龙，被李元武一脚踹翻，道："你们好大的胆子，眼前这位就是合州新上任的知州于成龙于大人，你们还不快跪下。"

两名衙役面面相觑，并不信以为真。

朝卿从包袱里拿出圣旨和吏部文书展现在两名衙役面前，道："睁开你们的狗眼看看。"

两人定睛一看，吓得脸色煞白，连忙跪了下来，一个劲儿抽打自己的耳光，道："于大人饶命，小人有眼不识泰山，冒犯了大人，还望大人恕罪。"

于成龙怒斥道："今天你们冒犯的是本官，你们让本官恕罪，明天你们冒犯了老百姓，他们该去哪里申冤！你们两个各自掌嘴二十，再罚俸一个月，如果以后还敢再犯，本官定当严厉惩处。"

"是。"两人异口同声道，并狠狠地抽打起耳光来。

于成龙面对衙役问道："这衙门里的其他人都去哪里了？"

衙役唯唯诺诺道："大人，州同陈江河陈大人带领州衙大小官员去城门口迎接大人去了，衙门里的衙役也派去了。"

见于成龙表情难看，那衙役道："属下去把他们叫回来？"

“不用了，去后衙收拾几间房，顺便让这位大娘住下来，以后老人家的开支从我的俸禄里支。”于成龙拂袖而去，往衙门里走去。

衙役连忙起身，在于成龙面前卑躬屈膝，态度也温和多了，为于成龙一行拿东西开道。

另一名衙役见于成龙等人进了衙门，放下水火棍，拔腿朝大街上跑去。

于成龙一行，放下行李后，刚回到大堂上，州同陈江河等州衙官员十余人便急急忙忙赶来大堂上。

陈江河面对于成龙等人，卑躬屈膝道：“请问哪位是于成龙于大人？”

李元武、王怀民指向于成龙。

以陈江河为首的州衙官员面对于成龙参拜，异口同声道：“下官参见于大人。”

于成龙道：“诸位大人，看你们一路气喘吁吁，你们都去哪里了？”

陈江河笑道：“下官接到消息，说大人这两日将抵达合州城，所以下官带着州衙所有官员每天都城门口迎接大人，没想到大人自己来了。”

于成龙厉声呵斥道：“你们身为朝廷命官，是为老百姓服务的，不是为我于成龙服务的，你们吃的是朝廷的俸禄，老百姓是咱们的衣服父母，有老百姓上衙门告状，发现我们的父母官不在，这成何体统？”

于成龙瞅了瞅为首官员的顶戴，瞪道：“你就是合州州同陈江河？”

面红耳赤的陈江河面对于成龙毕恭毕敬道："正是下官，于大人我们在城里的东来酒楼摆了接风宴，为于大人和诸位接风洗尘，请于大人务必赏光，知道于大人清正廉洁，请于大人放心，这顿饭是我们州衙同僚自掏腰包，没有用公家的钱，这是我们的一点心意。"

于成龙道："你们的好意我心领了，你们也是携家带口的人，俸禄就那么点，本官这么多年青菜萝卜吃惯了，好酒好菜吃不下，眼下天灾不断，你们把这些饭菜都分给过往的穷人吧，于成龙在此感激不尽。"

于成龙含泪说罢，便对诸位大人鞠躬。

陈江河等诸位官员连忙上前制止，陈江河道："大人真是体恤百姓啊，下官等遵令便是。"

"于大人真是爱民如子啊。"

"于大人乃我等楷模啊。"

……

州衙各官员对于成龙一通逢迎。

于成龙面对李元武和王怀民道："元武、怀民，你们随我去合州乡下走一趟，巡视一下。"

陈江河道："于大人，还是先用了饭再去也不迟啊，你们从广西而来，舟车劳顿。"

于成龙面对陈江河道："陈大人也跟我一起去，你是合州主管盐、粮、捕盗、水利、人口的州同，把相关责任人也叫上，本官有话要问你们。"

说罢，于成龙便往外走，其余人只好跟上。

朝卿喊道："老爷，你这样身体吃不消啊。"

"朝卿照顾好龙氏婆媳俩。"于成龙回头道。

于成龙一行，翻山越岭，行走在山野之间，州同陈江河等人全程陪同。从合州城出来走了十几里路，看不到一个人影，周围杂草丛生、土地荒芜，树木荆棘遮天蔽日，根本看不到路。

于成龙眉头紧锁，面对王怀民道："看来合州的情况比当年的罗城更糟糕啊，怪不得皇上把我派到合州来。"

"是呀，方圆几里都看不到一个人，是够荒凉的。"王怀民感慨道。

陈江河道："于大人，关于合州的情况，我必须得给你汇报一下，合州虽然下辖铜梁、大足、武胜三县，但是这三个县现在朝廷并未派知县，因为目前整个合州辖区的总人口才一百多人，这是州衙登记在册的人数，每年的正赋只有十五两左右，由于境内人少，州衙的官职配置也并不全，像巡检、税课司大使这些官职还虚位以待，所以接下来的工作还是很艰苦。"

于成龙吃惊道："什么？一百多人？全州总人口才一百多人？我没有听错吧？"

陈江河身后的小吏道："于大人，陈大人说的都是实情，这正是合州的现状。"

李元武一脸震惊地望着于成龙，道："大人，合州的人丁比当年罗城少多了。"

王怀民一筹莫展道："看来合州的情况全国也找不到第二个典型了，这也是皇上对于大人的考验啊。"

于成龙道："回州衙，我们再从长计议。"

回到州衙后，于成龙简单吃了一顿，天色已暗。于成龙又马不停蹄召集州衙各部官员议事，就合州的现状发表自己的看法，并结合白天走访考察，于成龙逐渐捋出思路，各部官员走后，于成龙独自一人在油灯下冥思苦想，并由余慧研墨，提笔写下《规划铜梁条例》：

一是招抚流民。由于战争的缘故，铜梁县也遭受到了不同程度的毁坏，人口锐减，生产滞后，导致很多家庭家破人亡、流离失所，家乡遭到战乱，生态受到破坏，生存环境相当恶劣，老百姓为了生存只能是被迫逃到外地。这些流浪在外的父老乡亲，为了回到家乡探听风声，但一旦被官府逮到，便强行纳入户籍，征收赋税；那些仍然流浪在外的老百姓，也被官府尽数登记在册，并定下赋税，老百姓生存都成问题，哪个还敢再回来。鉴于这种情况，于成龙的应对政策是：官府在全州范围内，四处张罗消息、张贴告示，宣传朝廷对招抚流民的优待政策，并允许老百姓回到家乡以后，投靠亲友，将投奔者户籍归属到该亲友的户籍下。待三年以后，生活、生产逐渐回归到正常的轨道，然后，再对其进行合理收税。这样一来，也就引来了很多流浪在外的老百姓回到家乡生产、经营。这方面，于成龙的政绩还是相当突出的，在他的治理下，合州不到一年的时间，户口便猛增一千户以上。

二是保护流寓。流寓，也就是指从外地逃亡合州生活的人口，对应的正是“土著”居民。朝廷是有政策的，允许流民去外地生活，合州如有空房、荒地，他们也可任由开垦和居住。只要插上户口标签，官府都是承认的。但是，本地人因为不满外地人来自己地面上生产，常常为难和欺负外地人，当这些外地人垦荒、建房时，当地人不作声，待外地人将房屋建好、土地开垦完了以后，当地人才说那是他们的家产或者是他们家某位亲戚的土地。长期处于纷争状态，搞的那些外地人不敢在本地居住，毕竟有句话叫作强龙难压地头蛇。于成龙苦想的应对政策是：严格执行朝廷的相关规定，保护这些外来人口有房居住，不让他们的生活受到干扰，保护他们在合州所得的产业，并严令本地人不能抢夺。

三是奖励垦荒。铜梁县的编户一直是二十六里，赋税二万二千余两。现在只有三十九户，赋税只有三两一钱左右。由于人口锐减，经过战争之后的铜梁生灵涂炭，很多动植物相继灭绝，土地也随着变成了荒园。老百姓开垦荒地的意识性较差，导致农业生产严重滞后，老百姓没有了口粮，纷纷乞讨为生。于成龙的应对策略是：鼓励和支持老百姓垦荒，经常差人明察暗访农民，奖励那些勤于耕种的家庭，对于那些懒惰、好吃懒做的人要给予惩罚。很快老百姓的生产便恢复到正常的轨迹，农业经济也得到进一步的发展。老百姓这下不愁吃穿了。

四是加强教化。铜梁县自古以来就是人文礼仪之邦，由于此地受战乱影响，很多老百姓是从外地逃回来的流民，大多没有受到过正规的教育，也没有什么文化，很多人都养成了一种蛮夷之气，这可能是长期性的流浪和漂泊在外所造成。这些人回到故土以后，是桀骜不驯，只要不触犯刑法，官府也不能将他们惩治，最多也只是一种社会风气，一种道德上的败坏。于成龙的提议是，各乡设置“乡约”一名，每月的初一和十五，就向老百姓宣读朝廷的《上谕十六条》，教化他们如何效奉圣人，尊师重教，以其伦理纲常约束、教化他们，劝老百姓要如何做到忠、孝、仁、义。对君主要忠，对父母要孝顺，对子女和亲戚朋友要以诚相待，不可六亲不认。凡是不听“乡约”教化的，可作报官处理。清代皇帝的《上谕十六条》基本如下：1. 敦孝悌以重人伦；2. 笃宗族以昭雍睦；3. 和乡党以息争讼；4. 重农桑以足衣食；5. 尚节俭以惜财用；6. 隆学校以端士习；7. 黜异端以崇正学；8. 讲法律以儆愚顽；9. 明礼让以厚风俗；10. 务本业以定民志；11. 训子弟以禁非为；12. 息诬告以全善良；13. 诫匿逃以免株连；14. 完钱粮以省催科；15. 联保甲以弭盗贼；16. 解仇愤以重身命。

五是裁撤驻防。由于是清代初期，遭受改朝换代之苦的铜梁县，县城是有兵丁把守的，这些兵丁常常趁乱私下骚扰百姓，成为地方隐患。待天下大定后，铜梁也逐渐趋于和平，城上也只是派了三十几名官兵把守，但是，由于铜梁县的人口确实太少了，朝廷最终被迫裁撤知县一职，铜梁由知州一手抓。但是，兵丁仍然留在铜梁，铜梁没有知县，以至于他们自我约束力较差，纪律涣散，经常私闯民宅。老百姓们怨声载道，有苦难言，有冤无处诉，要告状只能是去州衙门找知州大人，无奈路途遥远，只好作罢。于成龙的得力措施是：县城只有八九户居民，完全用不着要三十几名兵丁把守，由于居民较少，而且居住较远、较散，都是穷苦人家出身，没有财主在此地，因此，也不会存在强盗偷东西。于成龙提议裁撤这些驻防军队，但是，出于地方安全的考虑，驻扎在合州州城的五百名官兵并没有裁撤，于成龙考虑得还是相当周全的。

六是保护孤儿寡母。由于战争，很多家庭的青壮年被抓去充当了兵丁，也就是充军。后来，因为命丧他乡，这些青壮年也无法再回到自己的家乡，很多女子便失去了丈夫，很多孩子也随着失去了父亲，家中没有了劳力，也没有了顶梁柱，因此，很多孤儿寡母常常受到民间一些不法之徒、登徒浪子的肆意骚扰。而且古代的女子都是相当传统的，一般丈夫死去以后，便选择终身不再嫁，但是官府是不支持她们这种做法的，如果终身不嫁，这也许值得尊敬，但是，毕竟这日子还是要过下去的，孤儿寡母在家中，很容易受到一些地方恶霸、豪强的侵害。

于公的措施是：支持寡妇守节，但也容忍她们再行出嫁。作为父母官，于成龙只是设身处地地为老百姓考虑，是将心比心，尽可能保护她们的利益。于成龙的意思，如果是有婆家主婚的，官府可以让寡妇再行出嫁，如家中只有寡妇一人，便征求寡妇自己的意见。外人是不能替寡妇们做主的。

于成龙整整写了一个通宵，直到凌晨才写完，他趴在桌子上睡着了，直到朝卿来请于成龙吃早饭，才看到于成龙写字的毛笔已经掉到了地上，一双有洞的布鞋将脚趾裸露在外，冻得通红，朝卿将放在床榻上的一个旧袍子给于成龙披上，朝卿将袍子往上提了提，偶然碰到于成龙的脸颊，发现于成龙正发着高烧。

朝卿一脸惊恐，摇了摇于成龙，喊道："老爷……快醒醒。"

于成龙迷迷糊糊睁开眼睛，望了望朝卿道："哦，天亮了？"

"老爷，你发烧了。"朝卿惶恐道。

于成龙摆了摆手，一副若无其事的样子，站起来，道："不碍事，这里是南方天，湿气重，难免有些水土不服，加上这几日忙于奔波，休息一下就没事了。"

于成龙一边说，一边咳嗽。

朝卿惶恐不安，朝外面喊道："来人呀……"

余慧急急忙忙跑了进来，面对朝卿道：“什么事？”

朝卿急道：“余慧姐，老爷发高烧呢，你快去找点老姜，给老爷熬点姜汤，去去寒，我扶老爷先到床上休息一下。”

“好，我马上去。”余慧拔腿就跑。

于成龙推了推朝卿道：“这点小病，不碍事，我还有公务在身，吃过早饭，把怀民和州同陈大人叫到后衙来，我有事和他们商量。”

于成龙扶着墙，病恹恹地走向外面，朝卿无奈地扶着他，伺候于成龙坐下来后，朝卿从锅里盛了稀粥端到于成龙面前，又准备了萝卜干下饭。

于成龙咳嗽得很厉害，用颤抖的双手端起稀粥，喝了一口，和着萝卜干吃起来。可没吃上几口又吐了出来。余慧找来了两块老姜，急急忙忙跑进厨房，给于成龙熬姜汤。

于成龙虽然咳嗽得厉害，但是他仍然不忘关心别人，面对余慧道：“大娘吃了吗？”

余慧道：“婆婆早上起得晚，我一会儿再叫她。”

于成龙欣慰地点点头，道：“那就好，我们的条件虽然差了点，但是一定不能让老人受罪。”

余慧在心里感念于成龙的恩德，对于成龙的为人倍感敬畏。

于成龙正说着，王怀民、李元武、陈江河以及州衙其他官员数人已经赶来。

“于大人，我听说你病了？”陈江河快步走到于成龙面前问道。

于成龙淡然一笑，道：“小病，不碍事。”

“大人，你的身体要紧啊。”李元武急道。

“于大人，什么事儿也得先养好身体啊。”王怀民心忧道。

于成龙回头对朝卿道："朝卿，去把桌子上我写的《规划铜梁条例》拿来，今天大家都在，让陈大人和诸位都看一下。"

于成龙端起米粥，吃了一口萝卜干，喝了一口米粥。

朝卿将《规划铜梁条例》拿到陈江河面前，陈江河用双手捧着，细细看了起来，王怀民、李元武也凑了上去，从旁观看。陈江河看完后，随手将它交给身后其他州衙官员看。

陈江河面对于成龙，一脸惭愧道："于大人，你的这份《规划铜梁条例》很好啊，方方面面都考虑到了，下官在合州州同的位置上几年没有建树，于大人几天内就把铜梁的情况都了解透了，于大人真是皇上的知己啊，招揽流民，奖励垦荒，用《上谕十六条》教化合州百姓，这正是皇上所想啊，大人这份《条例》甚为妥当，下官认为可行。"

于成龙面对王怀民道："怀民，你的意见呢？"

王怀民道："合州缺人，当务之急是如何将于大人奖励垦荒、招揽流民的政策宣扬出去，如何让外地人心甘情愿留在合州落户，毕竟故土难离啊！"

于成龙一筹莫展道："怀民说的有道理啊，如何让外地人迁来合州落户，这是一个棘手的问题啊，百姓向来不信任官府，只怕他们不愿意离开自己的家乡。"

陈江河道："于大人，下官觉得现在正值三藩作乱，云南、广东、福建也并非乐土，像余慧婆媳俩从云南逃亡外地的还有很多，他们未必不愿意在合州落户，福建、广东也在打仗，大批东南沿海百姓逃亡内地，于大人不妨广贴告示，并派出衙门的人蹲守合州各个出口，对来往难民讲解于大人的政策，说不定他们都愿意定居合州。”

王怀民道：“于大人，陈大人分析得有道理啊，目前也只能这样做。”

于成龙又问陈江河身后的其他官员，道：“诸位大人怎么看？”

“我等赞成于大人和陈大人的意见。”众人异口同声道。

于成龙放下碗筷，拍了拍额头，道：“此法可行，但可能效果不佳，本官还是给四川巡抚张德地张大人请示一下，让张大人上书朝廷，以朝廷的名义下发政令，我们再好好宣扬惠农政策，或许能很快解决合州的人口落户问题。”

“可以。”陈江河道。

各部分头行事，不到一年时间，合州三县人口暴增，生产力得以逐渐恢复，经济大幅度增长。

翌年开春，于成龙为鼓励生产，亲自下田与百姓一起劳作，与百姓们一起插秧，他将辫子盘了起来，裤腿挽得很高，身上全是泥点子。晚春的合州烈日当头，于成龙汗流浃背，额头上的汗水不断地往下滴，于成龙时不时用手背擦一擦，满脸的淤泥。王怀民、李元武、陈江河等人跟着于成龙一起帮助百姓插秧，农户们对于成龙无不感恩戴德。

“于大人……”一个衙役往田埂上跑来。

“于大人，是州衙的王班头。”李元武喊道。

“于大人，成都来人了，巡抚衙门的人，请大人速回衙门。”王班头朝于成龙喊道。

陈江河面对于成龙道：“莫不是朝廷又要嘉奖于大人了？”

王怀民道：“巡抚衙门亲自派人来，事情怕不简单哦，如果是朝廷要嘉奖于大人，应该是朝廷派人来，怕是有什么要紧事吧！”

于成龙道：“怀民、元武，你们在这里帮老乡插秧，我和陈大人回一趟衙门，看看有什么事。”

王怀民和李元武点了点头，于成龙和陈江河上了岸，在水田里涮了涮脚，光着脚，提着一双草鞋，就往州衙走去，陈江河急忙跟上。

“王班头，巡抚衙门这么着急，到底什么事？”于成龙问王班头道。

“大人，看他们的样子好像很急，但具体什么事儿我不知道。”王班头气喘吁吁道。

此时，巡抚衙门的人已经在州衙大堂上恭候于成龙，朝卿在州衙门口焦急地等待，见于成龙出现，朝卿连忙上前，道：“他们已经等候多时了，好像有任务派给州衙。”

于成龙来不及换衣服，只是将裤腿放下，在衙门口换上草鞋，和陈江河一起往大堂走去。

堂上之人，约莫五十多岁，一身便衣，气质儒雅。于成龙见此人甚为陌生，一头雾水。

那人见于成龙和陈江河，见他们一双泥腿子，便在他二人身上打量，问道：“你们谁是于大人？”

于成龙道：“我是于成龙，不知你是？”

那人笑道：“于大人的清名在下是如雷贯耳啊，今日一见果然名不虚传，在下是张抚台的幕宾叫沈毅安。”

于成龙和陈江河连忙向沈毅安作揖，于成龙介绍道：“这位是合州州同陈江河陈大人，我们正在帮乡亲们插秧，让大人见笑了。”

沈毅安摆手道："大人不敢当，在下虽然是抚台幕宾，但也是一介草民，怎敢在于大人这个五品知州面前称大人。"

于成龙笑道："沈先生谦虚了。"

沈毅安从身后差官手里拿出巡抚手谕，交给于成龙道："于大人，这是巡抚大人的手谕，恐怕又有事要麻烦你了。"

于成龙接过手谕，打开来看，眉头紧锁，随手将手谕交给一旁的陈江河。

"沈先生，你是张抚台的幕宾，合州的情况想必你也看到了，这一年多来，我带着州衙的人到处张贴告示，招揽流民，好不容易恢复生产，劝他们定居下来，现在又让他们去伐木，下官实在力不能及，眼下三藩之乱，民不聊生，朝廷怎么还有钱去修缮紫禁城，这不是劳民伤财吗？"于成龙一筹莫展道。

沈毅安叹道："是呀，我一路走来，也看到了，如今的合州跟两年前变化很大，是广西巡抚金光祖大人向张抚台推荐了你，说你任事练达，于大人你可不能辜负了抚台大人的信任啊，再说此事办妥，朝廷对于大人也会有嘉奖的。"

于成龙冷笑道："沈先生，你也是一方名士，怎能劝我做此等不义之事呢？如今的合州需要的是轻徭薄赋，让老百姓安生，牺牲老百姓的利益，让于成龙升官发财，于成龙做不到。"

沈毅安左右为难道："于大人，四川境内，只有你合州的楠木最好，修缮紫禁城用的都是金丝楠木啊，于大人让在下如何赴成都交差呢？"

于成龙迟疑片刻，道："沈先生，我也不让你为难，待我修书一封给抚台大人，你带回成都。"

沈毅安无奈，道："好吧，那就请于大人尽快交给我，我好回成都复命。"

于成龙连夜给巡抚张德地写了信：

抚台大人明鉴。合州地瘠民贫，境内仅有百余人。土地荒芜，方圆百里不见人烟。年赋税不过十五两。成龙上任合州知州一年以来，躬身作则，提倡节俭。带领州衙官员招揽流民、鼓励民生，轻徭薄赋，今合州境内人口增至三万余人。百姓远走家乡，定居合州，皆赖朝廷优待之功，今合州百姓亟须休养生息。朝廷修缮紫禁城，所需楠木材，应由地方衙门派官兵采伐，不应让百姓负担。成龙出身草莽，深知百姓疾苦，明末常年战争已让老百姓家破人亡、妻离子散。如今流落合州，不应再行折腾，请抚台大人三思。成龙身为合州知州，理应为朝廷分忧，成龙将带领州衙官兵上山采伐，另请抚台自行派人采伐，我合州地方衙门将全力配合。于成龙敬上。

康熙七年五月一日

于成龙将书信交给沈毅安，沈毅安连夜奔赴成都。翌日午时，沈毅安到成都巡抚衙门将于成龙的书信交给了张德地。张德地此时刚好从成都郊外考察回来，气喘吁吁的张德地喝了一口茶，并用毛巾擦了擦额头上的汗。

"于成龙怎么说？"张德地回头面对沈毅安道。

沈毅安道："张大人，我已经把你的意思都给于大人讲了，还是你自己看吧，这是于大人给你的信。"

张德地瞅了瞅沈毅安，一副不信任的表情，匆匆拆开书信，并迅速浏览起来，少时便大笑，道："这个于成龙，怪不得广西巡抚金光祖大人对他是赞赏有加，不愧是当今皇上钦点的卓异，好吧，那就从顺庆府和重庆府派兵过去，京城催得紧，伐木之事必须得抓紧，去请四川布政使郎廷相大人过来，我与他商量一下。"

沈毅安面对张德地作揖后，便出了巡抚衙门大院。

在于成龙的努力下，经过一百多天的努力，修缮紫禁城所需的全部楠木材采伐完成，由于政绩突出，于成龙于康熙八年升任黄州府同知。

离开合州前，于成龙一行专门去看望了定居合州的龙氏婆媳，余慧与婆婆龙氏住在合州城东边的一处山坳里，地方很偏僻，但是植被繁茂，空气很好，很适合养病。龙氏年迈，与媳妇余慧外逃合州，心力交瘁，很快就病了。于成龙不忍老人再颠沛流离，就自掏腰包，雇用衙门的兵丁和工人，给龙氏婆媳修了一个住处，木质结构的，周围是一片竹林，旁边有池塘，于成龙帮助余慧在池塘里种下了莲藕，余慧婆媳以卖藕为生。

秋风萧瑟，合州的田野里一片金黄色，森林里一片五彩斑斓的景象，农夫们有的在掰苞谷，有的在收割水稻，忙得不亦乐乎，有的甚至哼着小曲儿。于成龙、朝卿、王怀民、李元武四人行走在田埂上，于成龙的手里提着几包月饼，此时中秋节刚过，他们往余慧家的方向而去。田野里的老百姓见于成龙，很是热情，争先恐后向于成龙挥手示意，于成龙很欣慰。

朝卿笑道："想不到咱们老爷如此深得民心。"

前面不远处就是余慧家了，龙氏正靠在椅子上，余慧伺候龙氏喝药，于成龙远远地喊道：“大娘，我们来看你了。”

余慧见于成龙等人来到，连忙起身放下碗，跪拜道：“民女拜见于大人。”

龙氏见于成龙，也甚为激动，欲起身，于成龙把月饼递给朝卿，连忙跑过去扶着龙氏坐下来，道：“大娘，你身体有恙，无须多礼。”

于成龙随之转身对余慧道：“妹子，你赶紧起来，今天呀我们是专程来看望你们的，中秋节刚过，我给你带了点土月饼，朝卿做的，是我们山西的味道，你和大娘尝一下。”

朝卿连忙将几包月饼送到余慧的手里，余慧站了起来，面对于成龙作揖道：“谢谢于大人。”

“见过王先生、李捕头。”余慧示意道。

王怀民面对余慧道：“大人刚刚调任湖北黄州府同知，就要前往黄州了，今天是最后一次来看望你们。”

余慧听罢，却有些许伤感，道：“这一年多以来，多亏了于大人的照顾，不然我们婆媳是活不下去的。”

于成龙摆了摆手，深感自责道：“我难免有工作做得不到位的地方，天下还不知道有多少人受苦，有多少人遭难，我于成龙没遇到便罢了，既然遇到了，就不会不管。妹子，大娘身体这样，你今后有何打算？”

余慧苦笑道：“我夫君生死不明，等婆婆康复了，等云南彻底平定了，我还是要回去的，夫君无论生在何方，我活要见人，死要见尸，我是不会放弃的。”

李元武感慨道：“想不到如今这世道还有如此痴情之人，李某预祝你们有情人终成眷属。”

于成龙从怀里取出五两银子给余慧，道：“妹子，我于成龙是个清官，这已经是我所有的积蓄了，你们保重。”

余慧不接，于成龙硬塞给她。于成龙看了看病恹恹的龙氏，摆了摆头，叹了一口气，便离开了。

王怀民、李元武分别拿出银两给余慧，随之离去。朝卿拿出五钱康熙通宝给余慧，依依不舍道：“余慧姐，我朝卿就只有这点钱，都给你了，希望你早日与家人团圆。”

龙氏含泪喊道：“于大人，你们保重啊。”

余慧双手捧着钱，目送于成龙一行远去，热泪盈眶，喊道：“于大人，你是个好官，我余慧给你叩头了，祝你一路平安。”

余慧一个劲儿给于成龙叩头，于成龙一行时不时回头观望，无不眼含泪花。

于成龙一行，出了合州城，准备沿长江而上，乘船去黄州，刚到马头，就被合州闻风而来的民众围堵，他们见于成龙到来，数千人一起给于成龙下跪。

“于大人……”百姓们异口同声喊道。

男女老少，双眼通红，纷纷擦抹眼泪。

场面让人震撼，于成龙眼泪翻滚，喊道：“乡亲们，你们这是……”

一个八十岁的老者，在家人的搀扶下，步履蹒跚地走到于成龙的面前，声泪俱下道：“于大人，我们可都是冲你才在合州定居的，如今你走了，我们怎么办？我们就没有念想了。”

老人的儿子道：“于大人，我们都是从广东潮州府逃难过来的，冲你于大人青天之名才留在合州的，如今你走了，谁还管我们啊？”

老人的儿媳道：“是呀于大人。”

百姓们一拥而上，将于成龙围了起来，于成龙环视身边的百姓们，看到他们殷切的眼神，他感到很不是滋味。

站在人群后面的王怀民，面对李元武道：“我活了半辈子了，还头一回看到像于大人这样深得民心的官员。”

“是呀，这便是我愿意走出山寨，跟随于大人的原因。”李元武感慨道。

朝卿道：“当年，老爷离开永宁时就发过誓，此行不以温饱为志，誓勿昧天理良心。”

三人陷入沉思。

于成龙面对乡亲们道：“乡亲们，你们要相信朝廷，相信皇上，即使没有我于成龙，也会有和成龙一样体恤百姓的好官的，你们要好生在合州安家置业，天下总有平定的一天，三藩之乱迟早会过去的。”

于成龙抹了抹眼泪，一副依依不舍的样子，回头对朝卿等人喊道：“朝卿、元武、怀民，我们上船了。”

由李元武开路，一行四人往船上走去。

百姓们目送于成龙等人远去，他们再次面对于成龙跪了下来，异口同声高喊道：“于大人，你们一路保重啊。”

于成龙挥手示意，百姓们泪如雨下，于成龙不忍见百姓难过，抹了抹眼角的泪水，便回到船舱里。李元武等人一同回到舱内。

于成龙坐在船舱里，倍感失落，一副失魂落魄的样子。

王怀民安慰道：“大人在罗城和合州的所作所为，足以青史留名啊，我王怀民跟大人一遭值了。”

于成龙冷笑道：“怀民，为官者本就应该心系百姓，百姓是我们为官者的衣食父母，理应为他们着想，我于成龙何曾在意清官的虚名，做一个清官可不是一件容易的事。”

王怀民感慨道：“是呀，好官坏人骂，贪官好人骂。”

李元武见于成龙仍未缓过来，有意分散他的注意力，道：“于大人，你们大家快看啊，这长江两岸的景色真美啊，早就听过长江三峡，要不是跟着于大人还没有这个眼福呢。”

船儿已经远离合州，于成龙才从船舱里走出来，一行四人站在船头，欣赏长江两岸的景色。

第八章

黄州青天

水路很慢，于成龙一行走走停停，欣赏沿途景色，又是小一个月才抵达黄州码头。面对黄州码头江面上来来往往的商船和渔船，他们正忙着捕鱼和上货，于成龙很欣慰，脸上洋溢着笑容。码头上站着兵丁数十人，他们整整齐齐地排列着，行人不敢靠近。同时站有大大小小的官员数人，有四品的，也有五品、六品的，他们都眼巴巴地望着江面上。

朝卿激动道："老爷，你快看，码头上站着很多大人啊。"

王怀民道："看他们的顶戴，看来知府大人也来了。"

于成龙笑道："我于成龙何德何能，竟让知府大人亲往迎接。"

李元武道："听说黄州这带闹匪，朝廷把于大人派来黄州，想必又是个苦差事。"

王怀民忧心忡忡道："是呀于大人，元武兄说得对，黄州民风彪悍，当年苏东坡就曾被发配黄州。"

于成龙冷笑道："好啊，苏东坡当年被发配黄州，我于成龙为官黄州，这是否冥冥中注定我与他之间的缘分。东坡先生当年被贬黄州，写下了《赤壁赋》和《赤壁怀古》等诸多名篇，人生低谷还能泰然自若、心如止水，让人敬佩啊。”

“是呀，人生如梦，一樽还酹江月。还是苏东坡活得洒脱啊。”王怀民感慨道。

于成龙道：“怀民，你也给我介绍介绍黄州的风土民情呗，马上就要靠岸了。”

“黄州，大别山南麓，长江中游北岸，三面环水，北靠山区，地势为东北部较高，西部以及南部地势较低，为江河冲积地带，以平原为主，丘陵岗地兼有，境内多湖泊。黄州雨量充沛，四季分明，春季，气温较低，夏天都是梅雨季节，入伏多干旱。黄州民风彪悍，历来土匪横行，我朝立国不久，尚有土匪未剿清……”王怀民道。

于成龙点了点头，陷入了沉思。

于成龙的船缓缓靠近黄州码头，官员们纷纷上前迎接。见四人下了船，黄州知府张鼎立笑着迎上去，道：“请问你们哪位是于成龙于大人？”

朝卿指着于成龙，王怀民和李元武看向于成龙。于成龙笑着拱手道：“下官正是于成龙，大人可是黄州知府？”

张鼎立笑道：“自我介绍一下，本官是黄州知府张鼎立，这位是黄州通判赵焕志赵大人，这位是黄冈知县韩一如、麻城知县罗仕成、黄梅知县李开来，几位大人正在我府衙议事，听闻于大人到来，愿和本官一起前往码头迎接于大人。”

通判及几位知县大人面对于成龙作揖道：“下官拜见于大人。”

于成龙受宠若惊道：“几位大人客气，下官怎敢让知府大人相迎，折煞成龙了。这几位是下官的幕宾。”

朝卿、李元武、王怀民面对诸位大人作揖，异口同声道：“见过诸位大人。”

张鼎立抓着于成龙的手腕，往回走，道：“于大人，本官知道你素来节俭，反对铺张，这次我就不给你摆接风宴了，黄州匪盗猖獗，眼下吴三桂的人马已经逼近湖南，湖北危在旦夕，我们要尽快商量对策……”

张鼎立边走边说。知府张鼎立拉着于成龙就往衙内走，其他人紧随其后。

“于大人，以后黄州的逮捕、江防、海疆、河工、水利、军事、安抚夷民就交给你和通判赵焕志大人了，眼下三藩叛军已经逼近湖北，康亲王杰书下令让我这个黄州知府筹备粮草，我这正头疼呢，盘踞在黄州境内的蕲黄四十八寨屡屡征剿不成，眼下正是官府的心腹大患啊，湖广巡抚张朝珍大人让我等务必剿灭黄州土匪啊，如果让他们成了气候，投靠吴三桂，于朝廷大军不利啊。”黄州知府张鼎立一筹莫展道。

李元武问道：“张大人，蕲黄四十八寨匪首是谁？”

通判赵焕志道：“匪首叫刘君孚，是他们的盟主，此人能文能武，恰恰是最不易对付的人。”

李元武略加思索，道：“这个人我听说过，顺治年间还中过秀才，后来不满鳌拜等人圈地害民，上山做了土匪，想不到如今却成了土匪盟主！”

王怀民忧虑道：“恰恰是这种人最不好对付。”

于成龙面对李元武诧异道：“元武，你认得此人？”

“认得，大人，我们还见过面，我只知道这个人并非天生反骨，反倒有些仗义，遇到贫民还会仗义疏财，大人不需着急，还是按江湖规矩，我上山去拜访一下，探探虚实。”李元武道。

于成龙面对张鼎立和赵焕志两位大人，道：“张大人、赵大人，现在黄州境内土匪大概有多少人？”

张鼎立垂头丧气道：“蕲黄四十八寨加在一起，土匪不下于十万之众，我官军屡剿不力啊。”

于成龙道：“于某相信，大部分人都是老实本分的庄稼人，只是被有些别有用心的人挑唆，只需加以利诱，他们一定会改邪归正，所谓擒贼先擒王，我们还得从这个刘君孚身上打开口子，只要刘君孚归顺，其他势力也就土崩瓦解了……”

面对成竹在胸的于成龙，知府张鼎立道：“我的于大人，本官知道你为了正事废寝忘食，你们从合州远道而来，还是先安排住宿，吃过饭，养好身体，我们再召集府衙同僚一起商讨对策吧？”

“是呀，老爷，你就听张大人的吧。”朝卿在一旁叮嘱道。

“来人，帮于大人把东西都搬进去，给于大人他们安排住处。”张鼎立吩咐道。随即上来三五衙役，将于成龙一行人的行李都带进了后衙。于成龙等人在通判赵焕志的陪同下往后衙走去。

一切安顿妥当，于成龙用过便饭后，便带着李元武上了街，初到黄州的于成龙穿着破旧长衫行走在大街上，目的是为了考察民情。

李元武陪着于成龙走过了几条街，或茶肆、或酒馆、或戏院，于成龙都进去坐坐，四处听听看看，听听民间百姓都关心什么，和多位当地百姓闲聊之后，于成龙发现他们深恶痛绝的还是当地土匪横行。

于成龙出了茶馆，经过一条巷口，见一人正在巷内与人交易，那人正在收受另外一人的银两。

李元武面对于成龙低声道：“大人，那人好像是府衙的捕头，看着面熟，应该是他。”

于成龙躲在墙角瞅了瞅，肯定道：“对，黄州衙门的捕头。”

李元武道：“大人，我也是土匪出身，凭我的直觉，与汤捕头交易之人必是土匪头目，大人倒不如让我进去抓住他，正好人赃俱获。”

于成龙犹豫道：“这件事情没有那么简单，先不要打草惊蛇，我自有办法。”

于成龙和李元武朝衙门方向走去，李元武却一副不甘心的样子，瞪了瞪衙门捕头那厮，紧跟于成龙其后。

于成龙经过多番了解后，知道黄州府衙的汤卷也是一个嗜酒如命的人，于成龙准备以此设局，他专门邀请汤卷喝酒。

某日晌午，于成龙专程在汤卷每天经过的路口等他。

“汤捕头，何往啊？”于成龙笑着喊道。

汤卷见是于成龙，神情紧绷，小心翼翼地来到于成龙的面前，作揖道：“属下见过于大人，属下正准备回家吃午饭呢，于大人在此作甚？”

于成龙热情地笑道：“汤捕头，今天中午就不用回家吃饭了，我请你吃酒，就在前面的阿东酒楼。”

汤卷受宠若惊，又有些惶恐，道：“大人不过年不过节的，怎么想起请属下吃酒？大人是外乡人，汤卷是黄州人，就算请也应该是属下请大人才对，方尽地主之谊。”

于成龙热情地拍了拍汤卷的肩膀，拽住他的手腕，就往阿东酒楼而去。

“本官初来乍到，对黄州情形全然不知，你主管衙门巡捕事务，我这个黄州府同知以后还要仰仗你呢，请你吃顿酒还不应该吗？”于成龙边走边道。

于成龙在阿东酒楼早已预订了酒席，桌子上的酒菜已经摆满了，于成龙和汤卷面对面坐着。于成龙笑道：“汤捕头，我于成龙是个清官，想必你也知道，这顿饭可是把我的老本都拿出来了。”

汤卷放下佩刀，面对于成龙作揖道：“大人盛情，属下感激不尽，大人但凡有吩咐，属下一定肝脑涂地在所不辞。”

于成龙亲自给汤卷倒酒，汤卷诚惶诚恐，连忙站起来，双手捧杯。

于成龙自斟一杯酒，面对汤卷举杯道：“本官没有别的爱好，就喜欢贪杯，平日里他们都不让我喝，今天我跑出来偷偷喝两杯，来本官敬你一杯。”

于成龙一饮而尽，汤卷站起来与于成龙碰杯，随之也一饮而尽。

于成龙一连给汤卷倒了几杯，汤卷没吃几口菜就有了醉意，于成龙号称千杯不醉，没喝几杯酒，所以自然没事。

“听说你是个巡捕能手，黄州的很多盗匪都是被你拿获的，本官以后好好提拔你。”于成龙给汤卷灌迷魂汤。

已经偏偏倒倒的汤卷，逐渐失了心智，趴在酒桌上，借着酒劲儿道：“于大人，属下遇上你可算是遇到贵人了，以后汤卷就跟着大人干，多谢大人的栽培。大人，属下再敬你一杯。”

汤卷趴在酒桌上，半睁着眼，一只手举杯，给于成龙敬酒，酒灌进他自己的鼻孔里，酒杯掉到了地上。

“汤捕头……”于成龙连喊带推。

见汤卷睡着，躲在屏风后面的李元武闪了出来，拿出事先准备好的面团，取下汤卷腰间的钥匙，在面团上按了下去。

于成龙吩咐道：“元武，你快去外面做一把钥匙，你身手好，潜入汤卷家里，看能不能找到汤卷与黄州土匪勾结的证据，本官此次要把汤卷背后的人一网打尽。”

“属下遵命。”李元武拔腿就跑。

于成龙坐下来，自斟自饮了几杯，道：“可惜了这一桌好菜。”

“小二。”

店小二上前，应道：“客官，有什么吩咐？”

“将桌子上的菜都打包，分给外面乞讨的穷人。”于成龙果断道。

店小二一脸诧异，摇了摇头，喃喃自语道：“真是个怪人。”

店小二忙将桌子上的菜都撤了下去，按照于成龙的吩咐都打包，分给了路边乞讨的人，于成龙站在酒楼上看着难民吃得津津有味，他感到很欣慰。

于成龙见汤卷久未醒来，便起身要走，对店小二吩咐道：“小二，一会儿他醒来，就说我走了。”

于成龙面对店小二，指着汤卷道。

店小二点了点头，于成龙放下酒菜钱，便洒脱地走出了酒楼。

酉时三刻，于成龙用过晚饭后，便在书房里等待着李元武的归来，他背着手，在房间里来回踱步，眉头紧锁，时而向外面张望。

见李元武进门，于成龙迫不及待地上前问道："怎么样？查到什么吗？"

李元武道："大人，我在汤卷卧房的床榻底下，发现了大量官银，他都埋在床底下，一个府衙捕头的俸禄才多少，我看起码有上万两。"

于成龙脸色铁青道："我听说前不久黄州府衙的官银被盗，说是土匪所为，怎么会在汤卷家中，看来是贼喊捉贼了，这汤卷与黄州的土匪是脱不了干系的，你还查到什么？"

"大人，与赃银同在的还有一份账单，上面登记的都是这些年来汤卷送给府衙官员的礼单，其中包括知府张鼎立。请大人过目。"李元武将账单递给于成龙。

于成龙展开来看，震怒道："想不到啊，知府涉案，这倒难办了，还有知府涉案的证据吗？"

李元武摇了摇头，道："知府张鼎立倒是个老狐狸，在汤卷家里没有找到知府任何受贿的证据。"

于成龙冷笑道："这个当然，为官者连这点意识都没有怎么当官，如果知府张鼎立和捕头汤卷、黄州土匪之间真的存在所谓的交易，说过什么话，做过什么事，出了这个门，就谁也不认了，死无对证。"

李元武也一筹莫展，道："这可怎么办？"

"你去把怀民叫来，就说我找他，要悄悄的。"于成龙道。

"是。"李元武往外走去。

少时，王怀民到来。

于成龙将账单拿给王怀民看，王怀民匆匆浏览一遍。

“我和元武白天在街上看到捕头汤卷和土匪有勾结，这是元武从汤卷家里搜出来的账单，知府张鼎立涉案。”于成龙神情肃穆道。

王怀民忧心忡忡道：“如果知府真的涉案，他又是大人的上级，这下难办了，再说仅凭账单，也死无对证啊。”

于成龙一屁股坐在了椅子上，拍了拍额头，思索片刻，随即起身道：“元武，你拿了汤卷的账单，事不宜迟，恐被他发现，转移账银，到时候就真的难办了，我马上书信一封，你连夜赶往巡抚衙门，找到张朝珍大人，只要巡抚大人同意，本官就可以查抄知府张鼎立的家，如果张鼎立真的收受贿赂，按汤卷礼单上对比，就真相大白。”

王怀民道：“此计甚妙，赃银可以花掉，但是礼单上的其他物件还在，汤卷人赃俱获，严刑拷问，定能真相大白。”

踌躇满志的于成龙回到书案上，提笔就写，写好后放进信封里交给李元武，道：“元武，你准备一匹快马，务必在明日辰时赶回来，否则被汤卷发现，转移赃银，我们就被动了。我明日一早就去查抄汤卷的家。”

“是。”李元武接过信封，迅速出门。

翌日辰时，汤卷的宅邸被官兵团团围住，里三层外三层，聚集了围观的百姓，他们交头接耳，议论纷纷，踮起脚尖瞧热闹。

少时，有箱子从汤卷的宅邸抬出来，官兵们押着汤卷从宅院里出来，后面还押着汤卷的家小、熟人，往府衙方向而去。

于成龙紧随其后，李元武策马而来，面对于成龙，李元武从马上下来，道：“于大人，巡抚衙门的人已经把知府张鼎立的府邸包围了，现在正在府里查抄呢，巡抚大人说了，知府毕竟是四品朝廷命官，如果这次抄家扑了空，什么也没有找到，那于大人你就要承担污蔑上官之罪。巡抚大人说了，他随后就到。”

于成龙胸有成竹道：“是猫就不可能不偷腥，这次行动是绝密，如果知府张鼎立果真察觉，也不可能这么快行动。走，我们回府衙。”

于成龙和李元武回到了府衙大堂之上，大堂上摆满了整箱的珠宝、字画、古玩、玉器等，都是从汤卷、知府张鼎立和其他涉案官员家中查抄出来的。汤卷正跪在大堂上，被反捆着手腕，衙役们持水火棍分站左右两边。王怀民和李元武站在于成龙的身边，朝卿也跑到大堂上瞧热闹，百姓们聚集在衙门口听审，数百人堵城了人墙。

于成龙瞅着大堂上站着的黄州府通判赵焕志，欣慰道：“赵大人，府衙上下，只有你一人清白，本官很欣慰，你的家中什么也没有找到，名单上也没有你的名字。本官也是职责所在，你可不要埋怨我哦。”

赵焕志如释重负道：“于大人，你总算替黄州府的百姓出了一口气，黄州官员腐败已经根深蒂固，自上而下，知府张鼎立所作所为，下官还是知道一些，但下官每天都是如履薄冰，张鼎立多次想拉我入伙，都被下官侥幸逃脱，下官之所以还能留在黄州府当通判，那是因为黄州百姓都知道下官是清官，张鼎立把下官留在身边充当挡箭牌，朝廷反腐自然查不到黄州知府头上。”

于成龙欣慰地点了点头，道：“希望赵大人以后继续保持廉洁奉公的操守。”

于成龙回到审案席上，坐了下来，面对五花大绑的汤卷，他愤怒不已，拍了拍惊堂木，厉声道：“大胆汤卷，你身为衙门捕头，知法犯法，你是如何勾结土匪的？又是如何向诸位大人行贿的，都给本官从实招来。”

“巡抚大人到。”

巡抚衙属官兵将大堂团团包围。湖广巡抚张朝珍大跨步朝大堂走来，一副气势汹汹的样子。

于成龙连忙从主审席上走下来，和众人一起跪拜道：“下官于成龙拜见抚台大人。”

张朝珍来到于成龙近前，亲自俯下身子，伸出双手搀扶道：“于大人，你是功臣，不必多礼，请起。”

这是于成龙第一次见到湖广巡抚张朝珍，张朝珍英武外表之下，带着几分儒雅。于成龙吩咐道：“来人，给抚台大人看座。”

待张朝珍坐定后，于成龙回到主审席上，面对汤卷道：“巡抚大人在此，汤卷你从实招来，所言不实，本官将依法严惩。”

“慢，把人都给我带上来。”张朝珍打断道。

少时，知府张鼎立和黄州府衙所属其他官员，有六品的，也有七品的，四五人被押上大堂。张鼎立面对巡抚张朝珍，深感惭愧，跪下来道：“大人，下官知罪，下官有负重望。”

几位犯官整整齐齐跪成一排。

于成龙道：“汤卷，你现在可以说了。”

“于大人，下官知道难逃一死，只要于大人和巡抚大人能放过我一家老小，属下将一力承担所犯之罪，再说这些事情家里人并不知情。”汤卷哀求道。

于成龙斩钉截铁道："家属无罪，本官定会无罪释放，如果查实有罪，头上有青天，本官不敢徇私枉法。"

"不错，属下一直在充当黄州匪众的保护伞，那黄金龙、鲍洪功、陈恢恢、李公茂每年都会给属下送上一笔珠宝，其中还有知府大人的一份，堂上的几位大人都有份，每次朝廷派兵征剿，我们都会给他们放风，告诉他们，朝廷大军从哪里上山，他们好提前设防逃跑，所以这些年来，朝廷剿匪所花费银两不少，但是都徒劳无功。"汤卷道。

于成龙愤怒道："明末常年战乱，百姓民不聊生，好不容易太平了几十年，现在三藩之乱又爆发，尔等身为朝廷命官，不思百姓疾苦，你们拿着朝廷的俸禄，充当黑恶势力的保护伞，你们良心何安？如今黄州匪众达十万余人，如果他们真的投靠吴三桂，哪可就后患无穷了！"

张朝珍拍椅而起，愤怒道："你们府上的官银是怎么回事？"

"抚台大人，这些都是被我们侵吞的赈灾银。"张鼎立道。

张朝珍一阵冷笑，道："好呀，你们都是好样的，你们可真是一群狗官啊，贪污赈灾银且不论，你们与黄州匪首勾结，收受贿赂，其罪当诛，来人呀，把这帮犯官给我押下去，就地斩首。"

说罢，衙役们放下水火棍将众犯官押了出去，两名官员被吓昏过去，张鼎立没有喊一句冤，只是一阵苦笑。而汤卷则是发疯似的乱叫。众犯官在府衙门口当场斩首。百姓们见贪官们人头落地，普天同庆，甚至在衙门口放起了鞭炮。众人异口同声高喊"青天大人。"

犯官人头刚落，府衙门口的鼓声就响了起来，击鼓之人被衙役带了上来。于成龙、张朝珍等人则一脸诧异。

“你是何人?”于成龙问道。

那击鼓之人是个两鬓斑白的老人，面对于成龙和张朝珍跪拜道:“小民拜见大人，小民有冤屈啊，虽然现在张鼎立死了，但是这桩案子小民一直苦诉无门啊。”

于成龙道:“老人家，你起来，今天抚台大人也在，你有何冤屈，尽可一一说来，本官和抚台大人一定给你做主。”

老人哭了起来，是一把鼻涕一把泪，欲言又止。

“于大人，小老儿是麻城县人氏，两年前，我的儿子和媳妇上黄州采办，知府张鼎立垂涎我儿媳美色，强行带回家中，我儿媳宁死不从，撞柱而死，我儿子前往讨要说法，把我儿子也杀了，尸骨在哪儿我都不知道，麻城县衙、黄州府衙、巡抚衙门我都告了，但是无人受理，巡抚衙门的人把我赶了出来，知府张鼎立威胁我，如果敢告就打断我的腿，现在小老儿的右手还有一处骨折，这两年来，小老儿生不如死，本想一死了之，但是我儿尚未沉冤昭雪，小老儿死不瞑目。”老人家伤心欲绝。

于成龙瞅了瞅一旁的巡抚张朝珍，张朝珍道:“于大人，这件案子本官也不知情，想必是巡抚衙门的人收受了张鼎立的贿赂，待我回去查明，一定严加惩处。”

于成龙困惑道:“老人家，你怎么知道你儿媳是被知府张鼎立抢走的?还有证人吗?”

老人家摇了摇头，道:“没有。但这事儿黄州城的人都知道，私下也在议论。如果不是张鼎立干的，衙门里的人为何会来威胁我?还打断我的手臂?”

张朝珍站了起来，面对于成龙道："于大人，这件案子，本官也有责任，是本官督导不力，待我回去详查，如果真的是巡抚衙门的原因，本官一定法办涉案官员，并以巡抚衙门的名义向朝廷申报抚恤金，知府张鼎立贪腐、勾结黄州匪首之案，你写成公文后交给我，我报吏部和刑部备案，此间，黄州知府由你代理，有何疑难，本抚可加以协助，本官先行告辞。"

于成龙从台上走下来，面对张朝珍作揖拜道："下官恭送抚台大人。"

面对喊冤者，于成龙满含泪滴道："老人家，是朝廷对不住你，抚台大人的话你听到了，你先回去等消息吧，本官一定为你讨回公道。"

老人家有些犹豫，不肯离开，怀疑地看了看于成龙。

王怀民看出了老人的顾虑，安慰道："老人家，于大人把黄州府的知府和捕头都判了，你还不相信他吗？"

老人家再次跪了跪于成龙，这才放心地离开。

百姓们都散去了，于成龙面对这一箱箱珠宝，道："这些钱财都登记造册，充公。"

由衙门财政司的官员登记造册后，便由衙役们抬下去，入了黄州府库。

这桩大案得以告破，于成龙很是欣慰，他笑着面对李元武道："元武，以后黄州府捕头之职就由你接任。"

"谢大人。"李元武跪谢道。

康熙八年（1669）腊月二十五日，临近春节，于成龙的儿子于廷翼奉母命前往黄州探望父亲于成龙。一路跋山涉水，绕过土匪窝，历尽千辛万苦来到黄州。那日，于成龙刚从外面回来，刚进衙门就听说于廷翼来了，于成龙喜出望外。迫不及待地往里面跑去，边跑边喊道：“廷翼……”

于廷翼正在后衙喝水，听到于成龙的呼唤，连忙跑出来，跪在于成龙面前，喊道：“爹……奶奶和娘让我来看看你。”

于成龙眼泪翻滚，双手捧着于廷翼的脸，道：“廷翼，你瘦了，从永宁到黄州，你吃了不少苦吧？眼下黄州境内土匪猖獗，又有三藩作乱，你不该来呀。”

“爹，你都不怕，孩儿有什么好怕的，身为人子纵然以身犯险，也不能不尽孝道，孩儿这次来又给你带了家乡的吃食。”

朝卿跟在于廷翼的后面，见父子团聚，他感到很欣慰，道：“老爷，你看廷翼多孝顺啊，你是有福之人啊。”

于廷翼面对李元武和王怀民跪了下来，拜了两拜，道：“两位这么多年来辅佐我父亲，廷翼身为人子，叩谢两位。”

王怀民和李元武连忙将于廷翼扶起来。

“公子，于大人是个好官，我王怀民甘愿为于大人效力。”

“是呀，公子，我李元武本是山野土匪，愿意归顺于大人，是因为于大人能给老百姓带来福祉，公子就不要客气了。”

于廷翼深感欣慰道：“有你们二位在我爹身边，我们一家都放心了。”

“爹，我给你带了山西的老白汾，还有老陈醋、平遥牛肉、寿阳豆腐干、山西大红枣，还有奶奶腌制的大猪蹄……走，进去看看。”于廷翼拉着于成龙就往后衙跑。

于廷翼在于成龙的房间里摆了一地，于成龙看到这些家乡特产，思乡之情油然而生，感慨万千道：“唉，转眼间，我已经有八年没有回山西老家了。”

“老爷，廷翼来了，今儿个不吃萝卜青菜了吧?”朝卿调侃道。

于成龙道：“快过春节了，把那只干鸭子宰一半下来，再炒几个小菜，叫上怀民和元武，今天呀，我们就一起喝廷翼从山西带过来的老白汾。”

“好嘞。”朝卿兴高采烈地往厨房跑去。

这顿饭是于成龙本年度吃得最高兴的一顿饭，因为儿子来了，这比什么都高兴。这一小家子坐在一起把酒言欢，其乐融融，于成龙现场赋诗一首：

四壁音容惨，忽焉思故乡。
老妻知岁事，料得一家忙。
谁念居官者，只身惟雪霜。
幸儿伴我侧，谈笑且开觞。
只恐倚门望，凄然憾夜长。

于廷翼离开黄州时，于成龙把最后半只鸭子也送给他，让他带回山西，让于廷翼的奶奶和母亲也能品尝到于成龙的手艺。这次，于廷翼在黄州待了半个月，直到正月十五过后才离开黄州。“于半鸭”后来成为黄州百姓给于成龙取的绰号。

三个月后，麻城老汉状告前黄州知府张鼎立逼死儿媳、儿子的案子有了结果，经查，湖广布政使、参政道，巡抚衙门各科官员均被张鼎立行贿，故麻城老汉状告无门。巡抚张朝珍亲自督查审理后，依法对各部官员处以刑罚，有的被斩首，有的被发配，罪轻的做降级处分，或请示朝廷永不录用。

于成龙对巡抚张朝珍的处理结果还算满意，于成龙为此事专程去了一趟麻城，找到老汉家，毕竟这关乎民意，关乎百姓对官府和朝廷的形象。于成龙在麻城知县屈振奇的陪同下，来到了老汉家，那老汉独自一人住在深山里。

“那刘老汉年岁不大，今年也不过65岁，但为了儿子、儿媳的事情哭瞎了双眼，儿子和儿媳也没有生下孙子，老人一个人住，他的样子看起来像八十岁，太可怜了。”麻城知县屈振奇边走边说。

于成龙愤怒道：“张鼎立真不是个东西，堂堂知府，也算是进士出身，竟然做下这等猪狗不如的事情。”

屈振奇冷笑道：“于大人，你有所不知，张鼎立这个知府是拿钱买的，他本是商人出身，后来靠买官，买了个通山县巡检之职，他深谙官场潜规则，把经商那套用在官场上，认为有钱能使鬼推磨，后来好像是巴结上了吏部的人，升了黄冈知县，后来又升黄州府通判，直到做了知府，这个人原本就是个笑话。”

于成龙苦笑，感慨道：“我大清入关几十年，想不到还闹这样的笑话，这样的人也能当四品知府?！屈大人你是如何得知这些的?”

屈振奇摇了摇头，道：“于大人，我和他是老乡，就因为我不肯依附他、巴结他，这么多年了还是一个七品知县。”

于成龙陷入深思，道：“屈大人，你对抚台张朝珍怎么看?”

屈振奇道：“大人，你尽可放心，巡抚大人自然是白璧无瑕，他对张鼎立的事情是真的不知情，即便知情他也不肯轻易对张鼎立开刀，别看他是二品巡抚，在京官面前，也不敢轻易得罪啊，如果不是这次张鼎立把事情闹得这么大，抚台大人也不好动手啊，不过巡抚都是皇上所依仗之人，所以巡抚大人的清白于大人是可以放心的。”

于成龙苦笑，道：“我明白了，屈大人谢谢你告诉我这些。”

屈振奇道：“于大人，这些话下官也只是对你说，过后下官可就不认了。”

于成龙点了点头，道：“本官明白。”

就要到刘老汉家了，刘老汉的家还不错，瓦房，有三间屋，周围被篱笆围着，种满了桃李。刘老汉正在院子里喂鸡，他拄着木棍，眼睛已经瞎了。

“刘老汉，你的案子已经判了，我和黄州知府于成龙大人来看你来了。”屈振奇喊道。

刘老汉的棍子掉到了地上，于成龙疾步上前，扶着他，愧疚道：“刘老汉，本官对不起你，案子拖了这么久，巡抚大人已经把相关人员定罪，如今张鼎立已死，这是朝廷给你的抚恤金，白银500两，这是银票，你拿好，本官能为你做的只有这么多了。”

于成龙把银票交到刘老汉手上，刘老汉给于成龙跪了下来，声泪俱下道：“于大人，于青天，老汉谢谢你了，涛儿、敏儿，你们在天有灵看到了吗？于大人给你们做主了。”

于成龙心里很不是滋味，把刘老汉扶起来，屈振奇从屋里搬出一把椅子，于成龙搀扶刘老汉坐下来。

屈振奇道：“于大人，你放心吧，刘老汉这样衣食不能自理，我们县衙会把他送到麻城县敬老院去，那里专门有人照顾他们，都是一些孤寡老人。”

于成龙安心道：“这下我放心了。”

康熙十二年（1673），湖广总督蔡毓荣召见了于成龙，对他在黄州的表现赞赏有加。蔡毓荣见于成龙官服褴褛，还特意赐了件新的官服给他。也正是在这一年的一次“大计”中，于成龙举为“卓异”。任武昌知府。

第九章

黄州剿匪

康熙十三年（1674）四月初，武昌知府于成龙被湖广巡抚张朝珍临危受命，派到武昌府下辖的咸宁、蒲圻两县修造打仗用的桥梁，战争迫在眉睫，刻不容缓，将士们都在等着于成龙造好桥以便大军通过。并驻守蒲圻县城，以防敌军攻陷。

蒲圻县城是进入湖北省的第一道防线，是鄂省的门户，一旦蒲圻被破，那么湖北全省都将危在旦夕，所以，于成龙的压力很大。周边的很多城池已经被吴三桂等敌军攻克，要是蒲圻失守，那么于成龙便难辞其咎，弄不好还是杀头大罪。朝廷派给于成龙造桥的任务，仅仅只限于三天，三天后不能完成便是死罪，并立下军令状。三天之内，要造好一座桥是不可能的，就算是桥梁工程师也不可能在三天内造成一座桥，这个任务无疑是艰巨的，而且人力有限。三天时间要想造成一座桥，唯一的可能只有不眠不休，加班加点，日夜赶工，才能有胜算。于成龙迅速召集周边可靠的捕快、衙役，还有一些年轻力壮的仁人志士来打下手，虽然于成龙身为武昌府的知府，手下还是有不少兵丁的，但是，这个时候正处于战乱，很多兵士都已经派出去应战了，留在于成龙身边修桥的兵丁并不多，也就那么几百人。各衙门也实在是抽不出来人帮助修建桥梁。于成龙对修建桥梁的兵丁以及工人实行轮休制，白天一部分人赶工，一部分人睡觉，到了晚上白天睡觉的那批工人就加夜班，上白班的人继续休息。这样的轮休制使桥梁在三天之内顺利完工，这些都在于于成龙平日里做事一丝不苟，对修建桥梁一事更是一鼓作气。

一座临时军用桥很快就都搭建好了，不料，大军正从桥上通过的时候，突然天降暴雨、河水猛涨，一座临时搭建起来的桥梁很快就被冲垮了。很多士兵从桥上跌落河中被冲走，淹死了。

听闻桥梁被洪水冲垮，于成龙是五内俱焚，对天喊道:“天要亡我啊!”

桥梁被冲垮，大军不能顺利渡河，统兵将军康亲王杰书立刻发文给巡抚张朝珍，要求张朝珍严惩于成龙督造桥梁不力之罪。于成龙将情况如实地汇报给了张朝珍，张朝珍鉴于是天灾，不怪于成龙，在张朝珍再次求情下，康亲王杰书才免了于成龙死罪。

没过多久，皇帝的圣旨就下来了，罢了于成龙武昌知府一职，这样的处罚结果要比杀了于成龙还要痛苦，对于于公来说，他宁愿被砍头，也不希望被罢官，入仕这么多年，为朝廷贡献这么多，哪能这么一朝就化为泡影。他活着不能为民请命，还不如死了的好。而且这也是他入仕这么多年来第一次受到惩罚，要他情何以堪啊！心情很糟糕，整日借酒消愁。尽管于成龙被罢官，但是，他对老百姓的恩威都还在，他虽然不再是武昌府的知府，但是，在老百姓的心里，于成龙就是他们武昌府的知府，而且于成龙曾经在多处为官，所到之处皆有政声，老百姓对他也是感恩戴德，对他拥护有加。

“三藩”之乱爆发后，很多地方被沦陷，百姓陷入水深火热当中。老百姓走投无路，很多都开始祸乱人间、占山为王，黄州地面上的匪寇当时既然趁乱聚集了几十万人，朝廷对此也感到相当的棘手。“三藩”之乱尚没有得到平息，这地方又开始出现匪患了，打仗的兵丁尚不足调遣，哪里还能分兵来攻打匪寇呢。

罢官后的于成龙，准备启程回山西老家。突然张朝珍亲自找来，请于成龙担任巡抚衙门的宣抚使，继续为百姓效力。黄州剿匪的重担落在了他的肩膀上。

“擒贼先擒王”，于成龙深谙此道理，官府已经得到密报，说吴三桂的委扎已经送到蕲黄四十八寨盟主刘君孚的手上，于成龙担心刘君孚投靠吴三桂，于是派李元武和王怀民这一文一武上山去与刘君孚谈判，希望他能弃暗投明，于成龙也是希望不用一兵一卒就破解黄州之危。

受于成龙所托，李元武和王怀民二人一同来到东山豹子岭，他们没有带一兵一卒，其目的就是要消除刘君孚的戒心。东山豹子岭戒备森严，易守难攻，虽然是土匪，但是他们井然有序，并不涣散。豹子岭周围都是悬崖峭壁，寨主刘君孚的住处也极为隐蔽，豹子岭各处都有放风的山匪。

王怀民和李元武二人被山匪押解上山，随身的佩剑也被土匪给收走了。李元武和王怀民被反绑着手，往山上走去，他们的身后跟着一群土匪，个个凶神恶煞，蛮横无理。

“元武兄，我看了周围的山势，怪不得官府征剿屡屡失败，这里的确是安营扎寨的好地方啊。”王怀民低声道。

李元武冷笑，道：“是呀，我们来时看这山上黑压压一片，说是有十万匪众，看来所言不虚啊。”

“你们俩在嘀咕什么，还不快走！”后面为首的土匪催促道，并推了二人一把。

李元武不服道：“你们几个小子小心啊，我可是来救你们家刘寨主的，你们可不能把我们当俘虏啊。”

“还不快走，我家寨主何许人，要你救？你吹牛，我一刀劈了你。”为首的土匪胁迫道。

刘君孚正倚靠在虎皮上品阅《三国演义》，威风凛凛，不怒自威。

“报，刘寨主，山下来了两个人，说是要求见你，现在人已经被赵堂主押解过来。”一名土匪上前禀报道。

“知道他们是什么人吗？”刘君孚放下手中的书问道。

这时候，那赵堂主一行已经押着李元武、王怀民往堂上走来。

李元武见刘君孚身边放着《三国演义》，不禁放声大笑道：“看来刘寨主也是通晓文墨之人啊，如此深明大义，何不早早归顺。”

刘君孚掷地有声道：“你是何人？竟敢擅闯我山寨？”

李元武取笑道：“刘寨主也曾威震荆楚，如今我们单枪匹马，未曾带一兵一卒，刘寨主何故惧怕我二人？”

刘君孚给堂上的匪兵使了个眼色，暗示他们给李元武和王怀民二人松绑。两个土匪上前给李元武和王怀民解开绳索。

李元武抖了抖身子，和王怀民一起上前面对刘君孚作揖。

“刘寨主，正式认识一下，我是广西李元武，这位是我结义兄弟，广西王怀民。初来贵地，特来拜个码头。”李元武道。

刘君孚连忙从椅子上起身，面对李元武和王怀民，一脸诧异道："原来是广西的李英雄，你们今天能来寒舍，寒舍蓬荜生辉，早就想结识李英雄，可是我听说你们早就已经投靠了官府，不知道我这山大王向来与官府不对付？"

王怀民道："刘寨主，你既然已经知道我们的底细，那我们就开诚布公地讲，我们今天一来是专程拜访刘寨主，二来我们也是代表官府而来。刘寨主可以不归降朝廷，但是不能助纣为虐，那吴三桂是什么人，想必刘寨主很清楚，他可是反复无常的小人，你岂能依附于他忤逆朝廷，这是自寻死路啊。刘寨主可要三思啊。"

刘君孚纳闷道："不知先生何意啊？"

李元武道："刘寨主，官府得到消息，说你接受了吴三桂的委扎，你要帮他对付朝廷，大清立国不久，明末清初长期战乱，百姓民不聊生，他们都想安生。君孚兄也是读书之人，也是形势所迫，不可误入歧途啊。"

"什么委扎？我并没有收到吴三桂的什么委扎，难道官府想以此为由攻打我山寨？"刘君孚一脸吃惊道。

"刘寨主，你就不要再装了，再装下去，对我们大家都没有好处。"王怀民道。

"来人，把军师黄金龙给我叫来。"刘君孚震怒道。

少时，军师黄金龙来到大堂上，此人身着道士模样，学诸葛亮拿着羽毛扇，一副惺惺作态的样子。

"不知当家的找我什么事？"黄金龙问刘君孚道。

刘君孚一脸铁青道："听说平西王吴三桂给我送了委扎，要许我一官半职，如今委扎在何处？我怎么不知情？"

黄金龙狡辩道："委扎？谁说的？哪有什么委扎？"

黄金龙偷偷瞟了李元武和王怀民一眼。

王怀民道："黄军师，世上没有不透风的墙，你可不能糊涂，如果我们没有掌握确切的消息也不会冒险前来拜访。"

刘君孚面对黄金龙震怒道："军师，还不快给我拿出来。"

犹豫再三，黄金龙才从袖筒里取出委扎，交给刘君孚。

"当家的，我是担心你被骗啊，委扎到了有一段日子了，我一直压着，我就是怕你犯糊涂，眼下我山中弟兄不下十万，朝廷大军此时正在对抗三藩叛军，是我们反清复明的好时机，官府无暇对付我们。如果当家的把委扎交给官府，等于得罪了吴三桂，历来兔死狗烹，当家的当知水泊梁山宋江，当年归顺朝廷，不仅害死了自己，还害死了梁山众多兄弟，当家的不可再走老路啊，所幸就跟着吴三桂干吧？"

"住口，你先出去。"刘君孚面对黄金龙呵斥道。

黄金龙气不顺，拂袖而去。

黄金龙走后，刘君孚打发堂上的人都下去。他将委扎缓缓打开，匆匆阅览后，面对李元武和王怀民一筹莫展道："二位，既然你们代表的是官府，我刘君孚做事一向一是一二是二，做过的我承认，没有做过的我是坚决不背这个锅，刚才二位也都听到了，委扎之事刘某确实不知情，这都是下面的人隐瞒。"

王怀民冷笑道："既然如此，刘寨主当如何抉择？"

刘君孚道："我刘君孚纵横半生，这人情世故我见多了，刚才军师所言并非没有道理，狡兔死走狗烹，我现在手上有十万弟兄，朝廷和吴三桂都要忌惮我三分，如果我归降朝廷，我死了无所谓，不能连累我那帮兄弟，刘某在此表态，我既不会帮吴三桂行不义之战，也不会归降朝廷，三藩和朝廷的战争，我两不相帮。对于吴三桂的委扎，我可以当着两位的面烧掉，两位大可放心。”

李元武深感同情道：“刘寨主，你我虽为武夫，但也是读书之人。刘寨主的威名，在下在广西就曾听过，当年黄州的贪官上门催税，逼死了你的老母，你一怒之下杀死了黄州知府，从此落草为寇，但这是前朝的事情，与本朝无关。刘寨主一向藐视满人，认为他们不配有天下，你只是民族歧视。大清自太祖努尔哈赤，到太宗皇太极，到顺治皇帝，乃至康熙皇帝，哪一个不是英明神武、爱民如子的好皇帝，他们这些人比明朝的那些皇帝如何你心知肚明，否则你的母亲也不会死。刘寨主，我和怀民都是从广西罗城开始，一直跟着于成龙大人，于成龙一介穷官，我们图什么，我们图于大人是实实在在为老百姓做事的官，我李元武和你一样也是山匪出身，但是我甘愿解散山寨，与于大人一起出生入死，我们敬佩于大人的为人。君孚兄，且听在下一言，尽早归顺，精忠报国。”

刘君孚听罢李元武所言，有些迟疑，拿不定主意，犹豫不决。

王怀民趁热打铁，劝道：“刘寨主，当今朝廷虽为满族，但是他们提倡满汉平等，轻徭薄赋，发展民生，这样的朝廷难道还不是好朝廷？至于说刘寨主的顾虑，担心归顺后会重蹈梁山泊的覆辙，这个你完全多虑了，宋江归降实为不智，他面临的是昏君宋徽宗和奸臣高俅，而当今天子乃圣主明君，吏治清明，朝廷绝不会干这等兔死狗烹之事。大清的庙堂之上贵为一品大员的汉官难道还少吗？历朝历代的蛮夷朝廷哪个做得到？刘寨主，我和李捕头来山寨见你之前，于大人就对你许诺，只要你归降，交出委扎，朝廷不仅不会治你的罪，还会奏请朝廷授你五品戎旗守备之职，你的这帮兄弟也将纳入你的部下。如果刘寨主执迷不悟，你应该知道朝廷一旦灭了三藩，还是能腾出手来围剿你，大清入关已历二帝，一个吴三桂是成不了气候的，当年明朝几十万大军一样溃不成军。”

刘君孚一筹莫展，在大堂上来回踱步。

“我就这样归降朝廷，如何向兄弟们交代?”刘君孚深感为难。

“君孚兄，我想兄弟们也不想在刀口上舔血，他们应该也想回家，他们会理解的。”李元武道。

刘君孚叹道：“也罢，容我再考虑一夜，探探兄弟们的口气。”

“刘寨主，我们只能等你一个晚上，我和李捕头现在下山等你。最迟在明日上午答复我们，于大人说了，如果刘寨主诚心归降，就必须交出委扎，解散手下，并且要大张旗鼓地来黄州衙门献委扎，这样才能断了吴三桂的念想。”王怀民态度强硬道。

“告辞。”李元武和王怀民准备走出大堂。

被刘君孚的手下拦住了，“送客。”刘君孚吩咐道。

李元武和王怀民这才大摇大摆地走下山去。

李元武和王怀民在山下的客栈住了一晚上，直到翌日辰时，他二人便又来到山前蹲守。他们在等待着刘君孚交出委扎，一直到午时，刘君孚才走出山门，此时正是盛夏，李元武和王怀民是又渴又饿。刘君孚在军师黄金龙、养子刘青黎以及手下人等数人陪同下，来到李元武和王怀民面前。

见二人汗流浃背，刘君孚吩咐道：“来人，给两位端水来。”

“对不住二位了，让你们久等了，我们这就去见于成龙大人，希望你们要信守承诺。”刘君孚疑心道。

“水来了。”

两位山匪一人端了一碗水到李元武和王怀民二人面前，二人接过水便大口大口地喝了起来。

“我们走吧，于大人现在就在黄州的迎宾客栈恭候你。”李元武道。

刘君孚一行随李元武和王怀民等人前往黄州城迎宾客栈，此时的于成龙已在客栈的茶座前恭候多时。

于成龙的身边站着朝卿，他的注意力都集中在于成龙的身上。

李元武、王怀民带着刘君孚一行大摇大摆地走进黄州城，城里的有些老百姓是认识这个土匪头子的，难免有些害怕，眼神充满恐惧，纷纷躲藏。

于成龙亲自到客栈门口迎接刘君孚，其目的就是为了让老百姓知道刘君孚已经归降官府。

“君孚老弟，我于成龙恭候多时了，你果然是条汉子，就带了这么几个人都敢来见我。”于成龙面对刘君孚拱手道。

“旧闻于大人清名，于大人光明磊落，君孚有什么好怕的。”刘君孚作揖道。

“好，不愧为蕲黄四十八寨寨主，好气魄，走随我入门拜茶。”于成龙抓着刘君孚的手往客栈里面走。

“军师跟我，其他人在店外等候。”刘君孚回头对手下人道。

“可是……”刘君孚的义子刘青黎有些不放心道。

刘君孚再次回头道：“听我命令，于大人不会把我怎么样的。”

李元武、王怀民、朝卿、黄金龙跟在于成龙和刘君孚的身后，进了客栈，来到茶座前，并坐下来，小二随后上了一壶茶，分别给他们倒满。

于成龙面对刘君孚，坦然道：“君孚老弟，你肯前来，想必你是经过深思熟虑的，我要说的想必元武和怀民都已经跟你说了，如果你真的愿意弃暗投明，我保你当上朝廷的五品武官，你的手下收编的收编，不愿意当兵的可以发放路资回家，这样的条件你该满意了吧？”

刘君孚道：“于大人是谦谦君子，刘君孚深信不疑，我这就将吴三桂的委扎交给于大人。”

刘君孚正要交给于成龙，却被黄金龙阻拦道：“且慢，于大人，听说你已经罢官，现在不是朝廷命官，你凭什么给我当家的许诺？”

王怀民道：“于大人虽然被免官，现在是湖广巡抚衙门的宣抚使，是巡抚张朝珍大人委任的，宣抚使可以代表湖广巡抚衙门，于大人说话比黄州知府管用吧？”

刘君孚看了看于成龙，心里仍有些不安，于成龙面对刘君孚信誓旦旦道：“我于成龙在此对天发誓，如果不能兑现诺言，我于成龙自缚前来，刘寨主任砍任剐。”

吃了定心丸的刘君孚这才放心把委扎交到于成龙的手里。于成龙接过委扎，详细验看，道：“这确实是吴三桂的委扎，好，于成龙这就回武昌，奏明抚台，委你五品戎旗守备，你即刻回山安置。”

“义父……不好了。”刘青黎跑了进来，慌里慌张道。

“何事如此慌张？”刘君孚面对刘青黎呵斥道。

“义父，太爷还有夫人，你一家数口人全部被麻城知县屈振奇给抓了，此刻正押往麻城县城菜市口开刀问斩呢，你再不去就完了！”刘青黎心急如焚道。

“于成龙，你出尔反尔?”刘君孚大怒，瞬间拔出刀来架在于成龙的脖子上。

“刘寨主，我不知道啊，这个屈振奇成事不足败事有余。”于成龙恼怒道。

刘君孚撤了刀，连忙往楼下跑去。于成龙带着李元武、王怀民、朝卿等人急急忙忙和刘君孚的人往麻城赶去。一路快马加鞭。

于成龙一行一路上换了三匹快马才赶到麻城县城，街市上空无一人，全部去菜市口看热闹去了。

屈振奇官威赫赫，法场上被数百名官兵团团围住，此时刘君孚一家老小数口人全被绑在法场上，他们披头散发，狼狈不堪。一旁的刽子手将刀磨得锋利，站在一旁等着屈振奇的命令。

“斩。”屈振奇拍了拍惊堂木，从公案上拔出令箭，扔在地上。

刽子手将大刀高高举起，正要挥下。

于成龙和刘君孚的人刚刚赶来，于成龙急忙喊道:“屈大人，快住手。”

刽子手迟疑了一下，屈振奇见于成龙到来，仍然一意孤行，喊道:“立刻执行。”

刽子手再次下杀手，就在这千钧一发之际，李元武跳下马，从地上捡起石子儿瞬间将刽子手上的大刀纷纷击落在地。

刘君孚和手下的人冲了进去，迅速为刘君孚的家人松绑。于成龙一行站在屈振奇的面前，愤怒不已。

“于大人，你怎么来了?”屈振奇近前参拜道。

随后，屈振奇恍然大悟道:“不对，你好像被罢官了，如今你一介草民怎敢阻碍官府执法?”

于成龙呵斥道："屈振奇，你好大的胆子，你难道不知道刘君孚已经归降朝廷了吗？本官刚刚受理了他的委扎，你要杀他的家人，你这不是逼着他造反吗？"

屈振奇冷笑道："本官，你是什么本官，你现在一介草民也敢在本县面前指手画脚，你刚才说委扎已经交给你了，就快拿给本县吧，你擅闯法场，本县就既往不咎。"

于成龙无可奈何道："我说屈大人，我于成龙就算不是黄州府同知，但还是巡抚衙门的宣抚使吧，我代表官府吧？我知道你是个好官，为什么在这件事情上犯糊涂？我已经告诉你了，刘寨主已经将委扎献给我，我马上就能回武昌复命，你难道还不肯放人？"

"好吧，本官知道于大人一心为民，本县不管了，一切由于大人你定夺吧。"屈振奇道。

"放人。"于成龙朝法场上的官兵喊道。

刘君孚一家尽数被放。刘君孚让义子刘青黎把刘老太爷扶回去，刘君孚带着妻子和两个儿子来到于成龙的面前，一起向于成龙行了跪拜礼。

"于大人，你是刘君孚的恩人，刘君孚带贱内和犬子给于大人叩头了。"刘君孚和妻儿一个劲儿给于成龙叩拜。

于成龙连忙上前搀扶道："君孚老弟，这都是我应该做的。"

"我这就回山，等着朝廷的招安令。"刘君孚带着妻儿转身离开。

于成龙与麻城知县屈振奇告别后，和李元武、王怀民、朝卿一行匆匆往武昌巡抚衙门赶去。

于成龙一行马不停蹄地往武昌城赶，刚走出麻城县城，在半路上就遇上大批的流民。男女老少，拖家带口行走在官道上，他们像是逃难的，一个个狼狈不堪。

于成龙连忙从马背上下来，拦住一个老汉道："老爹，你们是从哪里来？往哪里去？"

老汉气喘吁吁道："老弟啊，我们是从黄州城逃出来的，现在土匪开始攻城了，快逃吧。"

老汉摇了摇头，转身离去。

于成龙大吃一惊道："刘君孚都归顺了，哪来的土匪？莫非刘君孚是假归顺。"

王怀民冷静片刻，道："于大人，刘君孚怎么说也是响当当的汉子，他既然献出委扎，就不可能再造反，刘君孚虽为蕲黄四十八寨寨主，但其他山寨的土匪难免对他不服，离心离德，如此看来，就不难解释了。"

"大人，怀民说得对，有可能是其他山寨的。"李元武急道。

于成龙心急如焚道："现在黄州城空虚，湖北境内大部分兵马都去征讨吴三桂的叛军了，驻守城中的兵马并不多，黄州东山匪众少说有数万，彪悍凶狠，黄州乃荆襄门户，如果黄州不保，土匪与吴三桂的叛军合兵一处，后果不堪设想。造桥失败，贻误军机，本应处死，康亲王对我网开一面，我应该将功补过。元武，你跑得快，你马上去找刘君孚，让他带人解黄州之危。怀民、朝卿跟我返回麻城，我们要在麻城招募乡勇，对抗土匪。我们分开行动。"

"是。"李元武策马狂奔而去。

于成龙和王怀民、朝卿策马返回麻城。于成龙三人抵达麻城县衙，于成龙刚下马，就跑到县衙门口拿起鼓槌，击响衙鼓，大街上路过之人纷纷瞧热闹。

“是谁在击鼓啊？”麻城知县屈振奇正在屋里写公文，听闻鼓声朝外面喊道。

衙门的衙役匆匆跑来，道：“老爷，是于成龙于大人在击鼓。”

“他又回来干什么？走，随我出去看看。”屈振奇一脸嫌弃道。

于成龙此刻正在县衙的大堂上焦急地等待着屈振奇，心急如焚，急得在大堂上来回踱步。

“老爷，你也不要着急。”朝卿面对于成龙道。

“是呀，于大人，黄州城一时半会想必也攻不下来，元武不是去找刘君孚搬救兵了嘛。”王怀民道。

于成龙瞅了瞅朝卿和王怀民一筹莫展，道：“我担心百姓遭殃啊。”

“我说于大人，你不是走了吗？怎么又回来了？”屈振奇急急匆匆来见道。

于成龙急道：“屈大人，现在黄州东山大批土匪已经涌入黄州，黄州城危在旦夕，你马上下令加固麻城县城的城防，本官即刻以巡抚衙门宣抚使的身份，以康亲王的名义招募乡勇，驰援黄州城，你赶紧安排，此事刻不容缓。”

屈振奇深感为难道：“于大人，没有朝廷的旨意，私募兵马可是死罪啊，以康亲王的名义募兵更是罪加一等，本县不敢啊，况且于大人你现在一介布衣之身，如果出了事谁来承担责任，本县不能听你的。”

“形势紧迫，屈大人你不能在这个环节犯糊涂啊，我于成龙为了黄州的百姓，为了湖北的安危，我给你跪下了。”于成龙撕心裂肺，眼泪奔涌而出，面对屈振奇下跪道。

屈振奇见于成龙跪下，连忙俯身将于成龙扶起来，急道："于大人，你这不是折煞下官吗？也罢，本县豁出去了，如果真的出了事，我和于大人一力承担。"

"于成龙在此谢过屈大人了。"于成龙面对屈振奇深深鞠躬。

屈振奇深感惭愧道："于大人，你真让下官佩服啊，一介布衣还能心系民生，你让我这个七品正堂汗颜哪，下官这就去安排。"

"且慢。"王怀民喊道。

王怀民面对于成龙和屈振奇道："于大人，屈大人，如果土匪真的有十万之众，而黄州又危在旦夕，短期内要招募到比土匪人数更多的乡勇，恐怕不行。我提议，由屈大人安排下去，发动麻城的父老乡亲连夜赶制上万套清军的服装，到时候可以麻痹土匪，壮大声势，以康亲王的清军回援黄州为名，定能让土匪闻风而逃，令其不战自溃。"

"先生计策不错，我认为可行。"屈振奇道。

于成龙当机立断，道："怀民此计甚妙，屈大人你赶快去安排吧，我这就去发动群众。"

说罢，大家分头行动。

由屈振奇安排，在麻城县城的南广场上摆设了募兵处，由王怀民以及县衙师爷、典史等人负责登记，现场聚集了大批前来报名参加乡勇的年轻人，他们都是冲于成龙的清名而来。排起了长长的队伍，分为五排，足有一二里长，还有源源不断的年轻人加入其中。

于成龙此时正站在高处，面对接踵而来应征的年轻人，很欣慰地喊道："诸位弟兄，我于成龙感谢大家，现在国家有难，黄州危在旦夕，需要大家齐心协力消灭土匪。大丈夫就应该保家卫国，血洒疆场，如果吴三桂的兵马，还有黄州的土匪真的占领了黄州城，控制了荆襄，你们的家园也将不保，从此黄州永无宁日，弟兄们，你们保黄州就是在保家园。弟兄们，如果黄州城平定，我于成龙一定奏明朝廷给大家应有的嘉奖。我于成龙在此谢谢大家了。”

现场的年轻人异口同声道：“于大人，我们愿意追随你。”

于成龙此刻信心满满，有一鼓作气围攻黄州土匪的决心。

而另一边，麻城知县屈振奇已经发动全城在家的妇女缝制清军军装，材料费由当地的乡绅出资，人工这块完全由当地妇女志愿参与，通宵达旦，终于缝制出了一万五千套军装。经过一天一夜的募兵，于成龙已经募到三万乡勇。又经过一天的强化训练后，由于成龙率领奔赴黄州城。

当于成龙率领乡勇到来时，黄州城已经成了一片火海，城门被炸毁，地上满是焦土，城楼残垣断壁，城里喊打喊杀，城外遍地都是尸体，很多都是平民而非官军。于成龙见成千上万的尸体横七竖八地躺在地上，血流成河，周围的花草都溅满了血迹。于成龙五内俱焚，心痛不已，欲哭已无泪。

“勇士们，随我杀进城去保卫黄州。”于成龙拔出刀，撕心裂肺地喊道。

于成龙一声令下，两万乡勇伪装的清军冲进城去，城里的土匪见清军来剿，纷纷逃窜，不敢与之交锋，纷纷丢盔弃甲，城中的土匪此刻已经筋疲力尽，而于成龙带来的乡勇士气正猛，将土匪们杀得措手不及。

朝卿当年和于成龙也是练过刀法的，他守护在王怀民身边，三个人在乡勇的保护下，往城里杀去。于成龙命令将士们大造声势，让土匪误以为是康亲王带人杀来，纷纷擂鼓助威。

不远处的李元武和刘君孚等人，正在与土匪厮杀，见于成龙到来，杀出一条血路来见于成龙。

李元武激动道：“于大人，你终于来了，你再不来我们就招架不住了。”

于成龙看了一眼刘君孚，刘君孚连忙解释道：“于大人，你可千万不要误会，我刘君孚把委扎都给你了，况且你对家父有救命之恩，我刘君孚怎么说也是顶天立地的汉子，我是不会出尔反尔的，是我蕲黄四十八寨其他寨主带人围攻黄州，如果不是元武兄来找我，我还蒙在鼓里。”

于成龙心急如焚道：“攻城者都有哪些人？现在城里的局势怎么样了？”

刘君孚道：“为首的有何士荣，还有程镇邦、鲍洪公、陈恢恢、李公茂等寨主也与何士荣一起叛乱，几万匪众如今已被我们杀了大半，但是我们的人和黄州的官兵也死了不少。”

李元武愤怒道：“这些人都疯了，连城里的老百姓都杀。”

“报，于大人，现在何士荣带人把巡抚大人和同知张三极、通判赵焕志大人围堵在龙王庙，形势万分危急，赵大人让我来找于大人。”一个士兵心急如焚地跑来，气喘吁吁地报告于成龙道。

于成龙大惊失色，喊道：“元武、君孚兄，将士们随我前去龙王庙，务必要救出抚台大人，我于成龙誓与黄州共存亡，救出抚台大人者，重赏。”

于成龙、刘君孚、李元武匆匆上了马，策马往龙王庙跑去，一边持刀退敌。而手无缚鸡之力的王怀民也从地上捡了一把刀，在朝卿的掩护下，与土匪砍杀。后面的乡勇持刀枪浩浩荡荡涌向龙王庙。

何士荣误以为朝廷大军来到，他虽然把巡抚张朝珍等官员逼进了龙王庙，但是被乡勇和官军反包围，无疑是螳螂捕蝉黄雀在后。何士荣知道生还的可能很小，于是他在做困兽之斗，在龙王庙里杀红了眼，此时的龙王庙血流成河，官军和巡抚张朝珍且战且退。张朝珍出身行伍，也是行过军打过仗的人，什么阵仗没有见过，老当益壮的他持刀与何士荣拼杀起来。何士荣被张朝珍打退，但体力不如从前，被何士荣踢了一脚。同知张三极拼死保护被何士荣一剑刺穿了心脏。

通判赵焕志为了保护巡抚张朝珍也受了伤，张朝珍年迈体衰，经不起何士荣的重创，倒地不起。何士荣将刀高高举起，要砍杀张朝珍，道："张朝珍，今天就是你的死期。"

黄州通判赵焕志用身躯护住张朝珍，就在这千钧一发的危难时刻，于成龙率先冲了进来，眼前一幕触目惊心，高喊道："逆贼，住手。"

于成龙将手中刀掷了出去，瞬间从何士荣的后背穿肠而过，何士荣倒地。于成龙连忙跑过去，将赵焕志和巡抚张朝珍扶起来。

"抚台大人，赵大人，于成龙来晚了。"于成龙深感内疚道。

巡抚张朝珍缓缓站起身来，气喘吁吁道："于大人，不晚，刚刚好，张三极张大人为了救我被土匪杀了，这个仇不能不报。"

于成龙转身看见已经死去的张三极的尸体，心痛不已，自责道："还是怪我来晚了。"

这时候，李元武和刘君孚带人杀了进来，见死去的何士荣，忙对还在顽抗到底的土匪喊道："弟兄们，我是蕲黄四十八寨的盟主刘君孚，现在何士荣已经死了，朝廷大军已经将龙王庙包围，弟兄们还不快快放下武器，归顺朝廷，我刘君孚一定求于大人为大家减轻刑罚，如果大家还执迷不悟，等待你们的只有灭亡。"

庙里的土匪听到刘君孚喊话，权衡利弊后，纷纷放下了武器，乒乒乓乓散落一地。

刘君孚、李元武来到巡抚张朝珍面前行了跪拜礼。

"抚台大人，让你受惊了。"刘君孚、李元武异口同声道。

巡抚张朝珍诧异道："这位是？"

"抚台大人，他就是刘君孚，这是他的委扎，这次黄州乱匪与他无关，都是其他寨主反对他投降朝廷，故而叛乱，他这次是剿匪有功。"于成龙连忙将委扎给张朝珍看。

张朝珍边看边往庙外走去，道："好，于大人这次黄州平乱有功，我这个巡抚还要感谢你呀。"

"抚台大人哪里话，不知抚台大人怎么会深陷黄州城，你不是应该在武昌吗？"于成龙困惑道。

巡抚张朝珍叹道："还不是因为你的事，朝廷已经为你官复原职，你现在接任黄州知府，我是来州衙传达朝廷旨意的，没想到刚到黄州就遇到土匪作乱，现在整个湖北的兵马都被康亲王调到湖南打吴三桂去了，如果不是你，黄州危矣。"

康熙十三年（1674）八月，于成龙调任黄州知府。在于成龙的指挥下，他身先士卒，危急关头置生死于度外，使战斗获得全胜。当场斩杀暴乱首领何士荣。后又乘胜平定了其余叛乱。二十余天内又取得平乱的胜利，受到湖广总督蔡毓荣的高度褒奖。

何士荣已死，其余匪首程镇邦、鲍洪公、陈恢恢、李公茂等数十人被黄州府副总兵王宗臣押往黄州府衙门外公审，几万土匪已经被官军消灭了一大半，剩下的一万多土匪罪行轻的允许回家，罪行重的被发配边关劳役。

数十名土匪恶霸头目被五花大绑，押到衙门口，整整齐齐跪成几排。围观的群众很多，官兵将这些匪首团团包围。于成龙手握卷宗站在府衙门口的石阶上，不怒自威，李元武、刘君孚、王怀民、朝卿、黄州府通判赵焕志等人伺候在于成龙左右。

“刘盟主，求求于大人饶了我们吧？”程镇邦面对刘君孚苦苦哀求道。

刘君孚义愤填膺道：“你们是咎由自取，果真让你们成了气候，和吴三桂沆瀣一气，那黄州的百姓就要遭殃了，我刘君孚救不了你们，我恨不得让于大人马上就杀了你们。”

陈恢恢苦笑道：“刘君孚，你忘恩负义，你忘了当年我们是如何出生入死的？我们可是当着关二爷结拜过，不求同年同日生，但求同年同月死。”

“怪我刘君孚交友不慎，耻与你等做兄弟。”刘君孚决绝道。

于成龙面对众匪首，神情肃穆道：“当今皇上乃仁义之君，于成龙奉行皇上剿抚并用之策，蕲黄四十八寨寨主刘君孚及时弃暗投明，协助朝廷平息叛乱，念及往日多有善举，未伤民生，奏明朝廷免其罪过，封为五品戎旗守备之职。”

“刘君孚谢皇上隆恩，谢于大人。”刘君孚面对于成龙跪拜道。

“刘将军请起。”于成龙示意道。

刘君孚靠边站着，于成龙展开卷宗念道：“周铁爪、程镇邦、陈恢恢、李公茂、赵得志、陈开来、鲍洪公经查罪恶滔滔，曾参与抢劫贡品，戕害民生，围攻黄州城，致使生灵涂炭，根据大清律例，报刑部备案，斩立决，立即执行；李明、杜治国、吴二、孙士珏犯抢劫罪，强奸妇女罪，根据大清律例，监禁七年……”

恶人恶报，一干人犯被一一宣判，百姓们亲眼看着程镇邦、李公茂等人被押往菜市口，人头落地，百姓们欢呼雀跃，高喊于青天。整个黄州城沸腾起来，普天同庆，城内数万百姓前往府衙请愿，于成龙被眼前一幕触目惊心。

“于大人，于青天，你让我们黄州百姓从此安生了，你不仅帮我杀了为害多年的土匪，还将徇私枉法的黄州知府张鼎立等贪官绳之以法，我老汉带头为于大人塑生祠。”一个老汉从人群中走出来高喊道。

老汉激情高昂，面对于成龙，他激动得抑制不住自己的喜悦之情。

“于大人，你是我们的再生父母。”

“于大人，如果你能一直留在黄州，我们老百姓头上就有青天了。”

老百姓七嘴八舌地喊着，于成龙此刻热泪在眼睛里翻滚，再也说不出话来。

朝卿面对于成龙道：“老爷，你可为咱来堡村增光了。”

李元武激动道：“我李元武活了半辈子还没有见过哪个当官的如此受百姓爱戴，于大人跟着你值了，元武也跟着沾光。”

一个个争先逢迎于成龙，于成龙连连伸手示意，又面对百姓道："乡亲们，我于成龙能来到黄州为官，是我于成龙与乡亲们的缘分，于成龙别无所长，但信天理良心，为官者应该是咱老百姓的公仆，为咱老百姓服务的，只会享受，作威作福的官，迟早会被唾弃的。乡亲们，你不要感谢我，应该感谢朝廷，感谢皇上，是朝廷在保境安民。"

从此，于成龙在黄州有口皆碑，老百姓对于成龙是敬爱有加，在当地百姓心目中，于成龙这样的父母官，就是他们心里的天。

于成龙仅用了二十四天就平息了黄州叛乱，以乡勇、衙役剿灭叛军数万人，出奇制胜，实属罕见。中国几千年历史，以少胜多、以寡敌众的战役并不少见，但是像于公这般文官，确实很了不起。

战争结束后，于成龙及时遣散乡勇，并给他们发放了军饷，严禁这些乡勇回到乡里欺行霸市、胡作非为，并对投诚的叛军进行优待和保护政策，乡勇们尤其不能肆意地侵犯他们。

在于成龙优待政策的感召下，叛军余孽陆陆续续从山上下来向于成龙投降，纷纷卸甲归田，安安分分做起了良民。康熙十四年（1675）正月的一天，一支叛军首领，名为黄翠林的带领手下一百多号人下山向于成龙投降，请求于成龙从宽处置。很多外省的贼寇，听闻于成龙不仅没有处治匪首刘君孚，还给他授予官职，很多外省的匪首纷纷越境来到于成龙身边，希望于成龙能饶恕和接纳他们。

于成龙当然是既感动又为难，感动在于他们诚心可嘉，为难在于他毕竟只是黄州知府，外省人不属于他的子民，他哪能做得了这个主。他暂时妥善安顿下了这帮外省投诚人员。然后，向巡抚张朝珍禀报此事，请示解决办法，张朝珍随即向该省巡抚做了进一步沟通，最后这批外省投诚人员全部被送回该省。

康熙十四年（1675），黄州府出现了灾荒。包括旱灾、风灾、蝗灾等灾害。百姓颗粒无收，饿殍遍野。不仅如此，在人多繁华的街市，既然还有虎狼出没，真是匪夷所思，这些虎狼都是从附近的森山之中流窜下来的。

无论白天、黑夜都能看到它们的影子，特别是在夜晚它们常常会潜伏在居民的门口，趁居民外出便对他们进行人身攻击。部分贼匪利用老虎出没之际，常常装神弄鬼扮起了假老虎，披上虎皮专门恐吓妇女弱小进行抢劫、强奸等一系列犯罪活动。

此时的于成龙，主要任务还是在军需上，不料，又逢灾荒之年。军队需要钱，这黄州百姓逢灾年颗粒无收，生活艰苦，更加需要钱，于成龙只能是硬着头皮仗着他与张朝珍的交情，向张朝珍求情，希望它能够酌情减免黄州百姓的赋税。

这一年，于成龙命令通判宋荦负责整治虎患，宋通判带领当地的猎户、士兵到处打虎，终于将黄州虎患给彻底清除了。面对形形色色的犯罪案例，于成龙硬是拖着病痛坚持调查、办理。针对黄州这一年的灾荒，老百姓生活艰难，于成龙也没有办法，这是天公不作美，谁也没有办法改变。

于成龙冥思苦想终于想到了一个办法，但也不是什么万全之策，只能说是勉强能渡过难关吧。这个办法还是利用保甲法，进行救济。让当地的甲长等官吏动员当地的富豪、乡绅对贫民进行捐助，支援他们渡过难关。如保甲内，确实没有多余的钱进行支助，最后再由官府出面解决。当然，如保甲区内，出现人员饿死等情况，甲长、乡约便难辞其咎，罪当论处。大家都知道于成龙的酷刑，在律法面前是一视同仁，果然此法成效显著，均未出现饿死现象。

于成龙并亲自撰写了《赈济募引》，呼吁乡绅和官宦人家慷慨解囊。内容如下：

> 故效持钵之小技，暂为燃眉之急图。共丐洪慈，大施恻隐。几石几斗几升，可救一时之妇哭儿啼；或银或米或钱，立苏片刻之饥魂饿鬼。无亡七级，专赖一忱。

康熙十五年（1676），黄州府罕见的天灾终于过去，各地民生渐渐得以复苏。但是三藩之乱尚未结束，黄州百姓民心未稳，还沉浸在惶恐之中。于成龙想到了一个办法，就是转移百姓们的注意力，让他们不再为战争而感到惶恐不安。

是年，于成龙作出了重修赤壁遗址的决定，三国时期赤壁大战发生地。而赤壁正处于黄州府境内。修建的经费主要由官府出，另外黄州府富豪、乡民们随意捐献。

工人主要用贫苦的乡民，于成龙这样做的目的，为了让贫苦乡民们来挣官府和富豪们的钱。这样一来既修建了古迹，又能改善民生。赤壁古迹的重修，在于成龙的主持和监督下，得以完善。不仅一些旧式建筑得以翻新，还增修了一座“二赋堂”，专门用来纪念苏东坡的《前后赤壁赋》。于成龙重修古迹的决定，不仅给黄州的文化事业涂上了浓墨重彩的一笔，也大大地缓解了一些贫穷乡民的生活压力，工程所需的人力费最后都到了贫苦百姓的口袋里了，一举两得。

工程竣工后，闲暇时，于成龙便会约上几个志同道合的文人义士，来到赤壁之上把酒言欢、吟诗作对。黄州百姓见于成龙逍遥快活，战争的阴影随之消散，百姓们便不再惶恐不安。

于成龙于当年在黄州赤壁写下了几组诗词：

赤壁怀古

赤壁临江渚，黄泥锁暮云。至今传二赋，不复说三分。
名士惟诸葛，英雄独使君。今朝怀古地，把酒对斜昏。

如梦令二首

岁暮容颜非旧，食少形骸消瘦。
睡起不胜愁，频叫苍头斟酒。
斟酒、斟酒，梦见故乡花柳。

赤壁莺啼岸柳，歧镇雨肥园韭。
忆别若为情，且看燕飞红瘦。
回首、回首，谷雨清明时候。

满庭芳·脱却蛮烟

脱却蛮烟，奔离蜀道，三年又到光黄。
生来命薄，才力比谁强。
眼见此身已老，消磨了、多少疏狂。
百年里，有几人，跳出傀儡逢场。
思量还故里，箪瓢陋巷，澹泊何妨。

任随缘过日，说甚彭殇。
幸遇杏花赤壁，访遗迹、感慨悲伤。
寻两地，半邱荒草，一望白云乡。

战争让黄州城满目疮痍，于成龙作为黄州知府，灾后重建工作也是重中之重。黄州土匪攻入城中很多房屋被毁，百姓流离失所，黄州需要重建。

重建的经费，一部分来源于湖北财政拨款，一部分来源于当地的乡绅募捐，当然有实力的百姓也可以自掏腰包，尽心竭力好几个月，于成龙才把乡亲们的房屋建好。此时的于成龙心力交瘁，他已经无力为官，已近花甲之年的于成龙想辞官回乡。于成龙的继母已经油尽灯枯，来信说去日不远，于成龙想回家为继母尽孝。

为此，于成龙专门写了一封辞呈，亲自前往武昌，面呈张朝珍。于成龙将辞呈递给了张朝珍，张朝珍拆开匆匆阅览后，心情很沉重。

已经感冒数日的于成龙，以低沉的声音恳求道："抚台大人，成龙今年已经六十，身体大不如从前，黄州剿匪令成龙心力交瘁，三番五次处在生死边缘，前日家中来信说家母病重，成龙特来请辞告老还乡，奉养家母，以全孝道。家母虽为成龙继母，但对成龙视如己出，比生母更为亲近，成龙在外为官，未尽孝道，自责惭愧，就请抚台大人全了成龙心愿。"

于成龙态度诚恳，老泪纵横，张朝珍心里很不是滋味。

张朝珍从椅子上起身，拿着于成龙的辞呈来回徘徊，一筹莫展，道："北溟公，不是我张朝珍不近人情，儒家有言，百善孝当先，可是朝廷刚刚给我送来了圣旨，说时下雨季，长江水患甚猛，让阁下出任江防道台。”

于成龙深感为难，张朝珍随后取出圣旨，当众宣读道：“于成龙接旨。”

于成龙勉为其难地跪了下来。

“奉天承运，皇帝诏曰，黄州知府于成龙迁江防道台。钦此。”

“于成龙接旨。”于成龙双手颤抖着捧着圣旨。

张朝珍郑重其事道：“北溟公，按理说江防道台不应由皇上下旨，吏部就可以安排，可见皇上对你的重用，他是指名道姓让你来做这个江防道台，你可不能让皇上失望。”

于成龙无可奈何地走出巡抚衙门，关于于成龙不能奉养老母，坊间和官场流言蜚语，于成龙感到忠孝难全。心里很矛盾，也很痛苦。回到家里，就写下了《自叹》一诗：

小官缺养母，浮誉恼群贤。
久欲归林卧，岂为升斗牵。

康熙十六年（1677），朝廷恢复了湖广境内的“下江防道”的建置。这一年，于成龙在黄州知府任上任期已满，本应该按例进行提拔了，但是朝廷为了加强长江防卫，便调于成龙任下江陆道的道台。

此官位为湖广省的外派官员，仍为正四品，于成龙原先的黄州知府也是正四品官，所以，这一次是既未升也未降，只是迁任。可能这也是因为清初朝廷人才匮乏，才作此无奈之举。

清代的道台分为分守道、分巡道等多道，分守道主管全省内各府、县政务，分巡道则主管全省的提学、屯田等专门事务，守、巡诸道多有兵备头衔，长官皆称道员，俗称道台。

道台虽为四品，与知府平级，但是夹于省、府二级中间，亦不受府管，隶属省制。于成龙所任职的下江陆道道台官邸在当时的黄州府蕲州，虽然迁任但人还是在黄州，不过，这次他不再履行黄州知府的职权管理一府的政事，而只是局限于军事防卫工作。于成龙担任下江防道道台只有短短一年左右的时间，所以成绩并不显著。此时的叛军也基本上得以平叛，长江防线并没有出现紧急情况。

于成龙就任下江防道道台期间，曾向上司上书过很多政务策略。其中有一篇名为《上蔡制台酌留营将》的书信，是写给湖广总督蔡毓荣的。文中提到，以前的黄州设副将一员，领兵六百六十名；蕲州设参将一员，领兵四百五十名。

由于康熙十三年，黄州战乱，黄协镇兵力不够，增设守备二员，各招兵三百名。而蕲州离黄州较近，就裁撤了参将，只留兵三百名，由守备带领。后来形势又发生变化，江西一带战局紧张，蕲州的防守任务变重了。蔡毓荣曾经要求在蕲州重设参将，朝廷没有批准。于成龙就此分析了当时的情形，坚决支持蔡毓荣的观点。他指出，在朝廷尚未下达批准命令的时候，可以暂时先将参将留在蕲州镇守，以保黄州、武昌等地的安全。

如果朝廷非要裁撤蕲州的参将，可以在战乱平息后再行议定。还有一封名为“复张抚台论设水师议”的书信，是写给巡抚张朝珍的。当时，巡抚张朝珍向朝廷上奏，要求在荆州、武昌两地建立水师营，但是，黄州和蕲州其环境、地势是不利于建立水师的，可能会有相当程度的困难。张朝珍面对这一棘手的问题，便书信请教了于成龙，于成龙看了张朝珍的书信，明白他的想法后，便根据两地的实际情况，做出一些合理的建议。于成龙仔细研究了两地的环境，说在黄州和蕲州之间，有一个“道士洑”，设兵三百名，号称“水塘”，可以将其改建为水师。

如果兵力不够一个营，可以将蕲州裁撤下来的一百二十名士兵调到这里，共有兵丁四百二十名，这样就不必再另行募兵了。只是更改其名号，任命将领，加强训练即可。黄协镇如果设立水师，那么打造战船的费用会相当高，可以将岳州裁撤下来的水师营战船调拨十只，黄州水师从而得以完善。“道士洑”的巡江小船，可以和大型战船搭配起来用，这样长江防守可保万无一失。于成龙在江防道员一职上任期较短，只有一年的时间，所以，并无多少突出政绩。

任职期间，于成龙依然不改清廉作风，虽然任期只有一年时间，但是，一年里他将防道事务打理得井井有条。

第十章

闽省请愿

一转眼，于成龙已经在湖北待了九年，这九年他尤其感谢他的直接上司湖北巡抚张朝珍和湖广总督蔡毓荣，这二人对于成龙有提携、赏识之恩。康熙十七年（1678）六月，于成龙升任福建按察使。清代的按察使是各省总督、巡抚的下属，为正三品衔，俗称臬台。臬台管全省司法监察邮驿。

于成龙拜别蔡毓荣和张朝珍，黄州百姓知道于成龙将卸任去往福建做官，当地百姓哭走相送，百姓们如同痛失亲人，从黄州府衙直至黄州码头，一路上站满了为于成龙送行的百姓。百姓们依依不舍，难舍难分，他们跟随于成龙的马车边走边哭，就这样跟了数里路。于成龙和朝卿时不时探出头来，于成龙的心里很不是滋味，骑马的李元武也为老百姓的真情所感动。

“停一下，我和乡亲们再说两句话。”于成龙对赶车的车夫喊道。

于成龙、朝卿、王怀民先后从马车上走下来，于成龙被乡亲们团团围住，难舍难分。

“于大人，公今去，我黄州再无青天矣。”一个老者掩面痛哭道。

“于大人，我们舍不得你走。”一个中年妇女哭道。

百姓们七嘴八舌，纷纷表示对于成龙的不舍，于成龙见乡亲们哭红了双眼，心里很难受，道：“乡亲们，我于成龙谢谢乡亲们对我的抬爱，相信黄州明天会更好，虽然我人不在黄州，我也会时时刻刻关注黄州的民生，我在湖北为官九年，在我心里湖北、黄州就是我的第二故乡，乡亲们天下没有不散的宴席，乡亲们各自珍重，如有难处还可到福建来找我。乡亲们，再会了。”

于成龙面对老百姓深深鞠了一躬，挥了挥手，便含泪上了马车。王怀民和朝卿也向黄州百姓挥了挥手，上了马车，马车飞快地往黄州码头奔去。

于成龙选择水路去福州上任，他的行李很简单，只有一床破棉被，一件旧官服。船上装满了他从黄州买的酒，还有几筐白萝卜，还有几包烧饼，这就是他们一路上的干粮。船上还放着几捆书。

李元武调侃道：“大人，带这么多萝卜吃得完吗？”

于成龙笑了笑道：“元武啊，你有所不知，我都吃了几十年的青菜萝卜了，一时间也离不开了，一个月可以不吃肉，但是三天不能不吃萝卜，不看书。”

朝卿笑道：“你们二位有所不知，老白汾下萝卜干是我家老爷的最爱，我们来堡村的萝卜干风味独特，可是有祖传秘方的哦。”

王怀民感慨道：“白萝卜好啊，做人做官如果都能像它一样清清白白就好了。”

于成龙听闻此言，觉得颇有一番道理，众人陷入沉思。

于成龙由于是走水路，加上一路上走走停停，在路上耽误了几个月，康熙十八年（1679）春，才抵达福州码头。在去往福州的船上，于成龙再次拜读了《张子语录》，对北宋理学创始人之一张载的横渠四句“为天地立心，为生民立命，为往圣继绝学，为万世开太平”的儒家最高道德理想信念感受颇深，深入骨髓。于成龙素有大志，渴望澄清天下，激情再次燃烧。

热热闹闹的福州码头变得没有人气，码头边停靠了很多渔船和商船，海面上看不到片帆，整个福州码头一片死寂，只有两顶官轿和数名轿夫在码头边等候，码头边上站着一个身穿二品官服的人，此人高高瘦瘦，留着长须，正朝着海面上观望。

于成龙的船缓缓停靠在码头，于成龙、李元武一行从船舱里走出来，朝卿开始把船舱里面的家当往岸上搬。

“请问是于成龙于大人吗？”二品官员朝于成龙挥手致意道。

于成龙见二品顶戴，连忙上岸仔细打量，问道：“你是布政使大人？”

二品官员笑道：“我是福建布政使董国璋，代表总督姚启圣大人和巡抚吴兴祚大人来迎接于大人。”

于成龙连忙跪拜道：“下官于成龙拜见藩台大人。”

李元武、王怀民、朝卿等人也一同参拜道。

董国璋连忙上前搀扶于成龙，道：“于大人怎可行如此大礼呀，诸位都请起吧，于大人乃今时第一清官啊，你在广西罗城、四川合州、湖北黄州的所作所为，董某都早有耳闻，如今福建正是用人之际，望于大人不要辜负皇上对你的一番苦心啊。”

于成龙作揖道：“多谢藩台大人提点，成龙定当肝脑涂地在所不辞。”

董国璋抓着于成龙的手腕，道：“于大人随我上轿。”

于成龙笑道：“董大人，我给你介绍一下。”

于成龙把董国璋拉到李元武和王怀民面前，道：“董大人，这位是李元武，从广西罗城一直跟在我身边，这位是我的幕宾王怀民，也是从广西罗城就一直跟着我的，这位是我的同乡朝卿，成龙这些年来全靠他们的辅佐。”

“见过藩台大人。”

王怀民和李元武、朝卿面对董国璋行作揖礼。

董国璋笑道：“几位的大名本官有所耳闻啊，你们一路辛苦了。”

于成龙随董国璋往官轿前走去，董国璋道：“于大人，本来今天总督姚大人和巡抚吴大人要与我一道来福州码头迎接你，为你接风洗尘，现在福建战事吃紧，两位大人随康亲王杰书打仗去了，现在福建有一大堆事需要处理，身为按察使你的担子很重啊。”

于成龙和董国璋各自上了官轿，董国璋的轿子走在前面，于成龙的轿子跟在后面。

李元武、王怀民和朝卿将船上的货纷纷搬上岸，一名官差小跑过来，面对李元武等人道：“各位，董大人交代了，让你们等候片刻，稍后来接你们。”

王怀民三人在福州码头观望，欣赏四周的景色。

官轿行进在福州的大街小巷，于成龙时不时探出头来，见大街上空无一人，零星有百姓在街上走，但是他们看到官轿都躲避，像是老鼠见到猫。

于成龙见此，连忙伸出头来问轿夫道：“怎么回事？乡亲们怎么看到官轿就跑？”

轿夫不说话，于成龙越发恼了，急道:“我们现在去哪?”

“董大人吩咐了，我们现在去福州酒楼给于大人接风洗尘。”一个轿夫道。

于成龙急了，吼道:“停下来，快停下来。”

轿夫拧不过，这才停下轿子。董国璋见于成龙从轿子上下来，也停了下来，走下来，喊道:“于大人，你怎么下来了?”

于成龙道:“董大人，你的好意成龙心领了，但是现在福建政务繁忙，这接风之事罢了。现在下官要回按察使衙门，就请董大人把事情给下官交代一下吧?”

董国璋很无奈，道:“也罢，于大人真是雷厉风行啊，那就改日再聚，回按察使衙门。”

于成龙回到了轿子上，和董国璋往按察使衙门走去。

董国璋和于成龙的官轿在按察使司衙门口落轿，按察使衙门的属官们整整齐齐地候着，见于成龙和董国璋从官轿上走下来，诸位大人拥了过去，笑脸相迎。纷纷参拜道:“下官拜见董大人、于大人。”

于成龙俯身伸手示意道:“诸位大人免礼。”

董国璋面对于成龙介绍道:“这位是福建按察副使陈学用陈大人，这位是佥事王子誉王大人，这几位……还要陈大人介绍。”

陈学用和王子誉身后的几位官员董国璋不认识，陈学用连忙接话道:“这位是经历司知事李大人，这位是照磨所照磨杜大人，这位是司狱司司狱蒋大人。”

诸位大人一一向于成龙见礼。

由董国璋牵头，于成龙和诸位大人来到按察使衙门的大堂上，那差官给于成龙和董国璋奉茶，并且安排好了饭食。

“于大人，按察使衙门食堂已经备好了饭食，请于大人和董大人前往用饭。”衙役来报。

于成龙忙对衙役摆了摆手，面对董国璋道：“董大人，咱们还是先交接公务吧？”

董国璋无奈地对于成龙点了点头，面对陈学用道：“陈大人，你给于大人说一下吧。”

随后，在陈学用的安排下，几口大木箱子被抬上了大堂，衙役将其一一打开。

陈学用指着箱子里的卷宗道：“于大人，这些卷宗都是通海的案犯，藩台大人、抚台大人都已经核查过了，制台大人和康亲王都已经定案了，就等着于大人签字画押后，就能按律惩处了。”

于成龙随意从一口箱子里取出一份卷宗翻阅，并回头对藩台董国璋道：“董大人，下官就不送了，等忙完了公务下官再到府上叨扰。”

董国璋对于成龙的一贯作风也是听说了一些，所以并不以为然，笑道：“也罢，本官知道于大人做事向来雷厉风行，那本官就先回去了，有什么疑难于大人可随时到布政使衙门找我。”

“谢董大人。”于成龙拱手道。

董国璋摇了摇头，往大门外走去，按察副使陈学用前去相送。

董国璋走后不久，李元武、王怀民、朝卿也都相继回来，他们抬着大口大口的箱子、萝卜进入按察使司衙门，衙门内外的差官看得一愣一愣的，于成龙箱子里装的不是金银珠宝，是酒，是书，是萝卜，所以才让衙门内的官差们感到诧异。

朝卿随衙役们去后衙布置房间去了，李元武和王怀民来不及喘上一口气又来到于成龙的面前。于成龙将手里的卷宗随手给了王怀民，王怀民迅速浏览一遍，道："早就知道朝廷在福建颁布了禁海令，想不到有这么多通海的案犯？"

于成龙一筹莫展道："朝廷虽然有不准片帆入海的规定，但是也不至于涉案人员这么多啊。"

于成龙回头喊道："经历司知事李大人，你们经历司是主管勘察刑名之事，本官问你，现在福州监狱关押的通海案犯，要本官下令处死的有多少人？"

经历司知事李大人战战兢兢来到于成龙面前，回话道："于大人，其中要被处以极刑的有一千人，其余人犯或判监禁，或判劳役，这部分人约有六千人。"

于成龙吃惊道："有这么多人要判死刑的吗？前任按察使是谁？"

"前任按察使就是藩台董国璋大人，这件案子是他和按察副使陈学用大人主审的，报巡抚和总督复核的，于大人尽管执行就行。"经历司知事李大人道。

于成龙震怒道："什么？执行？本官刚刚翻了卷宗，这些通海案犯中还有七八岁的孩童，他们能通海吗？他们通海干什么？我于成龙难道不问青红皂白把他们都杀了吗？"

经历司知事李大人被于成龙吓得不敢说话，其余官员也都低头不语。

王怀民见于成龙震怒，忙把于成龙拉到后衙，见四下无人，道："于大人你愿意听学生说几句吗？"

于成龙道："怀民，你怎么自谦起来了，有话就直说吗？"

王怀民道："于大人，我刚刚也看过卷宗，大部分人都没有被冤枉的，只有个别人可能被冤枉，或者量刑过重，但是你应该知道这件案子的轻重，这是藩台大人亲自审的，巡抚和总督复核的，是你这个按察使能重审的吗？如果重审后，发现没有问题，你于大人就有可能失去朝廷对你的信任，退一万步，如果真的有很多人被冤枉，那布政使董大人负有直接责任，巡抚和总督也免不了要受到处罚，你觉得他们会让你重审吗？况且眼下福建刚刚平定，这些都是康亲王的功劳，眼下稳定才是大局，为了这个大局冤杀几个人又算得了什么？你觉得康亲王和总督会答应你的请求吗？于大人，听学生一句劝，算了吧，你签了字，这件案子就一了百了。"

于成龙听罢王怀民之言，愈发生气道："怀民，你从罗城县一直跟在我身边，有十几年了吧？这么多年来你难道还不知道我于成龙的为人吗？我于成龙从山西大老远来到福建做官为什么，难道是为了升官发财吗？我背井离乡、抛妻弃子，每天萝卜青菜、草根树叶，过得比苦行僧还苦，难道我是为了自己吗？孟子曰：民为贵，我于成龙吃的是百姓俸禄，百姓是我于成龙的衣食父母，难道我这个按察使要冤杀自己的父母吗？即便如此，丹青史书不会放过我，我的良心也会不安的。这件事情，我于成龙一定会查个水落石出。"

说罢，于成龙甩膀而去，直奔大堂。王怀民无奈地摇了摇头，跟着于成龙往外面走去。

按察使司衙门里的官员们都在大堂里等候，突然一个狱卒冲进了按察使的大门，朝大堂而来，边跑边喊。

"按察使大人……"

"喊什么喊？大喊大叫，成何体统？"按察副使陈学用刚送完布政使回来碰到。

狱卒跪在陈学用面前，心急如焚道：“陈大人吧？不好了，监狱发生暴动了，打伤了很多人，监狱的官员们就快坚持不住了，请陈大人赶快去看看吧。”

于成龙正好走出来，听到狱卒的传话，震惊道：“什么？元武、陈大人、司狱蒋大人，你们速速随我去福州监狱看看。”

于成龙走在前面，行色匆匆往福州监狱赶去。

于成龙一行来到福州监狱，此时监狱的大门已经被犯人攻破，受伤的狱卒和犯人躺了一地，遍体鳞伤，痛苦不已。犯人们被官兵们堵在了监狱门口，官兵们拉开弓箭，摆开阵势。犯人们捡起地上的石头和棍棒与狱卒凶狠对峙。

“按察使大人到，快放下武器。”李元武举起长剑挡在于成龙的前面，为于成龙开路，官兵们纷纷让出一条道。

于成龙见到现场十分惨烈，触目惊心，此时的他同情多过愤怒，在李元武和狱卒的武力压制下，犯人们才纷纷放下手中武器。

于成龙面对骨瘦如柴的犯人，喊道：“乡亲们，我是福建新上任的按察使于成龙，今天第一天到任，你们就是以这样的方式迎接我吗？老夫我到现在还没有吃饭，就马不停蹄跑过来。”

司狱蒋大人朝人群中喊道：“典狱长葛长天何在？”

典狱长葛长天吓得连滚带爬地跑过来，面对诸位大人卑躬屈膝道：“下官葛长天见过司狱蒋大人。”

蒋大人呵斥道：“今天按察使于大人和陈大人都在，到底怎么回事你给诸位大人说清楚，说不清楚，本官就撤了你的职。”

葛长天战战兢兢道：“于大人、陈大人，正午我在食堂用饭，就听到监狱暴动，犯人手段凶残，打伤很多狱卒，所以下官才派兵镇压，官兵们不敢对犯人下死手，才导致福州监狱一发不可收拾，下官有罪，请大人治罪。”

葛长天连连弯腰谢罪。

于成龙道：“犯人不会无缘无故暴动，要么是有冤，要么是受了监狱里面一些人的欺负，你们是不是私下对犯人用刑了？或者勒索威逼了？”

“于大人明鉴，下官万万不敢啊。”葛长天跪在于成龙面前一味叩头。

于成龙郑重道：“如果被本官查出来，监狱里面有人徇私枉法，本官定当严办。”

“是，是。”葛长天吓得退到一边。

“今天是谁带头闹事的？”于成龙厉声道。

“是我。”一个粗壮大汉站了出来道。

于成龙道：“你倒也敢作敢当，说说吧，你为什么带头闹事？”

那大汉跪在于成龙面前，满腹委屈道：“于大人，小人叫杨再兴，是闽县关口村的人，小人一家有冤啊，素闻于大人铁面无私，又是广西和湖北一带人人称颂的青天大人，所以小人才冒险闹事，如若不然，我们一家老小都要人头落地了，请青天大老爷做主啊。”

于成龙道：“你果然有冤情，本官就听你申诉，但是你带头闹事，打伤监狱里这么多狱卒，这笔账本官不能不跟你算，来人把杨再兴给本官拖下去，就地重打五十大板，以儆效尤。”

“是。”

随后上来几名官兵将杨再兴给拉了下去，杨再兴也认罚，并没有反抗，将他拿在板凳上打了起来，杨再兴没有叫一声。于成龙心里很明白，看来杨再兴等人是真的被冤枉的。

杨再兴被痛打之后，被押到于成龙面前，被两名士兵左右抬着。

于成龙道："把伤员都抬下去请军医上药，其余人犯各自回到监狱，把杨再兴给我带到按察使衙门，本官亲自审理。"

"布政使董大人到。"

一队衙役陪着董国璋来到于成龙面前。

董国璋把于成龙拉到一边，避开人群，低声说道："于大人，这件案子是经巡抚和总督亲自过问的，你不能重审，况且这些人必须杀，现在战争吃紧，国库再也拿不出银子养这些通海犯了，你知道这么多犯人每天要消耗多少粮食吗?"

于成龙苦笑道："藩台大人，这就是你们杀人的理由?"

董国璋恼羞成怒，道："我不管，于成龙我现在以福建布政使的身份命令你，不准重审，执行命令，择日处决这些人犯。"

"我现在是福建按察使，我不能冤杀一个人，况且这件案子本就是我职责所在，请藩台大人恕于成龙不能从命，果真有人被冤枉，该追究谁就追究谁的责任，下官自会去找康亲王面呈此事。"于成龙固执道。

说罢，于成龙就带着李元武押着杨再兴离开了监狱，那按察副使陈学用和司狱蒋大人见布政使董国璋脸色不好，不敢上前答话，便朝他作揖后随之离开。

"你……你。"布政使董国璋面对于成龙的不识时务气不打一处来，急得吹胡子瞪眼。

于成龙、李元武一行，押着杨再兴刚刚回到按察使衙门的大堂。

“老爷，不好了，怀民先生好像要走，在房间里收拾东西呢。”朝卿火急火燎跑到于成龙面前道。

“什么？怀民要走？”李元武拔腿就往后衙跑去。

于成龙回头对陈学用吩咐道：“你们看好杨再兴，我一会儿再审。”

于成龙在朝卿的陪同下，大步往后衙走去。

李元武前脚到，于成龙和朝卿后脚就到王怀民的房间，见王怀民正在往包袱里装衣物。

于成龙来到王怀民的面前，问道：“王先生生气了？我于成龙没有听你的话，这是要走吗？”

王怀民转身面对于成龙跪了下来，拜了三拜，于成龙深感不妥，连忙将他扶起来道：“怀民，你这是干什么？有话好好说。”

王怀民站了起来，深感为难道：“于大人，你莫要多心，我也不是那样小气的人，难道我还不知道于大人的为人吗？只是官场险恶，以后怀民不能陪在你身边了，我刚刚收到罗城家中的来信，说家父病重，我跟着于大人十几年了，从未尽过孝道，如今再不回去枉为人子，这是家书，于大人过目。”

王怀民将家书交给于成龙过目，于成龙匆匆浏览后，深感同情道：“怀民，也不知道这一别，我们还会不会再见面，这十几年来多亏你在成龙身边为成龙出谋划策，才做到了福建按察使的位置，请受于成龙一拜。”

于成龙面对王怀民深深鞠了一躬。

王怀民连忙制止道："于大人，我怎敢让你行如此大礼啊。"

"应该的，这么多年来我们亦师亦友，我于成龙只有说不出的感激，回到家中代我向令尊问好，常写信来。"于成龙依依不舍道。

王怀民深得于成龙如此厚爱，有些许感动，眼含泪花，一旁的朝卿和李元武也看不下去。

李元武面对王怀民道："兄弟，以后你我就天涯分别了，你要多保重啊，说实话我们在朝夕相处十几年了，怎么能说分就分，我也有些不舍啊。"

李元武给王怀民一个深深的拥抱。

"于大人、元武兄、朝卿，天下没有不散的宴席，望大家以后多多珍重。"王怀民说罢，抓起包袱就往外面走，强忍住分别之苦。

于成龙面对朝卿道："朝卿，现在我的俸银还剩多少？"

朝卿道："老爷，你一路走一路散，现在只剩下纹银十八两了，这是你最后的家当。"

"全部拿给怀民，怀民跟我十几年什么福都没有享受到，尽受罪了，我愧对他。"于成龙吩咐道。

朝卿连忙将身上仅剩下的十八两银子递给王怀民，王怀民坚持不接受。

无奈，于成龙含泪握住王怀民的手道："怀民，你必须收下，如果你不收下，于成龙此生难安。"

王怀民只好勉为其难地收下了，再次拜别于成龙、李元武、朝卿，直接出了按察使衙门策马而去。

于成龙、李元武、朝卿冲了出去，目睹他远去，眼冒金花，久久不能释怀。

于成龙、李元武、朝卿他们在按察使衙门的食堂里简单地吃了点残羹剩饭，于成龙便又急急忙忙来到大堂上开始审理杨再兴的案子。

“来人，把杨再兴给本官带上堂来。”于成龙拍了拍惊堂木喊道。

三五差官将杨再兴押解上堂，按察副使陈学用、经历司知事李大人、司狱蒋大人站在一旁听审。

“草民杨再兴拜见于大人。”杨再兴面对于成龙跪拜道。

于成龙再次拍了拍惊堂木，道：“杨再兴，你有什么冤屈，从实招来，如有不实，本官定当严惩不贷。”

杨再兴满腹委屈道：“于大人，小人杨再兴是闽县关口村人，小人一家祖祖辈辈以打鱼为生，以祖传秘方腌制鱼干，近年来生意红火，遭到了十里八乡很多人的嫉恨，都想上门讨要秘方，甲长赵有财、里长马士恒多次上门索贿，小人一家拒绝，他们就想方设法打击报复。朝廷要平定三藩，收复台湾，禁止通海，鼓励举报者如举报属实，被举报者家产全部归举报者所有，所以马士恒找到机会，买通闽县典史贺铸，以通海罪把我们一家抓捕了，我家的渔船和产业全部没收，将我一家老小全部下狱，我最小的儿子才 13 岁啊，他能通海干什么？”

一旁的按察副使陈学用听得心惊胆寒，时不时瞟一眼于成龙。

于成龙义愤填膺，道：“想不到还有这种事？真是岂有此理。那赵有财、马士恒、贺铸等人现在何处？”

“他们现在还在闽县逍遥快活呢。”杨再兴愤愤不平道。

于成龙沉思片刻，道：“杨再兴，你刚才所言可有证据？”

杨再兴坚定不移道：“于大人，这件事情关口村尽人皆知，镇上都传开了，里长在县里的关系很硬，没有人能告倒他，后来我们全家下狱，是老家亲戚来福州监狱看望我们一家告诉我们的。”

于成龙办案讲究证据，不能捕风捉影，杨再兴的话不能作为结案的证据，此时王怀民已不在自己身边，连个问政的人也没有，于成龙感到很棘手。

“杨再兴，你先下去吧，如果你所言属实，本官一定会为你讨回公道。”于成龙道。

杨再兴被差官带了下去。

于成龙从堂上走下来，在大堂上来回踱步，一筹莫展。

此时，按察副使陈学用不敢狡辩，面对于成龙说起软话来，道：“于大人，虽然这件案子不是由下官主审，但是如果真的有冤案，下官愿意承担责任。”

于成龙态度强硬道：“陈大人你有责任，但毕竟不是主要责任人，如果杨再兴所言被证实，本官一定奏明朝廷，该追究责任的本官一个也不会放过。”

“是，是。”陈学用诚惶诚恐地退到一旁。

“报——于大人，布政使董大人让小人来通报于大人，说康亲王殿下、总督大人和巡抚大人凯旋，已抵达福州码头，董大人让于大人一同前往福州码头迎接。”一个布政使司衙门差官跑来通报道。

于成龙摩拳擦掌，激动道：“好呀，王爷回来得早不如回来得巧，走陈大人，我们一起去。”

于成龙、陈学用在李元武的陪同下前往福州码头。

福州码头已经戒严，被官兵们包裹成里外三层，康亲王的仪仗赫赫、威风凛凛，福建四品以上的官员尽数到达福州码头迎接，以福建布政使董国璋和福建按察使于成龙为首的文官站在前排，他们的身后站着福建很多官员，翘首以盼康亲王官船的到来。

官船缓缓停靠在福州码头，身着大将军服饰的康亲王第一个从船上走下来，紧接着是贝子爱新觉罗・傅喇塔、都统巴雅尔、副都统玛哈达、前锋统领希福等将军，总督姚启圣和巡抚吴兴祚最后走出船舱。

在康亲王的带领下，诸将往于成龙面前走来，康亲王龙行虎步，威风八面。见康亲王迎面而来，布政使董国璋和按察使于成龙、按察副使陈学用等人疾步到康亲王面前。

“臣拜见康亲王殿下，千岁千岁千千岁。”众人一起跪拜，异口同声道。

康亲王道：“诸位大人，免礼吧。”

众人起身，布政使董国璋面对康亲王，又看了看于成龙道：“亲王殿下，这位就是福建新上任的按察使于成龙大人。”

“臣拜见亲王殿下。”于成龙再次行跪拜礼。

康亲王厉声呵斥道：“原来你就是于成龙，于成龙你好大的胆子，竟敢在湖北黄州以我名义私募兵马，还冒充官军，你可知道这是死罪？”

“微臣该死，请亲王殿下治罪。当时黄州城形势危急，黄州匪首何士荣已经攻破全城，城中百姓生灵涂炭，黄州同知张三极张大人因公殉职，下官拼死才将巡抚张朝珍大人救出，如果臣不假冒清军名义，是不可能击退十万匪众的，请殿下治罪。”于成龙连连伏地叩首道。

康亲王随之态度逆转，一阵大笑，亲自将于成龙扶了起来，道：“于大人，这件事情你做得好，不愧为我大清的肱股之臣，黄州乃是荆襄门户，当时吴三桂叛军已经攻陷湖南，你守住黄州，就是守住了北方，为我大军争取了时间，我还要感谢你呢。”

于成龙松了一口气，道：“谢亲王殿下不罪之恩。”

康亲王亲自抓住于成龙的手腕，来到总督、巡抚和诸位将军面前。

“于大人，我给你介绍一下，这位是福建总督姚启圣大人。”康亲王看向姚启圣道。

“下官见过姚大人。”于成龙拜道。

“于大人好。”姚启圣道。

“这位是巡抚吴兴祚大人。”康亲王道。

“下官拜见巡抚吴大人。”于成龙拜道。

“于大人不必多礼。”吴兴祚道。

康亲王侧身，看向几位将军，面对于成龙道：“于大人，这位是贝子爱新觉罗·傅喇塔、都统巴雅尔、副都统玛哈达、前锋统领希福。”

“于成龙拜见几位将军。”于成龙拜道。

康亲王欣慰道：“好了，于大人，你以后就跟着姚大人、吴大人、董大人，你们几位要同心同德一起治理好福建，本王也能安心平叛了。”

众人一同往城内走去。

为安置康亲王，总督姚启圣专门在福州城外为康亲王修缮了行宫，作为康亲王平定三藩的指挥所，这座行宫当初本是官府修建的妈祖宫，后来不知道什么原因，弃而未用。现在经过修缮，成了康亲王的临时行宫。康亲王从福州码头回到行宫，又开始着手行军布阵，他和手下将军们正在行宫里紧锣密鼓地研究作战图。

一个旗兵急急忙忙跑来，禀报道："王爷，行宫外有位自称福建按察使于大人的人要见你。"

康亲王一脸诧异地看了看身边的几位将军，道："于大人？我们不是刚刚才见过吗？找我什么事？"

"小人不知。"旗兵道。

康亲王扔下图纸棒坐了下来，道："让他进来。"

"末将先行告退。"将军们异口同声道。

康亲王点了点头，诸位将军一起走了出去。

于成龙在旗兵的带引下，急急忙忙往康亲王的殿中走来，他的手里紧紧握着卷宗。

"于成龙拜见亲王殿下。"于成龙面对康亲王跪拜道。

康亲王朝旗兵挥了挥手，示意他下去，旗兵缓缓退下。

康亲王一脸诧异道："于大人请起，不知于大人着急见本王有何要事？"

于成龙站了起来，道："王爷，微臣认为部分通海犯可能是被冤枉的，微臣请求王爷殿下让于成龙重审。"

康亲王吃了一惊，站起来，来到于成龙面前，郑重道："于大人，这件案子是经过布政司、巡抚、总督三级衙门审理的，又是经过本王核实的，你尽管执行就行，无须再审。"

于成龙激动道："王爷，你看看，这是七岁孩提的卷宗，他还是个孩子，通海干什么？"

于成龙将手里的卷宗递给康亲王阅览，康亲王匆匆阅览后，并没有责怪于成龙，情绪倒也平静，一副为难的表情道:“于大人，这件案子本王是支持巡抚和总督的，宁可错杀不可错放，台湾问题一直困扰着当今圣上，只要无碍平叛大局，死几个人算什么，圣上必须先稳住台湾，等收拾了三藩，再回头对付台湾的郑经，不准片帆入海，这是朝廷既定的政令。于大人，听本王的，你签字画押后该杀的杀，该监禁的监禁，你还是朝廷的栋梁之材嘛。”

于成龙听罢康亲王的一番话，愤愤不平道:“王爷，微臣是替这些百姓们喊冤，如果是这样的话，就请亲王殿下撤了微臣的职吧，让微臣回到永宁，侍奉老母。”

“你……好你个于成龙，你是在威胁本王吗?”康亲王震怒道。

于成龙跪拜道:“王爷，微臣不敢。王爷，微臣可听说是王爷在陛下面前保举我，才让微臣当上了福建的按察使，既然王爷信任微臣，微臣怎么能辜负王爷和皇上的知遇之恩呢?如果只是签字，不问青红皂白，一律杀了这些通海犯，那王爷为何不保举别人而推荐微臣，无非是因为于成龙是清廉耿直的官员，如果微臣也和其他官员一样，那要微臣干什么?王爷，杀人容易，将来的丹青史书不会放过我们，良心也不会放过我们，得民心者得天下，为了大清千秋万世永享太平，就必须得拘于小节，王爷微臣求你了，让微臣去查吧。”

康亲王被于成龙的这番话感动，郑重道:“于大人，你要知道，你一旦重审，就意味着得罪总督、巡抚和布政使，如果你什么也没有查到，或者没有人犯被冤枉，不仅他们要怨你，同样也是在打本王的脸，如果查出果真有人被冤枉，本王一定奏明圣上，该处分的人一个也不会放过，这件案子的严重性，你要想清楚。”

于成龙信心满满道：“王爷，此案疑点重重，没有十足把握，微臣也不敢来见王爷，微臣代含冤受屈的百姓给王爷叩头了。”

于成龙激动地给康亲王叩首，康亲王上前将于成龙拉起来，欣慰道：“于大人，有你在，真是我大清之福，你也不是为了你自己，还是那句话，只要你找到证据，本王就一定法办。”

于成龙拜别康亲王，踌躇满志地走出了康亲王的行宫。

于成龙回到按察使衙门，纷纷传唤按察使衙门的各部官员，将所有通海人犯的卷宗都找出来，一一比对查验，将涉案人员一一过堂审问。

就在于成龙千头万绪的时候，一个身穿七品官服的人往按察使衙门大堂上走来，他的身后绑着一个身穿八品官服的人和一个末品小吏，被两名衙役押了上来。那穿着七品官服的人气宇轩昂，身材修长，眉目清秀，颇有几分书卷气，年龄大概四十余岁，英姿散发。

“下官闽县知县李中素拜见于大人。”闽县知县李中素携两名犯官一同跪拜。

于成龙甚为吃惊，从案前走出来，面对李中素激动道：“先生请起，先生乃荆楚名士，本官早有耳闻，不承想先生竟然做了闽县的知县。”

李中素站起来，面对于成龙深深鞠躬，道：“于大人，麻城是下官的家乡，下官代表黄州百姓感谢于大人为我黄州除害。”

于成龙道：“先生哪里话，成龙身为黄州知府这都是分内之事，不知先生前来所谓何事？”

于成龙瞅了瞅被捆绑的闽县县丞和典史，一副困惑的表情。

李中素叹道："于大人，这两位一位是闽县县丞，一位是闽县典史，下官也是最近才知道他二人假借通海之名敛财，闽县很多渔民无辜牵连，都是下官驭下无方，下官失察，今日将他二人绑来连同下官请于大人一同治罪。"

于成龙瞪了瞪典史贺铸，厉声道："你就是闽县典史贺铸？你可认识当地的里长马士恒和甲长赵有财？"

于成龙威名，贺铸早有耳闻，不敢撒谎，面对于成龙的威严，他连连磕头道："认识，于大人下官知罪。"

于成龙回头面对李元武道："去把关口村的杨再兴带上来。"

"是。"李元武大步往大堂外走去。

于成龙回到案前坐下来，对衙役吩咐道："给李大人搬一把椅子来。"

李中素拜谢后，坐在一旁。

少时，李元武押着杨再兴来到大堂上。

"草民杨再兴拜见于大人。"杨再兴面对于成龙跪拜道。

于成龙道："杨再兴，这个被五花大绑的人就是闽县典史贺铸，你可与他对质。"

杨再兴面对贺铸，怒火难平，推了推贺铸，激动不已道："你这个狗官，为什么要和马士恒一起害我们一家？如果不是遇上于大人，可能我们一家都人头落地了，你的良心被狗吃了？你不怕我死了变成鬼找你索命吗？"

此刻的贺铸自知理亏，不敢说话，就这样被杨再兴拉来推去，像一个软柿子。

于成龙拍了拍惊堂木，道："杨再兴，公堂之上休要咆哮，本官自会为你主持公道。"

杨再兴这才撒手，一副恨不得要吃了贺铸的样子。

于成龙面对贺铸道："贺铸，本官接下来要问你的话，你可要如实回答，本官的手段想必你早有耳闻，如有欺瞒，本官定当严惩不贷，知否？"

"下官一定知无不言。"贺铸吓得一脸冷汗，战战兢兢道。

于成龙道："关口村村民杨再兴控诉你，收了当地里长马士恒的贿赂，诬告杨再兴一家通海，其目的是要私吞杨再兴家的产业，可有此事？"

"确有此事，下官愿意认罪伏法。"贺铸瑟瑟发抖道。

于成龙对一旁负责记录的文书道："你把供词拿给贺铸看，没有问题让他画押。"

文书将供词拿到了贺铸面前，并准备好了笔和印泥，贺铸匆匆阅览后，便画押按了指印。

李中素随即起身，将另一份供词放在了于成龙的公案上，道："于大人，这是县丞冯端的供词，他已经画押，请于大人一并处置。"

于成龙阅后，一阵苦笑，拍案而起，震怒道："冯端，你这狗官呀，还真是狗官，你一个小小的八品县丞，竟然贪污白银五十万两，你真的该死呀。"

县丞冯端吓得脸色煞白，连连乞求道："于大人饶命啊。"

"来人，将冯端给我关起来，等我审理完通海案后，和通海人犯一起问斩，所贪污钱财全部充公，捐给布政使司衙门作为开办学堂的公费。”于成龙愤怒道。

随后上来两名衙役将冯端带了下去。

“于大人，饶命啊。”贺铸吓得腿软，一屁股坐下去，向于成龙请求道。

于成龙拍了拍惊堂木，道：“贺铸身为命官，知法犯法，根据大清律例判其剥夺官职，判处十五年监禁，贪墨财产全部充公。杨再兴一家全部无罪释放。”

贺铸被衙役带了下去。

杨再兴心中的怒火终于得以释放，面对于成龙连连拜谢道：“于大人，于青天，小人叩谢于大人再造之恩。”

杨再兴给于成龙磕了几个响头，于成龙深感受宠若惊，连忙从公案前走出来，将杨再兴扶起来，欣慰道：“你不要谢我，这些都是本官应尽的本分，你回到家里从此要安守本分，安生过日子。”

“多谢于大人教诲，小人告退。”杨再兴很激动，激动得手舞足蹈，几乎要跳起来，他感觉浑身都很轻松，他俯身拜了拜于成龙，就往按察使衙门外走去。

一旁的李中素感慨道：“福建百姓有于大人，真是他们的幸运啊。”

于成龙侧过身来，李中素忙站起身来面对于成龙拱手道：“于大人，此案下官也有罪，下官毕竟是闽县的知县，下官请求辞去闽县知县之职，请于大人批准。”

于成龙宽慰道：“李先生，你素来爱民如子，本官早有耳闻，犯官之事与你无碍，你何故要辞官？寒了闽县百姓的心？”

李中素道：“这些年来，下官已经厌倦了官场的钩心斗角，早就心生退意，请于大人成全。”

于成龙恍然大悟，道：“先生，你既无意为官，本官不会勉强你，我去找布政使董大人，听听他的意见，如果先生真的辞官，可愿意到成龙身边来做我的幕宾？先生饱读诗书、满腹经纶，可堪大用，你我一起为百姓做事？”

李中素大为欣喜，道：“于大人这样一说，学生正有此意，学生自幼和大人一样有澄清天下的大志，学生年近半百，做了几十年末品小官，眼看就要到头了，跟着大人或许能一展平生所学，只要大人不嫌弃，学生愿效犬马之劳。”

于成龙欣慰道：“甚好，我这就去安排。”

大堂上的朝卿这时候又想起了朝夕相处十几年的王怀民，从李中素的身上他又看到了王怀民的影子。不免念旧的朝卿，有些伤感，往后衙走去。

经过长达半个月的审理，通海案已经全部查清，被冤枉的有五百人之多。于成龙带着案犯口供再次来行宫见康亲王，不巧的是总督、巡抚和布政使都在场。

于成龙小心翼翼地将一沓供词呈给康亲王，康亲王随意翻了几份，脸色越发难看，震惊道：“竟然有这么多？”

于成龙道：“王爷，被冤枉人数有五百人之多，这里的供词只是一部分，他们部分犯官微臣已经依律量刑。”

康亲王内疚道：“是本王对不起他们呀，差点就酿成悲剧。”

坐在巡抚吴兴祚身边的布政使董国璋如坐针毡，坐立不安，面对于成龙和康亲王，他感到羞愧难当，十分尴尬。

董国璋起身，面对康亲王伏地跪道：“王爷，是下官失职，下官作为这件案子的主审官难辞其咎，请王爷降罪。”

巡抚吴兴祚、总督姚启圣也随之起身，朝康亲王跪拜，异口同声道：“臣等有罪，请王爷一并论处。”

康亲王起身，亲自俯身将总督和巡抚扶起来，道：“二位大人平乱有功，这件案子如果有罪，本王也难辞其咎，本王将案子如实汇报给圣上，请圣上裁决。”

这一刻，于成龙终于松了一口气，通海案总算有了结果。

经康亲王上奏朝廷，皇帝下旨总督姚启圣、巡抚吴兴祚监督不力，罚俸一年。时任福建按察使的董国璋被贬官，从布政使一职贬官福建泉州府知府。按察副使陈学用被贬长汀知县。因通海案无辜牵连的五百名渔民全部释放，有两百多人被判处死刑，其余数千罪犯或被发配，或被监禁。闽县知县李中素被罢免知县，留在于成龙身边做了幕宾。

百姓平安归家以后，于成龙还发布了《简讼省刑檄》等告示，要求福建全省各府、州、县，在农忙春耕时节，一律不准受理其民间诉讼。

于成龙道：“讼狱为民命攸关，听断谳决，务合情罪，使民无冤，然后能使民无犯。”

这是司法的总原则，是律法的底线。官府应审清案子的全过程，依法公平判决，使百姓冤屈尽量缩减到零。朝廷法度神圣不可侵犯，是庄严的，是威严的，百姓认识到这一点自然不敢再知法犯法，至少不敢再轻易地以身试法。于成龙重新认识到按察使的职责，也就是分内之事、本职工作，按察使是主管全省的司法工作。

“简讼省刑”是皇帝发布的敕令，是司法的总原则，其实也相当于现代的宪法，一些基本法都是从宪法上提炼出来的，“简讼省刑”相对来说，也正是清朝时期的宪法。

于成龙道：“刑期无刑，圣意即经意也。”

大致意思是说，执行律法的最终目的是希望无人触犯律法，这一理念也正是儒家思想的体现。

于成龙又道：“值今时届农忙，乱后孑遗，方得归农乐业，大小衙门俱应停讼。”民间一些民事纠纷，一些鸡毛蒜皮的小事，甚至微不足道，陈芝麻烂谷子的旧事都抢着告到官府。

于成龙给官府的指令是不准受理，不准拘押人犯，骚扰百姓，从而贻误农业的正常生产。然而，上级派下来的重大案件需严肃对待，不准有半点马虎。审判官员必须公正公平地处理案件，不允许严刑逼供，更不允许徇私枉法，有意偏袒亲故。于成龙是从最基层的知县升上来的，当然对下情是了如指掌，尤其是衙门里办案存在的弊端。于成龙对下属一向都说恩威并用，立功则赏、有罪则罚。如下属官员“拟议妥确，狱不兹烦”，于成龙也会以此作为官吏的考核成绩。如下属“苛酷淫刑，草菅民命，徇私卖法，巧为轻重”，于成龙将为民平反，并严惩其责任官员。于成龙之所以选择避轻就重，并不是于成龙不负责任，小案子就不办了，这实在是他的权宜之计，为的是权衡利弊，小案子不是不受理，而是尽量不受理一些微不足道的案子，尤其是在农忙时节。很多地方官员以此为借口中饱私囊，收受被告人的贿赂，以求能够破财免灾。最后，无法避免的就是徇私枉法、残害无辜生命，说得不好听点就是草菅人命。这是很多基层官府的通病，百姓们的官司得不到申诉，反而还会被反咬一口、深受其害。

于成龙下令“停讼”，真正目的是要变相束缚那些贪官污吏的手脚，让他们不再有机会作恶。按察使一职还有一条非常重要的职责，就是监督和管理官员。有点像现代的检察院检察长一般，拥有起诉、惩治官员的权力。于成龙当下要做的就是澄清吏治，举荐和奖励清廉之官员，同时也要严肃惩罚那些赃官。

于成龙随后便发布了《严戢衙蠹檄》，文中指出，“衙役犯赃，首严功令。本司法纪攸司，剔蠹除奸，尤为急务。”

于成龙称其自上任以来，便开始履行按察使这一职责，对福建全省各衙门官吏进行明察暗访。调查结果显示，福建省向来是“丛奸薮恶”，地方上利用天高皇帝远的地理优势，常常上演官匪勾结，草菅人命的恶劣行径。其间，于成龙已经查到了很多这样的事实，其中就有一例：在采购军需时，有些人会在其中滥加杂派；征调差役时，这些人会卖富差贫，从中取利；处理诉讼案件时，他们会唯利是图，是非颠倒、扭曲事实。自己本应当立即指名锁拿这些衙蠹，揭发参劾这些贪官，但考虑到地方连遭战乱，法纪废弛，对犯法的官吏也没有三令五申，及时教育，所以这次姑且从宽处理，既往不咎。希望这些官吏“痛改前非，洗心易辙，奉公守法，保守身家”，如果怙恶不悛，继续作恶，那绝对不会“宽假”，官员要以“贪纵揭参”，衙役要以大法重处。

于成龙颁布这一条例，重在警告，对那些尚在为祸人间的官员起到了威慑作用。对于按察使衙门里的“衙蠹”问题，于成龙也有自己的一套独立法子。按察使衙门派下去到地方上公差的衙役们，常常也会狗仗人势、仗势欺人，以上官的名义，向下级官员勒索财物，甚至是作奸犯科。下级官员也因此受到一些不同程度的干扰，很多于成龙的指令都不能很好地得到传达和执行。

于成龙再一次颁发了《申饬差扰檄》，内容有几个方面。一方面严厉谴责各级官员玩忽职守，不能够按时完成朝廷下达的公务。另一方面于成龙已然调查出按察使衙门确有作奸犯科之人，鉴于没有证据，一直没有对这些人采取行动，但是，下级官吏如逮住这些人的证据可以据实上呈，并将那些威胁、勒索下级官员的差役押至按察使衙门，按察使衙门将依法重处。当然，如果下级官员投鼠忌器、畏首畏尾，不敢冒犯上级差役，也可以秘密写信给于成龙，于成龙将另行设法捉拿罪犯。还很有一些既不敢公然冒犯上级差役，又不敢书信给于成龙，那么原因就只有一条，下级官吏有把柄握在他们手上。于成龙对于这种情况是要严惩的，相信双方都难逃罪责。

于成龙道："法在必行，务必恪遵。本司将以此杀杀该府的不正之风！"

意思是说，揭发上级差役的确需要一些胆量跟魄力，于成龙这样做大概也是在考量哪些官员是无能之辈，哪些官员是刚正不阿的清正作风。以此结果，再行委以重任和另行撤处。于成龙为了提高衙门的办事效率，还想到了两种别出心裁的好方法，第一种是"风火雷三催号票"，创造了风、火、雷三种号票，一种比一种急迫，用于催办公务。如果"雷票"发下，还不能如期完成，那就要派差役捉拿相关官员问罪。这种方法，免不了仍要派遣差役，即使是奉公守法的好差役，到了下级地方，也会有一番接待应酬，花地方上许多钱。鉴于这个问题，于成龙又创造出了一种木签，在木签上注明期限，随公文发往各地，这样就不必派遣差役了。木签一到，说明事件紧急，必须按期完成。办事的“经承”，完事后拿着木签到省交令。如“事已妥当，不烦驳诘”，该“经承”可以法外从宽，不受追究。如果“苟且塞责，仍不能完结”，要对“经承”进行“责惩”，还要派差役押回去重新办理。如地方官府收到木签，置之不理，到期不报，就要选派差役星夜锁拿办事的“经承”，并以“违玩职名”罪揭报该地方官员。

第十一章

再获卓异

康熙十八年（1679），按照朝廷以往的惯例，这又将是地方官员的“大计”之年，地方官吏将靠皇上颁发的卓异得到升迁。

于成龙自从担任福建按察使以来，福建的吏治得到了根本性的治理，官场风气也大为改善，这些都依仗于成龙之功。总督姚启圣和巡抚吴兴祚跟随康亲王平叛期间，于成龙将福建事务打理得井井有条，这让督抚很欣慰，也让康亲王深感满意。

这一年，总督姚启圣和巡抚吴兴祚联名保举于成龙为福建省卓异。这是于成龙出仕以来第三次荣获卓异。

督抚给于成龙的批语写道：“成龙执法决狱，不徇情面，屡申冤抑，案牍无停，不滥准一词，不轻差一役，而刁讼风息，扰害弊除。捐增监狱口粮，遍济病囚医药，倡赎被掠良民子女数百口，资给路费遣归。屏绝所属馈送，性甘淡泊，吏畏民怀。为闽省廉能第一。”

康熙十八年（1679）九月，康熙皇帝下旨封于成龙为福建布政使，圣旨写道：“于成龙清介自持，才能素著，允称卓异，升福建布政使。”

于成龙上任福建布政使的那天早上，总督姚启圣和巡抚吴兴祚亲自到布政使司衙门迎候于成龙。

于成龙坐着官轿而来，八抬大轿，李中素、朝卿、李元武骑马走在于成龙官轿的后面。总督姚启圣和巡抚吴兴祚早就在布政使衙门口等着他，督抚就站在他们的官轿前面。于成龙的轿子缓缓停在了督抚面前，轿夫压轿后，一名轿夫为于成龙掀开了轿帘，于成龙从轿子上走下来。李元武、李中素、朝卿也从马背上下来，来到于成龙的面前，马儿被布政使衙门口的差官们牵走。

“于成龙拜见总督大人、巡抚大人。”于成龙上前施礼道。

“见过两位大人。”李元武、李中素、朝卿异口同声朝督抚作揖道。

总督姚启圣迎面拱手笑道：“诸位免礼，于大人恭喜你呀，来福建不到一年时间就从臬司衙门升到了藩司衙门，可喜可贺啊。”

于成龙道：“两位大人，成龙深感肩上的担子更重了，何来的喜啊？这都是两位大人保举，康亲王抬爱，圣上隆恩，成龙才有今天，只怕成龙日后要更加勤勉政事。”

巡抚吴兴祚欣慰道：“有你于大人在福建，我和姚大人也能少操点心，日后福建一省的赋税和人事就仰仗于大人了。你的身边有中素和元武，一文一武，他们都是你的得力干将，你以后做起事来也更加如鱼得水啊。”

李中素面对姚启圣和吴兴祚，再次打恭礼道：“卑职一定尽心尽力，以赎闽县之罪。”

姚启圣欣慰地点了点头。

李中素、李元武、朝卿开始把马车运来的家当往布政使衙门的后衙搬，布政使衙门的衙役们也上前搭手。

姚启圣、吴兴祚和于成龙一起往布政使衙门走去。

姚启圣面对于成龙道：“于大人，我和吴大人今天来，除了恭喜你荣升布政使，还有一件大事需要你立马着手办理，数万八旗将军此刻正驻扎在福建，将士们要吃饭，马儿要吃草，作为布政使，你的任务艰巨啊，王爷让你立刻在全省征调莝夫，以供军营之用，一旦战事开启，恐来不及。”

于成龙忧虑道：“两位大人，福建靖南王耿精忠叛乱以来，福建百姓生活在水深火热中，已经民不聊生，此时再征调莝夫，不仅有碍民生，还有可能引发官逼民反啊！”

巡抚吴兴祚叹道：“哎，于大人，你说的情况，我和姚大人都明白，康亲王也明白，但是军令如山啊，现在福建省一些政令都要为平定大局服务，官兵和战马吃不饱，如何打仗？于大人，你也不要有畏难情绪，今天我和姚大人专门为此事而来，你准备好了就着手安排吧，我和姚大人就先回去了，过不了几天又要和康亲王出征了。”

总督姚启圣和巡抚吴兴祚转身便走，于成龙则左右为难，道：“可是……”

于成龙欲言又止。

垂头丧气的于成龙往后衙走去，碰到李中素，李中素见于成龙一脸愁容，忙道：“于大人，刚才二位大人跟你说了什么？”

于成龙唉声叹气，道：“现在福建满目疮痍，他们竟然让我在福建征调莝夫，免不了民怨沸腾啊。”

李中素道:“福建户口、税务、钱粮之事,于大人不妨先将布政司衙门的参政叫来,先了解福建的具体情况,我们再做合计。”

于成龙恍然大悟,道:“也好,我倒要看看现在福建登记在册的青壮年有多少可用。李先生你去吧,去把参政大人叫来,说我在议事厅等他。”

“学生这就去。”李中素急急忙忙往外面走去。

于成龙坐在布政司衙门的议事厅里,焦急地等待着,此时的于成龙感到压力很大,愁眉苦脸,他一碗接一碗地喝茶。

参政跟着李中素来到于成龙的面前,面对于成龙行了屈膝礼,道:“下官毕全安拜见于大人。”

于成龙道:“毕大人请起,本官刚刚上任福建布政使对福建人丁户籍之事尚不清楚,毕大人可与本官说说?”

参政毕全安道:“福建全省原有总人口约750余万,这几年打仗,人口锐减至480万人。福建的税收主要集中在沿海一带城镇,这两年朝廷颁发禁海令以来,税收根本收不上来,比禁海前少了七成,加上福建连连征战,就连官府用度也难以为继。”

于成龙一筹莫展地望着李中素,道:“看来福建的情形比我想象的还要严重啊。”

李中素问毕全安道:“毕大人,现在福建能征用莝夫的人有多少?”

毕全安道:“于大人,几天前巡抚吴大人为此事专门来找过我,我说等于大人上任后再拿主意,我也专门让户籍官员查了一下,福建十六岁以上三十岁以下的人口约有80万人,加上官府征兵,耿精忠在福建境内抓的壮丁,剩下的青壮年也不多了,即便有大多数都是独生子，承担起养家糊口的重担，根本就抽不出来。”

于成龙道：“看来福建的老龄化很严重。”

李中素道：“是呀于大人，如果征调这些要养家糊口的男丁，他们一家人的生计怎么办？关键问题是，现在朝廷和官府要养兵，没有办法给这些莝夫发放薪银，谁能来义务当差？”

于成龙一筹莫展道：“不知毕大人和李先生有何高见？”

毕全安也一筹莫展。

李中素沉思片刻，道：“于大人，既然是康亲王的旨意，我等臣子就不能不办。我看于大人可尽量争取少征调莝夫，以此缓解民生压力。于大人在审理通海案犯上，对福建的老百姓有恩，不妨对他们动之以情，说服各家自愿派出青壮年充当莝夫，遗憾的是现在打仗，福州城里的富商都跑光了，不然还能说动大家进行募捐。”

于成龙感叹道：“是呀，能争取尽量少征调莝夫，就已经对得起福建百姓了。”

“报，不好了，于大人，城南布庄丁掌柜被八旗兵打死了，福州知府巩大人正在现场，请于大人马上过去一趟。”一名福州府的衙役急急忙忙跑进来通报道。

在场的众人皆惊，于成龙震怒，拍案而起道：“什么？元武跟我出去一趟。”

李元武携剑从里面走出来，和于成龙、李中素一起带着一支衙役往大街上跑去。

城南丁氏布庄如同被洗劫一般，里面七零八落，布匹散落一地，店铺里的一应器物被砸的满地都是，一片狼藉，丁掌柜被打死在店里，店小二蹲在墙角痛哭，被吓破了胆。布庄被福州府衙的差官们团团围住，仵作正在验尸，知府巩好义在一旁急得团团转。

“布政使于大人到。”衙役通报道。

李元武负责给于成龙开路，李中素紧随于成龙的身后。

“下官拜见于大人。”巩好义面对于成龙行了屈膝礼。

于成龙道：“巩大人免礼，怎么回事？”

巩好义深感为难道：“是城里的八旗兵，他们抢了店里的布匹，硬将丁掌柜的独子带到军营里充当埊夫，丁掌柜的儿子才十四岁，丁掌柜不肯，上前理论，最后被他们打死，现在仵作正在验尸。”

于成龙震怒道：“真是岂有此理。”

仵作从店内走出来，面对知府道：“大人，死者是被撞击头部致死。死者的后脑勺有个很大的口子，他们下手真狠呀。”

于成龙脸色铁青，面对知府巩好义道：“巩大人，你将此案详细记录，采集目击者口供，再移交布政司衙门，这件案子你就不要管了。”

“是，下官告退。”福州知府朝于成龙拱手道。

知府巩好义带着知府衙门的衙役离开了命案现场。

于成龙面对布政司衙门的差官吩咐道：“来人，将死者丁掌柜抬走。”

随之上来几名衙役将丁掌柜的遗体抬了出去。

李中素道：“于大人，你想怎么管？这件案子除了康亲王点头，总督和巡抚也不敢过问啊。”

于成龙愤懑道：“本官还没有对福建各级衙门下达征调埊夫的命令，怎么八旗兵自己动手了？本官倒想弄明白康亲王到底知不知情。”

“于大人，依学生之见，康王爷并不知情，肯定是有人违抗军令，擅自扰乱地方。”李中素坚信道。

于成龙又问李元武道：“元武，依你之见呢？”

李元武道：“于大人，俗话说捉贼拿赃，你要告八旗军营的将士行凶，你就必须把丁掌柜的尸体抬到康亲王面前，死者就是人证，康亲王也能以此为鉴，于大人可趁机向康亲王进言少征调垄夫。”

李中素道：“元武这个提议好，康亲王向来军纪严明，如果知道此事，必将肇事者绳之以法，而丁掌柜的尸体就是最好的证据。”

于成龙决心谏言康亲王，抬着丁掌柜的尸体就往康亲王的行宫走。这时候，朝卿匆匆赶来，堵住了于成龙的去路，急道：“老爷，闽县知县祖寅亮、侯官县知县姚震二位大人说有紧急公务求见大人，现在人正在布政司衙门等候。”

于成龙推开朝卿，道：“等我回来再说，我们现在有更紧要的事情。”

朝卿再次拦下于成龙，急道：“老爷，你就先去见二位大人吧，看他们的样子好像有什么急事。”

李元武道：“大人，要不我们就先回衙门见这二位大人，万一他们有急事呢，见完后我们再去找康王爷也不迟啊。”

“也罢。”于成龙无奈地掉转方向，往布政司衙门走去。

于成龙一行刚回到衙门口，两县知县就迫不及待地围上去，面对于成龙跪了下来，异口同声乞求道：“于大人，救救我们吧。”

于成龙道：“有什么事，你们慢慢说。”

那侯官县知县姚震满腹委屈，道：“于大人，下官是侯官县知县姚震，几天前的正月十七，有一支八旗官兵大概有二十多人跑到我县衙闹，逼迫下官征调莝夫，还提出一些苛刻的要求，下官不肯，他们就将下官一阵痛打，你看下官的手臂上还有伤。”

姚震将袖子挽起来给于成龙看。

“于大人，你看还有我，下官的脖子上还有被他们掐的瘀痕，怎么说我们也是堂堂朝廷七品命官，这叫什么事儿啊？”闽县知县祖寅亮将脖子撇开给于成龙看。

“于大人，现在福建各地均遭到兵营骚扰，百姓怨声载道，他们上万言书请求罢免征调莝夫，街行罢市，下官担心激起民变啊。”姚震道。

李元武将二位知县扶起来，于成龙道：“万言书带上了吗？”

姚震将袖筒里的万言书取出来，递给于成龙，于成龙阅后愤怒道：“走，姚大人、祖大人，你们跟我一起去见康亲王。”

于成龙回到衙内，奋笔疾书，当即写下《公上康亲王求罢莝夫启》，随身携带，前往行宫见康亲王。

康亲王杰书在行宫书房里看《孙子兵法》，看着看着有了些许困意，便用右边托着头打盹，就在他朦朦欲睡时，被行宫外面的吵闹声给吵醒了。

康亲王十分震怒，从书桌前走出来，来到书房门口，面对护卫吼道：“外面在干什么，怎么这么吵？像是菜市场打架的！”

一名卫兵急急忙忙跑到康亲王的面前，跪拜道：“王爷息怒，是福建布政使于大人，他带着侯官县知县和闽县知县要见王爷，还抬着一具尸体，小的不让进，他们要硬闯。”

康亲王气愤道：“真是岂有此理。”

康亲王往行宫外面走去，一队护卫紧紧跟随。

“于成龙，你好大的胆子，你想干什么？”康亲王气势汹汹走出行宫吼道。

于成龙、姚震、祖寅亮、李元武、李中素、朝卿及在场所有人全部跪在了康亲王面前。那丁掌柜的尸体就放在于成龙的身后，于成龙从怀里将《万言书》和《公上康亲王求罢莝夫启》拿了出来，并高高举起。

于成龙高声大喊道：“于成龙启奏康亲王，八旗官兵在城里杀人，于成龙抬着受害者尸体请王爷为死者做主，这是侯官县百姓上的《万言书》和臣写的《公上康亲王求罢莝夫启》，速请王爷纳谏。”

围观的百姓很多，有数百人，于成龙当众让康亲王纳谏，让康亲王很难堪，尴尬难当，恨不得找个缝钻进去，康亲王面对于成龙的咄咄逼人，在众目睽睽之下，骑虎难下。

“把于成龙和两名知县给我带进来。”康亲王气急败坏，拂袖而去。

于成龙闹出这么大的动静，惊动了总督姚启圣和巡抚吴兴祚，他们闻讯赶来。见于成龙抬着一具尸体见康亲王，也是又恼又无奈。

巡抚吴兴祚走到于成龙面前，指责道：“于大人，你这是干什么？你不想要脑袋了？”

于成龙不知收敛，反而大声吵闹道：“如果康王爷不处理杀人犯，我于成龙也不要这个脑袋了。”

总督姚启圣对于成龙无可奈何，行宫的卫士将于成龙和两名知县都押了进去，李元武、李中素和朝卿被挡在外面，束手无策。

丁掌柜的尸体也被卫兵抬了进去，总督和巡抚也只好跟了进去。

“完了，完了，老爷这次死定了。”朝卿急得如热锅上的蚂蚁，急得直跺脚。

李元武忧虑道：“于大人这次会不会有事？他这样当众让王爷难堪，不知轻重啊。”

李中素则一脸肯定道：“不会，康王爷、总督姚大人、巡抚吴大人，他们都是当世豪杰，是不会因为此事而要于大人脑袋的，丁掌柜之死证据确凿，又有侯官县百姓的万言书，康王爷也不能不处理，只是于大人的《公上康亲王求罢莝夫启》恐怕会惹恼康王爷。”

朝卿急哭了，道：“老爷，你可不能出事啊，你要是有事，我怎么和来堡村的乡亲们交代啊。”

在场的百姓无不为于成龙抱屈。

“于大人是为民请命的好官啊。”

“如果他们要杀于大人，我们是不会同意的。”

在场过路的老百姓一个个七嘴八舌地议论起来。

康亲王怒气冲冲地回到行宫的大殿上，一屁股坐下来，面对护卫喊道：“把于成龙给我带上来。”

于成龙和两名知县被行营中的护卫押了上来，刀还架在脖子上，康亲王面对护卫挥了挥手，示意他们下去。这时候总督和巡抚也跟着进来，面对康亲王行了屈膝礼，康亲王招呼他们坐在一旁，此时的总督和巡抚对于成龙刚才的冒失捏一把汗。

康亲王拍了拍桌子，震怒道：“于成龙，你到底想怎么样？你说清楚。”

于成龙义愤填膺，道：“王爷，刚刚微臣抬上来的那具尸体是布庄丁掌柜，他被八旗官兵打死了，在场的老百姓都看到了，福州知府不敢管，微臣这才来见王爷，请王爷主持公道。”

康亲王正要开口，有官兵突然来报：“启禀王爷，福州知府求见。”

“宣他进来。”

少时，福州知府巩好义带着目击者的证词来到了康亲王的面前，行了屈膝礼。

巩好义将证词递到康亲王面前，道：“王爷，这是微臣向目击证录的证词，请王爷过目。”

康亲王将证词接过一看，脸色铁青道：“胆大包天，你们知道是哪部分的吗？”

于成龙道：“王爷，微臣已经打听清楚了，是正红旗五甲喇二牛录的兵。”

侯官县知县姚震委屈道：“王爷，下官乃侯官县知县姚震，竟然有军营里的人闯入县衙，强行让下官征调莝夫，还把下官打了个半死，现在下官的手臂上还有伤痕。”姚震挽起衣袖给康亲王看。

“还有我，王爷，微臣是闽县知县祖寅亮，下官和姚大人有同样的遭遇，下官差点被他们掐死，脖子上还有瘀痕。”祖寅亮将领口解开。

康亲王站起来走到他们面前，一看究竟，总督姚启圣和巡抚吴兴祚也伸长了脖子详看。

康亲王脸色越发难看，面对于成龙道：“于大人，你不是有什么《万言书》给我吗？”

于成龙忙把侯官百姓的《万言书》递给康亲王，康亲王迅速浏览《万言书》，愤怒道：“这帮人本王三天不教训他们就要上房揭瓦，于大人这件案子本王一定会为冤死的丁掌柜讨回公道。”

于成龙连忙跪拜道：“微臣谢王爷。”

康亲王面对两位知县道：“你们的诉求本王已经知道了，你们先回去吧，以后没人敢去县衙闹事了。”

两位知县再次向康亲王行了屈膝礼后，缓缓退出去。

康亲王面对巡抚吴兴祚道：“吴大人，我让你交代于大人征调莝夫的事情你交代了吗？”

巡抚吴兴祚起身回话道：“王爷，微臣已经给于大人说了。”

于成龙随之从身上拿出《公上康亲王求罢莝夫启》，面呈康亲王道：“王爷，这是微臣给王爷上书的求罢莝夫启，微臣已经在里面详细地说明了福建的情况，求王爷三思啊。”

康亲王听罢，瞬间变了脸色，怒斥道：“现在战事吃紧，台湾随时都有可能攻过来，你还在莝夫上跟本王谈条件，于成龙贻误军机，你长了几个脑袋?!”

于成龙见康亲王震怒，再次俯首跪拜，情绪激昂道：“王爷，微臣求你看看吧，微臣没有任何私心，微臣也是为了朝廷和百姓，你看在臣以风烛残年之躯为国家效力的份上，看看吧。”

康亲王见于成龙一片至诚，只好接过去，翻上一翻。于成龙在奏章中指出：国家之安危，在于人心之得失，孟子曰：得天下有道，得其民斯得天下矣。得其民有道，得其心斯得其民矣。得其心有道，所欲与之、聚之，所恶勿施尔也。是国与民相倚之切，千古诚不可诬，载诸简册，可考而知也。

康亲王表情沉重，道：“于大人，依你之见该当如何？”

于成龙道：“至少将征调莝夫的人数减一半下来，根据每家每户的情况再行征调，首先一条，不能伤害民生。”

康亲王摆了摆手，道：“也罢，你们都下去吧，征调莝夫全权由于大人料理，本王只看结果，你们都下去吧，丁掌柜被杀一案，本王一定给老百姓一个交代。”

事情办成了，总督和巡抚也没有指责于成龙，对于成龙的为人反倒多了几分敬畏。康亲王彻查了此案，打死丁掌柜的将官被判了死刑，康亲王亲自向死者亲属道歉并赔偿。于成龙也如愿将征调莝夫的人数减了一大半，减轻了百姓的负担，也赢得了福建百姓的心。

康熙十九年（1680）初，福建泉州米价猛涨，百姓已无力消费，也难怪战争年代，粮食产量本来就少，物以稀为贵。总督姚启圣为此也是伤透了脑筋，上奏康熙皇帝，请求赈济福建百姓。姚启圣本人还是很有经济头脑的，而且商业天赋极深，曾经被罢官现居的日子里，也曾经商致富，发达过。在三藩之乱期间，姚启圣作为私人也向军队捐献出数万两的白银。然而，这次泉州灾荒，姚启圣也是毫不犹豫地捐出白银五千两，姚启圣只是起到了带头作用，既然他都带头捐了，福建省各官员也不好不捐，就算是给姚启圣面子，但是姚启圣可不是随着官员们的性子，想捐多少都行，他是下达的严令，福建下级各官府必须筹齐五千两，加上他的五千两，共计一万两白银。用这一万两的白银在省城福州买下五六千石的大米，火速送达泉州。总督作出了表率，那么下面的巡抚、布政使、按察使这些省内大吏也是在所难免的，应该说是义不容辞。巡抚吴兴祚是位廉洁奉公的好官，他除了俸禄并没有多余的财产，所以拿不出钱来捐给灾民，于是就令三府延平、建宁、邵武购买四万石的粮食，运送泉州赈灾。为了更好地赈灾，吴兴祚又从即将到来的军饷中扣留三万两用来买米。总督和巡抚在上面下达命令，下面的人就要忙得不可开交了，这几项任务主要是于成龙在全权负责实施。总督和巡抚在赈灾这一问题上应对积极，可谓精神可嘉，但是方法上却略显有误，于成龙在实施过程中还是很有难处，便自己想出一个办法。泉州的米价上涨，其他地方也跟着上涨，福州也不例外，而且上涨的幅度还很大。如果此时在省城大量购米，导致省城粮店空虚，那么势必会引起省城米价上涨，后果可能会和泉州等地一样。如果等待外省运米过来，那么时不以待，远水救不了近火。

于成龙提议，应该改买米为借米，恳求巡抚吴兴祚下令，从粮道手中借出康熙十九年下半年的储备粮，闽县准备一千石，侯官县预备两千石，于成龙自己再想办法筹足两千石，拼凑五千石，先行运至泉州府。等外省来的救灾粮食到了以后，再用来填补康熙十九年下半年的储备粮仓。于成龙果断实施，应对、处理得当，福州的奸商也并没有得逞，米价便很快回落下去。当时的姚启圣正处在外地，对泉州情况并不是很了解，所以，这才下了一道糊涂令，一味地催办官员到外省购米、捐钱。

于成龙当时还给姚启圣写过一封名为“上姚制台议捐济禀”的书信，在信中细述了福州的实际情况，说明自己不愿买米的理由。于成龙道：一方面福州工商业者多，农民少，大家都靠买米生活，如果米价飞涨，百姓们生活难以保障。二方面福州驻军每月消耗料谷两万石，每石折银只有六钱五分，远远低于市价，购买料谷已经费尽委曲，十分艰难，如果米价再涨，则军队每月两万石的料谷就不可能买齐。三方面总督给各司道府派下来五千两银子的捐款，因为官员们经济拮据，负债累累，完成十分困难，逼急了只能用非法手段向下属和百姓摊派了。于成龙在这里列举了几位同僚困窘负债的例子。四方面目前福建的藩库十分匮乏，欠姚总督本人的一万两银子一直归还不了，军队每月还要消耗一万四千两，自己只能呕尽心血，东挪西补，实在不敢再支用新到的饷银买米了。

康熙十九年（1680），福建巡抚吴兴祚接到朝廷的命令，即刻率兵南征。这吴兴祚一走，福建驻扎官兵基本上尽数被调走，留守福建的官兵就不多了。于是，这稳定后方，成了一件大事，弄不好又将前功尽弃。后方不仅仅需要的是稳定，而是一个坚强的后盾，支援前线大军的后盾。包括负责前线将士的粮草供应、伤员救援等工作。

为了稳定后方，在吴兴祚出兵南征前，于成龙给吴兴祚上了《上吴抚台论闽疆事宜》一书，于成龙是科举出身的文人，给上司建言献策，一向都是以书信来往为主，久而久之也就成习惯了，到了哪里都喜欢给上司写上几笔提议。关于协助吴兴祚稳定后方，于成龙提出三方面的建议，一是福州是福建省的省府，一省的中心，从政治角度考虑，福州坚决不能出现任何问题，不能有任何形式的叛乱和骚动。于成龙道："闽民奸诡而好乱，多图侥幸，为不终朝之计。"逃兵、流寇都是福州潜在的危机，要从根本上遏制他们死灰复燃。于成龙建议吴兴祚，在出兵之前，先处决因叛乱被关押的重犯，来个杀一儆百，起到震慑作用。二是延平、建宁、邵武等府是福建的上游地区，是福建漕运的命脉。然而，这一方一向多为匪盗出没之地，危害地方。于成龙提议，希望吴兴祚临走前对该地区进行增兵设防，保障万无一失，防患于未然，以免酿成大祸。三是各军营将士战斗意志薄弱，是缺乏实战经历和训练所致，于成龙建议，出征之前，先操练兵马，鼓舞将士们的战斗士气，只有将士们士气高涨，才能立于不败之地。总督和巡抚外出作战了，这下于成龙就成了留守省城的最高行政长官，总揽福建省的军政大权。

于成龙恪尽职守，尽心尽力，在吴兴祚南征期间，福建省没有发生过一起骚动，于成龙也算是功不可没，这段时间，他尽量配合巡抚南征，做好后应工作，遭受战乱洗劫后的福建被于成龙打理的是井然有序。吴兴祚在前线也取得了一些战果，将士们在他的一致带领下，乘胜追击，三藩军队节节败退，为早日消灭三藩叛乱打下了坚实基础，为三藩叛乱的彻底覆灭而做出了巨大的贡献。

福建的叛乱已基本平定，康亲王这才有空外出闲逛，走访民情，他带着几个侍卫行走在福州城的大街小巷，东瞅瞅西瞧瞧，福州城逐渐恢复了生产秩序，他感到很欣慰。康亲王杰书在经过一座拱桥的拐弯处，见一个熟悉的面孔从当铺里面出来，这个人是朝卿，于成龙身边的下人，杰书认得，只见他裹着包袱垂头丧气地出了当铺的门。

“朝卿。”康亲王喊道。

朝卿猛一回头，见是康亲王，假装没看见，拔腿就跑。

“站住。”康亲王再次喊道。

几名侍卫将朝卿给围了起来。

康亲王走到朝卿的面前，问道：“朝卿，你怎么见到我就要跑?”

朝卿笑道：“原来是王爷啊，小的没有听见，请王爷恕罪。”

朝卿连忙放下包袱，给康亲王下跪磕头。

康亲王道：“朝卿，你且起来，本王问你，你手里拿的是什么?打开给本王看看。”

长卿一副委屈的样子道：“启禀王爷，我是来给我家老爷当衣服的，他已经几天没有吃上一顿像样的饭了!”

康亲王听罢，大吃一惊道：“于成龙这才刚刚被升为福建省布政使，好歹也是个从二品大员，朝廷每个月的俸禄有不少，为何会沦落到典当的地步，堂堂一个二品大员来当铺典当，要是民间知道，还不给朝廷丢人，到底是怎么回事，你给本王说清楚，说不清楚本王拿你是问。”

长卿无奈道：“老爷每次发了俸禄，就捐给穷人，剩下的钱都喝酒了，每天青菜萝卜，小的担心他的身体出问题。”

“走，带我去你家老爷那里看看。”康亲王面对朝卿吩咐道。

朝卿为难地带着康亲王往布政司衙门走去。

康亲王来到布政使衙门，此时的于成龙正在衙门口征收赋税，李中素负责登记，李元武领着衙役在一旁维持秩序。那朝卿正要通传，但是被康亲王制止了。康亲王躲在角落里没有现身，于成龙收税的整个过程，他都看在眼里，中间没有掺假的迹象，并没有像其他官吏那样征收火耗，日子才这样清贫，官员除了俸禄以外，还有火耗这一福利，可是朝廷给他的火耗福利他并没有要，像于成龙这样的官员是坚决不会榨取百姓血汗的，何况当时正是百废待兴的战后时期。于成龙见纳税的百姓都走得差不多了，时间已经过了晌午，李中素和李元武等人早已吃过饭，于成龙此刻已经饿得前胸贴后背，饥肠辘辘。

于成龙对李中素和李元武交代好工作，就回到房间里准备吃午饭。桌子上放着一碗玉米面熬的米粥，一碟萝卜干和一碟凉拌的野菜，这就是于成龙的午餐。于成龙饥饿难忍，坐下来，端起玉米粥海喝起来，一口气就喝了大半碗，就着桌子上的萝卜干下粥。

朝卿跟着康亲王悄无声息地出现在于成龙的身后，目睹了整个过程，此时已是泪流满面，不禁发出声音，惊动了于成龙。

于成龙回头见是康王爷，连忙放下碗，起身行了屈膝礼，道："不知王爷驾到有失远迎，请王爷恕罪。"

康亲王连忙将于成龙扶起来坐下，康亲王坐在于成龙的面前，眼泪翻滚道："于大人，你受苦了，你每天就吃这个？你上了年岁，这东西吃多了会要命的。"

于成龙道："王爷，于成龙本就是乡野之人，托王爷洪福才做到了二品大员，吃了几十年的糠粥，习惯了。"

康亲王感慨道："听说你从罗城一直就吃这东西，官场上都在传言你一年到头不知肉味，本王还不相信，没想到你的生活果真如此清贫，于大人本王代表皇上、代表朝廷感谢你呀，请受本王一拜。"

康亲王站起来，面对于成龙深深鞠了一躬。

于成龙连忙站起来，受宠若惊道："王爷，你这是折煞下官了，莫要行此大礼，微臣担当不起啊。"

于成龙搀扶着康亲王。

康亲王抹了抹眼泪，从袖子里掏出十两银子交到朝卿的手里，道："朝卿，你拿着这锭银子速办一桌酒席，送到这里来，要好酒好肉，剩下的钱你留着给你家老爷买酒。”

于成龙推辞道：“王爷，你到微臣这里来怎么能让你花钱呢。”

康亲王调侃道：“于大人，本王要你请客，你有吗？”

康亲王大笑。

朝卿转身就要往外面跑，康亲王道：“你买酒菜回来的时候，顺便把李中素先生和元武叫进来一起吃吧，他们两个一心一意跟着于大人，帮了本王不少忙。”

“是。”朝卿跑了出去。

于成龙一副难为情的样子，道：“王爷，让你请微臣吃饭，微臣于心不安啊。”

康亲王宽慰道：“于大人，你什么也不要说，今天我们就好好吃好好喝，来个不醉不归。”

朝卿用康亲王给的银子置办了一桌丰盛的酒菜，于成龙、康亲王、李中素、李元武、朝卿五人围坐在一起。

康亲王亲自为他们四位斟酒，被于成龙阻止，当康亲王执意亲自上手，一一为他们四人和自己斟满酒。

康亲王举起杯子，面对于成龙等人道：“于大人、李先生、元武、朝卿，本王代表朝廷和皇上敬你们一杯，感谢你们为我大清江山做出的贡献。”

康亲王亲自敬酒，他们哪里承受得起，众人连忙站起来，双手捧杯。于成龙受宠若惊道：“王爷，这些都是微臣的本分，怎么敢让你敬酒。”

康亲王伸出手，示意大家都坐下来，并将一杯酒一饮而尽。

康亲王豪迈道：“于大人，朝卿，元武，李先生，今天没有主仆，没有上下级，请大家吃饭是本王个人的心意，也是我个人的银子请你们吃的，大家尽管吃放心吃，本王知道这些年来于大人受苦了，你们也跟着于大人吃了不少苦，今儿就肆意放纵一回。”

于成龙面对三人点头示意，道：“既然是王爷盛情，大家就使劲吃吧。”

大家也顾不得吃相了，开始大口吃肉大口喝酒，康亲王感到很欣慰。

李元武面对康亲王道：“王爷，元武一介武夫，曾经也是落榜的秀才，曾经也想当官，但报国无门，自从跟了于大人，缉盗、扶贫、灭豪强，我李元武心甘情愿，我孑然一身，没有后顾之忧，跟着于大人也能为朝廷和百姓做点事情。王爷，小人敬你一杯。”

李元武一饮而尽。

李中素也起身面对康亲王敬酒，道：“王爷，闽县一任也能看出中素不是当官的料，跟着于大人，在于大人遇事时为他出出主意，也全了我报国之心。中素敬王爷一杯。”

李中素也一饮而尽。

康亲王感慨道：“遇上于大人真是大清之幸啊，如果大清朝多几个像于大人这样的清官，那就是百姓之福、朝廷之福，我大清何愁不兴！”

于成龙起身举杯回敬道：“王爷这番话让成龙汗颜啊，今日吃了王爷的酒菜，日后成龙定当更加勤政才能报答王爷的知遇之恩。”

这次酒桌上康亲王和于成龙两人结下了深厚的友谊，恰巧又在此时康熙皇帝火速召见康亲王回京，要求康亲王向他汇报福建省的情况。

康亲王在紫禁城南书房见到康熙皇帝以后，除了向皇帝汇报福建的情况外，也趁此机会向皇帝好好地举荐了于成龙。

面对康熙皇帝，康亲王感慨道："皇上，臣在福建发现了一位数百年难得一见的清官，要不是臣亲眼所见真不敢相信这天底下还会有这样的官员。"

康熙皇帝迫不及待地道："谁？你说谁？这位清官是谁，你给朕说说！"

康亲王百感交集道："当臣见到这位清官的时候真不知道是喜，还是忧。因为我大清有这样的官员臣都替皇上和大清感到高兴，但忧的是他心里从来就没有装自己的事，皇上给他的俸禄都全部捐给灾民了，自己好几天没有吃饭，家里值钱的东西都当完了，就几件破旧不堪的衣服和靠每天食用粗糠度日，他是福建布政使于成龙。"

康熙皇帝一听，随即从龙椅上站起来，惊讶道："于成龙，朕想起来了，就是以前在黄州府做过同知的于成龙？就是那个不战而屈人之兵的于成龙？就是那个以寡敌众的于成龙？他的事迹朕都听说过，想不到他不但是位干吏，还是位了不起的廉吏。"

康熙皇帝听后，也甚为震撼，天下当真有这样的廉吏，就连康熙皇帝自己都不敢相信，要不是于成龙公务缠身，康熙皇帝恨不得马上召见于成龙，会一会这个传闻中的廉吏。

由于康亲王杰书的一再保举，于成龙于康熙十九年（1680）二月，接到朝廷新的任命，升任直隶巡抚。

于成龙离开福州，前往河北保定上任时，福州百姓哭走相送，情形大致和黄州相同，他们舍不得于成龙，百姓们跟着于成龙的马车边走边哭，送至数十里，哭而还。福州城的百姓知道于成龙要走，很多商户竟然一整天不做生意，闭门谢客，也要为于成龙送行，他们将家里吃的用的装上整整几大筐，要送给于成龙路上用。于成龙没有拿福州百姓的一针一线，于成龙临行前留下一句："我于成龙拿着朝廷的俸禄，福州百姓就是我的衣食父母，儿子孝顺父母是应该的，当官为民做主是为官者的本分，乡亲们不要陷成龙于不义啊。"

于成龙的话感动了很多人，福建百姓为失去这样一位清官而感到痛心，于成龙离开后，福州城街行罢市数日。

于成龙离开了福建，在福建布政使衙门的大堂上，留下了"紫薇堂"三个大字，于成龙亲自撰写了一副对联，悬挂堂内。对联如下：

累万盈千，尽是朝廷正赋，倘有侵欺，谁替你披枷戴锁？
一丝半缕，无非百姓脂膏，不加珍惜，怎晓得男盗女娼！

一是治贪，二是杜绝浪费。于成龙的这副对联里，注入了他的毕生志向。

第十二章

封疆直隶

于成龙所担任的直隶巡抚，辖区包括：北京、天津、河北、河南、山东地区，清朝的直隶省是京畿之地，直接关乎皇室安危，这个位置很重要。直隶巡抚属于清朝的九大封疆大吏，包括：直隶巡抚、两江总督、湖广总督、闽浙总督、两广总督、四川总督、甘陕总督、云贵总督和新疆将军。这些封疆大吏中，地位最高、权力最大、最紧要的封疆大吏便是直隶巡抚。

于成龙一行从福建到直隶，走走停停，在路上耽误了三个月，直到康熙十九年（1680）六月，才抵达直隶首府保定。于成龙、朝卿、李中素三人乘坐马车，李元武一人骑马，行走在直隶的路上。六月的直隶应该是生机勃勃，但直隶的土地一眼望去，一片荒芜，田地已经开裂，庄稼大多旱死，艳阳高照，酷热难耐。于成龙、李中素、朝卿坐在马车上口干舌燥，车夫也在叫苦连天。

朝卿从马车上探出头来，对李元武喊道："元武兄，还有水吗？老爷和李先生口渴难耐。"

李元武摸了摸水袋，道："没有了，一滴也不剩。"

朝卿也掀开帘子对车夫道：“你有水吗?”

“没有了，我现在也渴得紧，往前面去看看。”车夫快马加鞭。

只见一路上，都是逃荒的人，他们背着大包小包，衣衫褴褛，狼狈不堪，头发又脏又乱，有老人，也有小孩，他们有些人正在拔地上的野菜、草根吃，甚至有孩子把土塞进嘴里。李元武骑在马背上是触目惊心，这些逃难的人，见于成龙的马车，一拥而上，把于成龙的马车团团包围。

“老爷，你行行好，给口吃的吧。”一个骨瘦如柴的老汉伸出双手道。

“老爷，救救我们吧。”

“我们已经好几天没有吃东西了。”

“我的小儿子也饿死了。”

老弱妇孺七嘴八舌讨要食物，他们纷纷伸出了双手。

马车被迫停了下来，于成龙一行从马车上走下来，面对这些可怜的灾民，他深感痛心，回头对朝卿吩咐道：“朝卿，你把马车上的一筐萝卜搬下来，还有剩下的两斤红薯干都拿下来分给乡亲们。”

李元武下了马，和朝卿一起将马车上的一筐萝卜抬下来，李中素把剩下的两斤红薯干也一并交了出去。

这些灾民们就像是刚刚被监狱放出来的一样，饿狼扑食，瞬间就将萝卜抢了个精光，红薯干也一点渣都不剩，他们实在太饿了，不怕脏，直接就着泥土就啃，狼吞虎咽。

于成龙看得很揪心，道：“乡亲们，我只有这些东西了，全部都给你们了，我们也是又渴又饿啊，这里到底发生了什么？你们是从哪里来的?”

灾民们实在是太饿了，顾不上回于成龙的话，只是一味地啃萝卜，他们吃不够又伸手找于成龙要。

于成龙也爱莫能助，道："乡亲们，我实在拿不出可以吃的食物了。"

灾民们不管不顾，执意伸手要，于成龙无奈地面对李中素和李元武、朝卿道："你们身上还有钱吗？"

"我身上还有十文钱。"朝卿交给于成龙。

李元武又掏出五两银子给于成龙，道："我只有这么多了。"

李中素又摸出一两银子给于成龙，道："于大人，今天晚上我们的晚饭钱都没有了。"

于成龙道："前面不远就是青县县城了，我们到了县衙还能没有一口吃食。"

于成龙将凑来的钱全部发给灾民。

于成龙抓住一个瘸了腿的男子，道："老乡，你们是哪里来的灾民？你们要往哪里去？"

那瘸腿男子道："老爷，我就是青县的人，现在青县颗粒无收，直隶很多地方都遭了灾，我们现在要去京城，去了天子脚下看能不能讨点吃食。"

于成龙又问一位满头白发的妇人，道："大娘，你又是哪里的？"

"我是霸县的，现在霸县草根树皮都吃光了，我们一家都饿死了，只有我一个老太婆。"大娘老泪纵横道。

于成龙站在了马车上，面对难民，深感痛心地喊道："乡亲们，你们听我说，我是直隶新上任的巡抚，我叫于成龙，乡亲们你们各自回家，救济粮很快就会下发。"

“那前任巡抚金世德也是这样说，现在他死了，粮食也没有发下来，没人管我们了。”一个男子在人群中朝于成龙喊道。

于成龙信誓旦旦道：“乡亲们，我于成龙向来说到做到，三日之内本官必将救济粮发到大家手上，请大家安心。”

于成龙、李中素、朝卿回到马车里，在于成龙的催促下，车夫急忙驾车前行。李元武策马狂奔。于成龙等人此刻也是饥肠辘辘，他们进入到青县县城，县城里没有一个行人，四下关门锁户，没有一个商贩，仿佛一座死城。

于成龙他们坐着马车来到了青县县衙，于成龙等人从马车上下来，李元武也下了马。县衙门口一个看门的衙役也没有，朝卿上前叫门，朝衙内喊道：“有人在吗？”

李元武的腿脚快，带着剑走了进去，又疾步走出来，道：“于大人，里面一个人都没有。”

于成龙困惑道：“不对啊，现在正是当差时，怎么一个人也没有！走，进去看看。”

众人朝县衙里走去，他们来到大堂上，也不见一人，突然听到后衙吵吵嚷嚷，便闻声走进去。原来声音是从后衙食堂里传出来的，李元武推开了门，原来县衙里的官员和衙役都在食堂里大鱼大肉，喝酒划拳。

那知县赵履谦见李元武，呵斥道：“你是何人？竟敢闯入县衙。”

没等李元武开口，于成龙和李中素、朝卿就闪了出来，于成龙面对此时此景，内心极为愤怒，但必须得先吃饭，他已经饿得不行了，加上年迈力衰，面对穿七品官服的知县道：“我们是山西过来的行脚客，路经贵县，身上盘缠丢了，还请大人给些吃食，日后定当报答。”

一旁陪吃的八品县丞讥讽道：“你们也不看看这里是什么地方？竟敢到这里来要饭，还不快滚。”

于成龙面对这一桌桌的酒肉，饿得直咽口水，朝卿急道：“大胆，你们好大的胆子，你可知道跟你说话的人是谁？”

“我们是直隶巡抚衙门的人。”李元武瞪了瞪知县道。

知县赵履谦嘲笑道：“还不快滚，少拿大话吓唬我们，你们要是巡抚衙门的人，我就是当朝首辅，快滚，再不滚，本官让人轰赶你们。”

李元武气得正要拔剑，于成龙回头道：“走，这笔账先欠着。”

于成龙一行又顶着饥饿往保定城赶去，见保定城正门有大批官员在此迎候，于成龙又吩咐车夫从另外的城门进去，直接来到了直隶巡抚衙门。

李中素向巡抚衙门口的衙役出示了吏部的公文，知是于成龙到来，连忙帮着张罗，并帮助于成龙一行卸载马车上的家当。

于成龙一行往衙内走去，问衙役道：“这衙门里的大人们都去哪里了？”

“启禀大人，他们都去城门口迎接大人了。”衙役小心翼翼地回话道。

于成龙脸色铁青，没有说什么，直往大堂上走去，站在大堂上，于成龙和随从们东张西望了一番。

李中素道：“于大人，这直隶巡抚衙门可真是气派啊。”

于成龙道：“李先生，你话里有话啊。”

李中素冷笑道：“于大人，学生想说的话你不都心知肚明吗？”

于成龙也只是冷冷一笑，没有说什么。

于成龙正专注地望着堂上匾额时，一个身穿三品官府的人悄无声息地出现在于成龙的身后，面对于成龙行屈膝礼道：“下官直隶守道董秉忠参见于大人。”

众人猛然回头，于成龙见董秉忠，一脸诧异道：“你怎么知道我是于成龙？”

董秉忠瞅了瞅一旁的李中素和李元武，道：“在场只有三人，看这通身气派必是于大人无疑了。”

于成龙急忙上前搀扶道：“董大人请起，有饭吗？我们几个都快饿死了。”

董秉忠道：“饭菜，诸位大人都已经为于大人准备好了。”

董秉忠把于成龙一行人引到食堂，见餐桌上都是鸡鸭鱼肉，还有美酒。

于成龙眉头紧锁道：“这些我们不吃，打点米饭，端两盘青菜来就行，现在直隶灾情如此严重，本官怎么吃得下这大鱼大肉，还是都撤了吧。”

董秉忠安排人把酒肉都撤了下去，随之上了几盘素菜和几碗白米饭。

“知道于大人爱民如子，素有清廉之名，下官早就为于大人准备好了。”董秉忠道。

于成龙对董秉忠刮目相看。

于成龙吩咐衙役叫来了朝卿，一行人坐在一起，狼吞虎咽起来，此时的青菜米饭也成了人间美味。

“董大人，几十个县的知县大人吵着要见于大人，现在人都在大堂上。”一个衙役急急忙忙跑来禀报道。

于成龙听罢，几口就将糠粥喝完，碗舔得一滴都不剩，将碗筷放下就急急忙忙往大堂上走去。李中素、李元武没吃几口也跟了出去。

此时的大堂上聚集了几十位身穿七品官服的知县，他们心急如焚，在大堂上来回踱步，翘首以盼，如同热锅上的蚂蚁。

于成龙换上巡抚官服，来到大堂上，众人见于成龙，连忙行屈膝礼，异口同声道：“下官拜见抚台大人。”

于成龙道：“诸位大人免礼。”

李元武和李中素也来到了于成龙面前。

“于大人，下官乃安肃县知县，安肃旱情严重，收成较往年少了八成，老百姓连种粮都吃光了，野菜也挖尽了，现在安肃县已经饿死十五个人，求于大人救救安肃吧。”安肃知县挥泪道。

“于大人，我们献县也是一样，献县死了八个人，于大人救济粮再不下来我们就没法干了，现在县衙门口每天都有大批难民滞留。”献县知县心急如焚道。

于成龙听罢，心里很不是滋味，朝人群中看了看，问道：“青县知县可在？”

诸位大人左顾右盼，在人群中搜索，见无人吱声，于成龙愤怒道：“青县灾情如此严重，青县知县还带着县衙里的人在县衙食堂大鱼大肉，被本官撞了个正着，这位青县知县到底是什么人，有谁知道的？”

一位知县从人群中站出来，道：“于大人，这位青县知县赵履谦是吏部员外郎杜天良的女婿，这个人在青县地面上是民怨沸腾，青县地方穷，各种苛捐杂税沉重，青县很多人都逃亡外地了。”

于成龙道：“赵履谦的事情，本官现在没工夫办他，诸位大人你们先回去，本官向你们保证，救济粮在两日内发放。”

知县们得到了于成龙的允诺，陆续离开了巡抚衙门。

刚才有人在于成龙面前举报赵履谦的事情，闻声而来的守道董秉忠已经听到了，他见于成龙忧心忡忡，便上前道：“于大人，关于青县知县赵履谦，下官正要跟你说说，赵履谦的确是吏部员外郎杜天良的女婿，而杜天良又是武英殿大学士、吏部尚书纳兰明珠的人，这是一条线，如果于大人动了赵履谦，会不会得罪了杜天良，吏部员外郎虽然品级不高，但总归是天下权力中枢部门，尤其是攀上了明相国这棵大树，牵一发而动全身，卑职担心会对大人不利啊。”

李中素虑道：“于大人，董大人说得对啊，赵履谦的事情咱们还是稳妥处置就好。”

于成龙拍案而起，震怒道：“本官受康亲王保举，皇上隆恩，任直隶巡抚，直隶是什么地方，难道皇上不知道？皇上就是看我敢不敢对这些权贵下手，如果于成龙在这时候退缩了，恐怕皇上也就对我失望了，直隶所在京畿之地，达官贵族还少吗？本官作为封疆大吏，如果连一个知县都不敢办，那也太对不起我这封疆大吏的由头了。”

李元武被于成龙的话所震撼，情绪高涨道：“于大人，这点我李元武支持你，只要于大人一声令下，李元武一定鞍前马后，为于大人冲锋陷阵，元武知道于大人的心里只有老百姓。”

一旁的李中素一副忧心忡忡的表情。

于成龙道：“眼下最要紧的是灾情，赵履谦的事情往后再说，董大人直隶灾情朝廷的救济粮到底什么时候下来?”

董秉忠无奈道:“前任巡抚金世德大人,生前曾多次上奏朝廷,户部也多次派人下来走访调查,可救济粮就是迟迟未下,金大人为了救济粮的事情积劳成疾,金大人死后,直隶就没了主心骨。”

“狗官着实可恨,都这个节骨眼了,还在给本官置办酒席,还跑到城门外迎接,真是该死啊。”于成龙悲愤交加道。

衙门外吵吵嚷嚷,一个衙役火急火燎跑到大堂上来,喊道:“于大人现在衙门外来了很多难民,他们要涌进来,被衙役阻拦,与衙役们爆发冲突,已经有衙役被打伤了。”

于成龙听罢,和董秉义、李元武、李中素匆匆走出去。

李元武见难民和衙役撕扯在一起,李元武连忙上前用剑鞘格挡,道:“乡亲们,你们不要闹事,听于大人说。”

于成龙被眼前的一幕触目惊心,饿狼扑食,只有十分饥饿的人才能体会到此情此景。难民们面容憔悴、骨瘦如柴,两眼无神,有些妇孺、小孩连站立的气力都没有了。他们瘫倒在地上,嘴里念叨着,用微弱的力气向于成龙伸出手,也许于成龙是他们最后的希望。

朝卿也闻声出来,于成龙面对灾民深感痛心,回头对朝卿道:“去,把衙门里能吃的东西都搬出来,发给乡亲们。”

朝卿有些不情愿,吞吞吐吐道:“老爷……我们吃什么呀?”

于成龙呵斥道:“快去,都什么时候了?老百姓都饿死了,我们还吃什么?!”

朝卿带着几名衙役拔腿往食堂的方向跑去。

于成龙站在衙门口的台阶上,面对难民,道:“乡亲们,我是直隶新任巡抚于成龙，直隶的灾情我都知道了，本官向你们保证，救济粮两三日内就能发到你们手上，大家耐心等待。”

一位老者眼巴巴望着于成龙，道：“于大人，前任巡抚金大人也是这样说，金大人现在死了，这都过去十几天了，我的孙子都已经饿死了，现在粮食也没有发给我们，你让我们怎么相信你？”

“于大人，我们都快饿死了，还要等三天，我们哪能等得了啊。”一个中年拼尽力气高声疾呼道。

“让让……大家快让让。”

朝卿带着衙役们，用大铁盆装着米饭、青菜，还有于成龙没吃的鸡鸭鱼肉，还有食堂里留下的一些生的土豆、黄瓜都搬了出来。

乡亲们见到这些食物，饿狼扑食，互相推攘，互相夺食，谁也不让谁。他们狼吞虎咽，把生的土豆和黄瓜就着泥土啃。

于成龙深感痛心，喊道：“你们不要抢，让孩子先吃，这些东西都是衙门里最后的余粮，全都给你们了，请你们相信我于成龙。”

灾民们自顾自地吃，于成龙说什么他们也都没有听见。

于成龙往衙内走去，李中素、董秉忠跟在他的身后，李元武只能和朝卿在外面维持秩序。

于成龙面对李中素，一筹莫展道：“李先生，你觉得我现在给朝廷行文，你觉得时间上来得及吗？”

李中素忧虑道：“就算八百里加急，送往京城户部，最后还要由内阁上报皇上，由皇上批阅后，户部再下拨救济钱粮，这一来一回，没有小半个月是办不成的。”

于成龙顿时眼泪夺眶而出，自责道：“难道身为巡抚，我要眼睁睁看着乡亲们饿死吗？”

于成龙边说边抹眼泪。

一旁的董秉忠也只有叹息。

于成龙问董秉忠道："董大人，我且问你，现在直隶境内哪里还有粮食？"

董秉忠道："只有保定府的皇家粮仓还有粮食。"

于成龙咬了咬牙，道："走，随我去开仓放粮。"

李中素脸色煞白，连忙挡在了于成龙的面前，厉声道："于大人，私自开放皇家粮仓是死罪啊，到时候还有可能连累族人，你可要三思啊。"

董秉忠面对于成龙打恭礼道："于大人，李先生说得对，没有皇上的圣旨开皇家粮仓那是杀头之罪。"

于成龙一意孤行，道："董大人，你们放心，如果出事我于成龙一力承担，跟巡抚衙门其他官员没有任何干系，走快带我去保定粮仓。"

于成龙走出衙门，带着一队人往皇家粮仓赶去。

知道于成龙要开皇家粮仓，李元武、朝卿试图阻拦于成龙，便跟了去。李中素和董秉忠也很无奈，他们对于成龙的行为感到很恐惧。难民听到于成龙要开仓放粮，也就跟着去了。

于成龙要开仓放粮，动静很大，几乎震惊了保定城的所有人，从保定城外回来的官员们听到于成龙要开仓放粮，在于成龙之前就赶到了，他们整整齐齐跪了几排。

"于大人，不可啊，私开皇仓是死罪啊，我们都脱不了干系。"

"于大人，你是个好官，我们都不希望你因为这件事招惹杀身之祸。"

“于大人，你不要犯糊涂啊。”

官员们跪在于成龙的面前，七嘴八舌地说着，群情激昂。

于成龙身后的难民们都在眼巴巴地看着，他们都在期盼着围墙里面的粮食。

于成龙不顾众人阻拦，毅然决然道：“我于成龙今天开仓放粮，与在场所有人无关，一切后果由于成龙一力承担，仓大使把钥匙给我。”

仓大使双手捧着钥匙来到于成龙面前，交到于成龙的手里。

朝卿从人群中冲出来，抱住于成龙的腿，仿佛要天崩地裂，急道：“老爷，你不要冲动啊，如果你真的出事，我回去怎么交代啊。”

于成龙俯下身去将朝卿的手撇开，道：“朝卿，如果我死了，就把我的尸体送回山西老家安葬。”

李中素跪在了于成龙面前，厉声道：“于大人，请听学生一句劝，只有保全自己才能为百姓出力啊。”

“开仓放粮。”于成龙高呼道。

头也不回，走向皇仓门口，毫不犹豫地打开了皇家粮仓，在场的官员惊出一身冷汗，而灾民们也欢呼雀跃，欣喜若狂，高喊“于青天”。

于成龙安排巡抚衙门的人按人头定额将粮食放给灾民，于成龙开仓放粮的消息不胫而走，传遍直隶，很快就传到了紫禁城。

紫禁城乾清宫里，正在上早朝，文武百官正在朝见康熙皇帝，二十六岁的康熙皇帝端坐龙椅之上，只见他雄姿英发，双目炯炯有神，威严庄重。

朝堂之上的气氛沉闷而紧张，刑部尚书魏象枢上前奏道："启奏皇上，直隶巡抚于成龙未经上奏，私自开放皇家粮仓，请皇上裁决。"

康熙皇帝道："明珠，你身为武英殿大学士兼吏部尚书，你的意见呢？"

站在第一排的首辅纳兰明珠上前一步奏道："启奏皇上，于成龙为救济灾民开仓放粮其情可嘉，但毕竟目无皇上，目无朝廷，如果皇上就这么放纵，以后天下官员就争先效仿，就不好管理了。"

内阁学士陈廷敬听闻纳兰明珠之言，为于成龙捏了一把汗，见皇帝不悦，忙出列奏道："启奏皇上，臣不赞成纳兰大人之言，纵观于成龙为官以来，爱惜民生、廉洁奉公，从无私心，开仓放粮也是万不得已之举，想来直隶灾情已经很严重了。于大人此举虽然僭越朝纲，但毕竟情有可原，请皇上从轻处罚。"

依附纳兰明珠的户科给事中余国柱瞪了瞪陈廷敬，面对康熙道："皇上，臣听说这于成龙是陈廷敬老乡，想来他是在帮于成龙说话，妄图洗脱罪责。"

"我陈廷敬向来心里只有皇上，没有私心。"陈廷敬回怼道。

康熙震怒，厉声道："好了，不要吵了，直隶已故巡抚金世德生前就曾多次上奏朝廷说直隶旱灾，这都过去多少日了救济钱粮还没有发放下去，户部是干什么吃的？！"

户部尚书梁清标面对皇帝的震怒，吓得连连叩首道："皇上，臣有罪，直隶巡抚衙门之前上报过受灾情况，但按流程，户部需派员外郎下去调查确认后，报内阁复议，如今正在进行中。"

康熙皇帝拍案而起，气得来回踱步，当即训斥道："人命关天的大事，经得起你们轮番复议吗？规定就不能应变吗？梁清标，你是户部尚书，朕让你一天不吃饭你受得了吗？朕听说直隶的百姓把草根树皮都扒光了。”

“臣该死。”户部尚书伏地告罪道。

康熙皇帝苦笑道：“朕算是看出来了，这满朝文武当中只有于成龙与朕同心同德，只有于成龙敢冒天下之大不韪，这是于成龙事后给朕上的请罪书，于成龙为官十九年，何曾有过私心？一个天天青菜萝卜的官员，一个甘愿掉脑袋也要开仓放粮的官员，他能是一个有私心的人吗？朕现在就表态，于成龙开仓放粮朕不仅不追究，还要嘉奖，着礼部从重嘉奖。户部尽快补发救济钱粮。”

“遵旨。”

礼部尚书塞色黑和户部尚书梁清标一同接旨。

自从开仓放粮后，于成龙在巡抚衙门里每天度日如年，等待着朝廷的判决，但始终没有等来皇帝的惩处。令于成龙没有想到的是，等来的却是嘉奖令，这是所有人都想不到的事情。户部遵照皇帝的旨意，补发了救济钱粮，直隶的旱灾得到了阶段性的治理。

青县知县赵履谦在直隶旱灾期间，在衙门里大吃二喝的事情，已经传到了吏部员外郎赵天良耳朵里，在纳兰明珠的授意下，指使河间府知府温怀义将赵履谦绑了去，押到了于成龙的面前，赵履谦的认罪态度很诚恳。于成龙又没能掌握赵履谦贪污受贿的确凿证据，经过一番严厉批评后，只好放他离去。

于成龙在直隶任职以来，发现直隶民风凋敝，问题很多，于是又开始在直隶着手推行新政。

于成龙下发《饬查劣员檄》，在檄文中写道：直隶连年灾荒，百姓困苦不堪，仅存皮骨，需要贤良的州县官加以调剂，也需要道台、知府等官实力整顿，不至于流离失所。余上任后，切切以察吏安民为念。经初步察访，发现各地官员并不能洁己奉公，有的官员在征赋时滥收火耗；有的官员在办差时摊派民间；有的官员用严刑峻法，贻累地方；有的官员听信衙蠹之言，恣意勒索百姓。种种不法，殊可痛恨。对贪官污吏、无能之官吏要进行罢黜。直隶省的下属地方官员，待接到直隶巡抚衙门的文件以后，务必执行其规章，细加体察，务将不肖贪酷官员，据实揭报，以凭飞章参处。如果上级官员对下属官吏碍于情面、徇私枉法，既不办也不审，一旦发现，巡抚衙门将追究其责任。

火耗问题一直困扰着于成龙。于成龙发布了《严禁火耗谕》：

朝廷则壤以定赋，百姓按则以输粮，原有一定之规。在州县各官，身为民牧，亦当上体朝廷德意，下念百姓困苦，按则征收，更不可意为轻重。

于成龙批评这些滥收火耗的官员是“种种窃脂之行，无异窃盗，相沿成风，恬不知怪”。于成龙要求他们能够认识到这一错误，不在火耗上做手脚，任意剥削榨取老百姓的血汗，做一个人人敬仰的好官。如若众官吏不思悔改、不思进取，对自己的所作所为还不认真反省的话，后果将会相当严重，官员们相互举报出来倒也罢了，如果被巡抚衙门一经查出，将会严厉惩处。“狃于故智，甘蹈陋规，不恤民怨，不顾鬼谴。或快意于轻裘肥马，或肆志于田宅妻妾，或近为耳目之娱，或远为子孙之贻，当民穷财尽之日，饥馑洊臻之时……敲鸠形鹄面之骨，吸卖儿鬻女之髓，以遂一身一家之欲。忍心害理，祸必不远，天道好报，决不爽期。总以为幽眇难凭，且顾目前。然国法俱在，本院绝不敢循纵以玩功令。”于成龙对禁止火耗是下定决心的，绝不姑息任何一个贪赃之官吏。

为整顿送礼之风，于成龙颁布《严禁馈送檄》，指出：“礼有交际，原因分宜相近，互为献酬，用将诚敬。”意思是送礼之人只能是无上下级关系的人，还有具备一定友谊的人才可以相互馈送，这样的越级送礼，无疑是贿赂。对于大名知县的冒失，于成龙也并没有追究，对于成龙看来这是人之常情，没有追究并不代表他感情用事，而是他知人知理，对该县知县也进行了十分严厉的批评和指责。于成龙当着直隶百官的面道：“本应题参，姑念初犯，暂从宽宥。”随即下令道：“以后凡遇重阳、冬至、元宵等节，并过路送礼，各衙门概行禁止。如有私相馈献，查出并行题参，决不姑宽。”在于成龙看来，这绝不只是人情世故这么简单，人情世故只能是在民间百姓那里可用，在官场是不能流行的，更不能助长此风。

对于越权办公的官员，于成龙下发了《严饬佐贰擅理词讼檄》，严厉指出：府、州、县衙门的佐贰官员都有明确的职责，比如缉逃捕盗、巡查私贩、领解钱粮等事务。而民间的一切案件的诉讼和审理，比如强盗、人命、斗殴、户婚、田产等官司，都应属于正印官的职责。佐贰官不能私自越级受理民间诉讼，只有经过正印官批示允许的事件，佐贰官才能依法办理。于成龙要求，必须严格按照朝廷规章制度办事，对违规行为一经查出必将严惩不贷。

对于贩卖人口，于成龙深恶痛绝，随即发布《严禁略卖檄》，严厉要求直隶省辖区的各地方官员要认真彻查、处理倒卖人口案件，一经发现，必须依法惩处。至于说旗人买人为奴的情况，完全是在于双方公平自愿，确认卖身契准确无误后，再签字盖章。毕竟自愿卖身到旗人家中为奴的人，基本上都是社会的贫苦百姓，他们是走投无路，方才出此下策。倘若地方官员仍然玩忽职守，“不恤小民困苦，任其辗转贩卖”，或者对“旗下买身文契，不行查明，轻与用印者”，一旦查出属实，必将以“溺职”罪参劾罢官。

天灾年，于成龙尤其注重直隶匪患的治理。下发了《饬查防守地方檄》，要求迅速查明直隶省真定府与山西省交界处的军事防备情况，一定要严加把守关隘，防止外省流寇到直隶作案。不久，又发布了《严饬协拿盗贼檄》，指出：直隶境内“盗迹诡秘，出没无常，呼朋引类，纠党非一处之人，朝西暮冬，行止无一定之所”。很多地方官员只是署理自己辖区内的案件，但是匪盗一旦逃至辖区外，他们便束手无策。对于这点朝廷也是有明文规定的，地方官员不能私自到辖区以外缉捕，一经发现丢官罢职且不论，还有可能被严惩，这样也形成了一种弊端。于成龙曾经就任罗城知县期间，就到过柳城县缉捕，但是那是迫于无奈，柳城县知县不好好配合，跟于成龙记私仇，嫉贤妒能。所以，于成龙对这一政策弊端是深有体会。于成龙对地方官员的要求是，地方官员要相互配合、同心协力，这样才能有所建树，将匪盗绳之以法。

于成龙以康熙皇帝的《上谕十六条》来教化百姓们浪费的陋习。《上谕十六条》中，其中第五条就明文规定“尚节俭以惜财用”，将反腐倡廉作为一项基本国策来抓。直隶守道董秉忠也是一位干练的清官，鉴于直隶省的实际情况，他也给于成龙提出了一些建议。于成龙见后，非常的满意，可说是英雄所见略同，两人在政见上是不谋而合。于成龙随后根据他的建议，还颁布了《严禁奢靡檄》。文中指出：“天地之生财，止有此数。过用则易竭，奢费必不支。且暴殄狼藉，凶札随之，必然之理也。”详细地叙述了直隶省境内种种腐化浪费的现状，于成龙也针对这些现状，严正指出：“总由为民上者不身先俭朴，以躬导之。彼蚩蚩若辈，何知物之当惜，福之不可尽享也？”意思是说，上梁不正下梁歪，官员们都率先腐败，百姓、下属焉能洁身自好，只有地方官员们做好表率，以身作则，起到带头作用，才能事半功倍，有效地教化那些奢侈浪费的人。当时的直隶，每月的初一至十五，官府都要组织乡约，给民间百姓上课、讲学，讲解孔孟之道、圣人之礼。除了孔孟之道外，主题仍然以康熙皇帝的《上谕十六条》为主要思想。最终要见到的效果是：“村里之间，将见古朴可风，物力常余。日积不见多，而岁积则日盈。苟逢水旱灾荒，未必遂致捉襟而露肘也。”于成龙还在自己颁布的条例中道：“本院将以觇诸有司之贤良教化矣。倘或视为具文，因循旧习，有奉行之名而无奉行之实，本院亦何乐有此属员也，定以溺职特疏纠参，决不姑容。”于成龙还真是无微不至，任何细节都不会放过，要杜绝浪费的决心是坚定不移的。

直隶赌博风气日盛，于成龙发布了《严禁赌博谕》，道：“四民之中，各有本业，咸宜安分以保身家。乃有奸猾之徒，希图厚利，开设赌场，贪痴之辈，堕入局中，相聚赌博，昼夜不息。开场之家，独得其利。赢者百无一二，输者比比皆是，以致赀财荡尽，田房准折一空。栖止无所，谋生无策。或情急自尽，或身为乞丐，或自卖旗下，或将妻女子媳卖为奴婢，终身沦落，或为盗贼，致被擒获，身罹重辟……当聚赌之时，还有互相争竞被人殴死者。待禁止赌博公告发布之日起，一旦发现有人聚众赌博，必将赌博之人与开场、放头并抽头之人及该地方，俱照定例治罪，决不轻贳。”如果有人揭露赌博行为的，将赌资全部奖给举报人；赌徒举报的，不但能获无罪，还能得到重金奖励。

万恶淫为首，民间的风气之所以坏，是受妓院影响。于成龙发布了《驱逐流娼檄》，并严惩了那些被他揪出来的案犯，下令将该地区的流动娼妓们全部驱赶出境，并严格要求下属官员，如再发生类似事件，必将被革职查办，后果可能会比在发布檄文之前，要更加严重。

广平府一带地区，官员淫乱女戏子现象泛滥。主要集中在鸡泽县的柳下村，永年县的南胡、贾西岩村。广平府的同知，为了借看戏之名嫖娼，夜宿守备家中；例监张文炳、张文煜兄弟在家里嫖戏旦四娃；广平府门役齐佩兰为了包夜嫖李六，竟设局骗取各县银钱；管理县衙户口赋税的差役张文玉、王立业竟偷盗库银，嫖妓王菊花。于成龙虽然查出这些案犯，但是并不震惊，因为这是很多官员的恶习，也都见怪不怪了。但是，于成龙确十分的震怒，没有想到的是，在他所治理的直隶省会有这样淫乱的官员，于成龙很优秀，优秀的人往往都是比较完美主义的，他不允许在他所治理的辖区内发生这样肮脏的事情，他感到很自责。

于成龙鼓励百姓植树凿井。直隶省自然条件就相当恶劣，北方沙尘暴时有爆发，时不时地扰民，百姓生活受到了严重的影响。于是，于成龙就苦思对策，进行大量植树，而适合在北方地区生长的树，又只有白杨树种最好。大量种植白杨树，不仅能净化空气，还能抵御沙尘暴。另外北方旱灾，常年干旱，于成龙又开始鼓励百姓凿井取水。于成龙认为，植树凿井是“培天地自然之利，裕吾民衣食之源”的惠民工程。然而，很多百姓由于知识、文化的有限，目光短浅，将于成龙的这项惠民工程当做是无稽之谈。

康熙十九年（1680）七月，于成龙下令要求地方官员传达并督促这项惠民工程的实施与进展。于成龙要求官员们带头作业，只要“力行久之，自收成效，使小民安于利而不知”。于成龙植树凿井的命令下达到下面各地方以后，各地官员玩忽职守，并没有认真地执行这项工程，他们找出各种各样的理由，有的说当地的风土、气候不宜种植树苗；有的官员则说当地缺乏地下水，盲目地凿井，只能是劳民伤财；有的官员更是目无上官，对于成龙的命令装聋作哑、置之不理。这次惠民工程，只有安肃县的知县认真地执行了这一命令，并且这位知县，不循于章法，不死记命令，勇于创新，他根据安肃县的实际情况，因地制宜，将这项惠民工程很好地进行完毕。并且这位安肃县知县将于成龙的这项民生工程编成民谣，散播到千家万户，让百姓从歌声中找到乐趣，体会这一工程的惠民之处。后来，安肃县的四十八个村庄，共凿井两千五百二十余口，由于该县地理位置不宜种植其他树苗，安肃县令就遵照于成龙的指示，在安肃县大量种植白杨树和柳树，待柳树枝繁叶茂的时候，人们便以柳树枝条为料，编织出各种精美的工艺品拿到市场上贩卖，这一民生工程也为安肃县的经济增长作出了巨大贡献。

安肃县知县的事迹传到了于成龙耳中，于成龙对他是刮目相看，大肆宣传了这位知县的功绩，并再一次下发了《再饬植树浚井檄》，于成龙对安肃县知县编写民谣一事，是深感赞同，认为这样的民谣不仅能让百姓枯燥的生活得到乐趣，也能从歌词中体会到这项惠民工程的福泽。

于成龙最初是想种植桑麻，但后来发现北方不比南方，便临时改变主意，改种植白杨，在于成龙还没有下令种植白杨之前，很多官员就开始种植白杨树。于成龙自从到直隶上任以来，直隶逐渐改头换面，慢慢地淘汰了一系列的陈规陋习，直隶开始推行新政，这在直隶官场引起了广泛轰动。

直隶省的县令一级的官员虽然有上级知府、道台来举报、弹劾，但是知府和道台这些官员们可不是知县能扳倒的，献县知县乔国栋举报河间知府康熙十六、十七年两年所犯下的几宗特大犯罪案件。于成龙震怒，便又下令守巡两道官员去调查。于成龙对此事，也感到很是为难，上级官员弹劾下级，下级官员再越级上告上司，这样一来难免会官官相护，上司也不敢轻易举报下级了，工作起来难免会有所忌惮，投鼠忌器。于成龙认为，县令越级上告不再是小事，而关乎伦理纲常，歪风不可长，上下级关系一定是明确的。于成龙随即向朝廷上了《请禁讦告以正名义疏》，讨论官吏体统问题，要求朝廷拿出切实可行的解决办法。于成龙认为道台和知府犯法，只能是巡抚可以制裁，州县官员一定不能犯上，藐视上官。在这封奏章中，于成龙提出两个问题，一个是作为巡抚不查处道台、知府等官吏的违法行为，该要如何惩治巡抚；另外一个是下级越级上告顶头上司又当如何处理。

康熙皇帝在认真阅读了于成龙和吏部的意见后，便下诏“依议”，并下发至全国各地衙门，然而，朝廷最终禁止的是“反噬挟制”，就是说上级一旦查处过下级，那么下级官员便不能挟私再控告其上司，除非是上下级之间并无个人恩怨，这样一来下级控告上司方可成立。早在于成龙就任直隶巡抚之前，直隶省因为旱灾，百姓早已是苦不堪言。只是于成龙刚做了这直隶巡抚，就让他给撞上了，这烂摊子终归是要他来收拾啊，应该不是他撞上，或许正是康熙皇帝的意思，本来于成龙就是要升迁的，已经做了布政使了，再升的话只能是巡抚。于成龙到了直隶以后，开展新政策的同时，也将大量精力放在了赈济灾民一事上。清朝政府当时的赈灾程序是很繁杂的，必须先由地方官员调查灾难的实际损失情况，再汇报到省里，省里再对其进一步核查，最后才由省直接上报朝廷。待户部向皇帝请示以后，确定灾情实有发生，最后才发布赈灾命令。至于说赈灾粮饷的多少，就要看灾难的程度而定，部分减免或者全部蠲免赋税，缓征赋税，平价粜粮，灾情最为严重时才无偿地发放粮米。朝廷之所以有这样的规定，是为了防止地方官员，虚报或夸大灾情，从而贪污朝廷的赈灾款项，让朝廷蒙受亏空。最终，朝廷的钱粮还是到不了灾民的手中，即便是到了，人均数额也不足。然而，救灾如救火，朝廷远在京城，所谓远水难救近火，更何况这汇报灾情的过程又这么繁杂、漫长，等救济款到了，这老百姓怕是也会饿死不少。就在这次救灾过程中，于成龙来不及向朝廷禀报，于是就擅作主张，来个先斩后奏，先开仓放粮，解决了百姓的燃眉之急以后，再向朝廷请罪。这样一来，既不用遵守那些烦琐的规矩、程序，也避免了一些灾民被饿死的命运。于成龙之所以敢这么做，除了他刚正不阿的优良品质外，还有一点就是他深知康熙皇帝信任他。的确，这次赈灾，于成龙果断开仓放粮，康熙皇帝并没有追究，反而还觉得他做得很对，直隶百姓也对于公此举感恩戴德，于成龙成了他们的再生父母。

康熙二十年（1681）初，于成龙由于赈灾有功，康熙皇帝奖给了他一千两赏银，本想给他贴补家用，改善生活，没有想到他竟将这些赏银全部捐献给了百姓。这次赈灾，只有少数地方官员涉嫌贪污，被于成龙一一拿获了，并对其官吏进行弹劾，请求朝廷将他们撤职问罪。康熙十九年（1680）冬天，于成龙吃斋念佛三个月，为直隶官民赎罪。并诚心反省，祈祷直隶来年风调雨顺、百姓安居乐业，于当年除夕夜，于成龙以一颗心忧苍生之心，写下五言诗：

今夕是何夕，明晨又一年。
三冬无再雪，万户有孤烟。
爆竹谁家响？盆花几处鲜？
早朝齐拜舞，谁上彗星篇？
灶冷畴为祀，井寒空自涟。
哀哉孑遗叹，忍待麦芊芊。

康熙二十年（1681）正月十五，元宵节这天，直隶久旱无雨，于成龙带领直隶省大小官员人等在保定府举行了一场隆重的祈雨仪式。并高咏一首五言律诗：

皓月当空照，黄尘逐日飞。
求沾惊蛰雨，肠断几千回。

康熙二十年，直隶省的灾情仍有持续，但是保定府一带气候不错，庄稼长势也较为可观。更为稀奇的事情，却在直隶发生，单穗麦竟然长成双穗，直隶百姓亲切地称于成龙为“于公穗”，认为这是于成龙的为官之道、是他的德政感动了上苍，才会出现如此祥瑞奇迹。

关于直隶省的缉盗工作，于成龙还是采取切实可行的保甲法，也是他曾经在罗城、湖广省用惯了的安民政策。为了更好地完善保甲法，于成龙又在保甲法的基础上，增修了《续增条约》。直隶省的盗匪可不比南方，他们都是在马背上长大的，骑术那都是一流的。这些大盗杀人如麻，而且杀人不眨眼，待办完事之后，便迅速策马逃走，速度快如闪电，等官府接到报案的时候，人都消失得无影无踪。所以，当地的百姓对这伙人是谈虎色变，哪里敢轻易招惹他们。于成龙苦思对策，认为能治住这些凶悍盗匪的官吏，必须是有胆识的。

于成龙下令各地方官员，必须严密侦查这些匪徒的行踪以及姓名，一经发现，即立刻上报巡抚。最后，再由于成龙自己拟定一套方案，进行集中逮捕。保甲法一旦实施以后，便会限制住盗匪们的行为，他们自然是按捺不住，对地方官吏肯定是要打击和报复的。于成龙下令各地方衙门一定要严加巡逻，谨防外敌。于成龙认为，赌场也是一些不法之徒主要活动之地，开赌场的人一定是非奸即盗的大亨。参与赌博的人通常都是一些游手好闲的社会流氓，他们的赌资不是偷来的，那就必然是抢来的，赌输以后，再继续抢劫。最后，实在是走投无路的时候，很有可能就会和赌场歹徒同流合污了。地方官员根据能力不同，他们由于不是盗匪的对手，抓不到盗匪，常常欺上瞒下，将无辜良民抓回来充当盗匪，拉到刑场上砍头。

于成龙是从基层做起来的，深知抓捕工作的难度，他给朝廷上了一封《请宽盗案处分以惜人才疏》，内容大致如下：

一、一府一县只有一位正堂官，他们每天受理的案件无数，百姓鸡毛蒜皮的事情告到衙门，官员们处境难，希望朝廷能够体谅。

二、各州县官员，作为当地的父母官，他们有责任和义务维护百姓的利益。自己辖区发生了案子，地方官员往往比谁都要着急，他们也害怕朝廷对他们有所处分，如果朝廷一味地急催，官员们难免会狗急跳墙，找来替死鬼。如果只是一味地降职、调任，不能解决根本问题，官员们刚刚有所建树，对当地情况有所了解，又被调往外地，又开始一个新的环境，对官员的成长很不好，政绩也不能很好地体现出来。于成龙建议朝廷只对犯错的官员进行降职处分，但不外调。

三、朝廷选拔“卓异”是官吏大典，也是朝廷取贤纳良的理想途径。但朝廷还有一项规定，就是官员们有陈年旧案没有破获的，便没有资格竞选。这项规定一开，很有可能会埋没人才，没有破获的案件并不能说明官员无能，也不能说明他们办事不力，很有可能那件没有破获的案件根本就是无头公案，是悬案，无从查起也是可以理解的，于成龙建议朝廷，要根据案件的难度而定，不可一概而论。

四、各衙门负责缉捕的同知、通判等副职，他们的辖地多达十几二十个县，这些县的缉捕工作都是他们来做，这是直隶州、府。还有一些县级州县的县丞、同知，他们只需要负责一个县的缉捕工作，但是处罚的后果依然是一样，这样对直隶州、府的同知、通判不是很公平。于成龙认为，武官的处分条例，有专训、兼辖、统辖的区别，以责任的大小决定处罚的轻重，同知、通判的处分，应该沿用武官条例，这样才算公平。

五、道台主要负责监督辖区的捕盗工作，没有完成任务的，按照朝廷有关条例，不仅要罚俸，还要“停其升转”。于成龙认为，这些官员不是京官外放，就是从基层提拔起来的干练之才。分管官员，通常也会失去上升的机会，而且他们中间不乏大量贤能官吏。于成龙建议朝廷，具体负责捕盗的官员，“停其升转”，让其限期破案，是他们不容推脱的。监督缉盗的道台，既然已经罚过俸禄了，应该“免其停升”。但最终被吏部驳回。

史书记载，于成龙这次上书，康熙皇帝只批准了其中几条：具体承办盗案的官员，超限不及二年者，免于离任；监督缉盗的道员，限满后只罚俸禄，免于停升。其余最终没能得以批复。

第十三章

面见天子

康熙二十年（1681）正月，于成龙接到朝廷工部调令，挑选一万名劳力入京，到北京郊外的沙河，将已故孝诚仁皇后赫舍里氏、孝昭皇后钮祜禄氏的梓宫，迎到皇陵下葬。这项工程简单而重大，但是稍有不慎，便会人头落地。足见朝廷对于成龙的信任。为妥善处理皇后的后事，于成龙亲自坐镇指挥。

工程如期竣工，于成龙带领的车队正往永定门方向去，准备离开京城，回保定府。

"于大人，停一下。"

康熙皇帝身边的太监总管梁九功策马而来，他的身后跟着一队侍卫。于成龙闻声，从马车上探出头来，问李元武道："元武，是谁在叫？"

"是个公公。"李元武一脸诧异道。

于成龙停下来，从马车上走下来，李元武也下了马。梁九功下了马，疾步来到于成龙面前，笑道："于大人，有礼了，我是皇上身边的太监总管梁九功，皇上要召见你，现在乾清宫养心殿等你，请于大人速往紫禁城见驾。”

梁九功面对于成龙打恭礼道。

“梁总管有礼。”于成龙打恭礼回敬道。

于成龙瞅了瞅自己，又看了看李元武，面对梁九功道：“梁总管，成龙未穿官服，灰头土脸，怎么见皇上？皇上会治我一个大不敬之罪。”

梁九功道：“这有何难！”

梁九功回头对侍卫打了打手势，侍卫将提前准备好的新官服端了上来，呈现在于成龙面前。

“于大人，这是二品巡抚新官服，皇上专门安排江宁织造给于大人做的新官服，奖励于大人迁葬皇后梓宫有功，请于大人换上吧。”梁九功道。

于成龙深感吃惊，道：“想不到皇上如此体恤臣下，微臣感激不尽。”

于成龙回到马车上，迅速换上皇帝赐的新官服，然后走下来。

梁九功调侃道：“俗话说人靠衣装，于大人换上新官服有精神得很哪。”

“让梁总管见笑了。”于成龙赔笑道。

“走吧，于大人，皇上在等你，想和你聊聊。”梁九功命人牵来一匹马。

于成龙面对李元武道：“元武，你先带着大家回保定，我自己回去。”

“大人保重。”李元武道。

于成龙在梁九功的带领下，策马往紫禁城而去。这是于成龙第一次来到紫禁城，也是第一次面见天子，这是很多人一生都实现不了的愿望。在梁九功的带引下，他行走在皇宫的廊道上，皇宫的金碧辉煌令他浮想联翩。

二十七岁的康熙皇帝正在养心殿里伏案批阅奏章，身边小太监伺立左右。于成龙跟着梁九功小心翼翼地走进了养心殿，来到康熙皇帝面前。于成龙低着头不敢直视，只能看见皇帝的龙袍和龙靴。

“启奏皇上，直隶巡抚于成龙来到。”梁九功道。

于成龙朝皇帝行了三跪九叩大礼，道：“直隶巡抚于成龙恭祝吾皇万寿无疆。”

康熙皇帝连忙放下笔，站了起来，面对左右太监道：“给于大人搬了一把椅子来，奉茶。”

小太监急急忙忙从外面搬来了椅子，另一位太监将盖碗茶给于成龙端来，递到于成龙手里。

康熙皇帝忙道：“你们都下去吧，关上门，朕要好好和于爱卿唠唠。”

梁九功带着两名小太监走出了养心殿，并关上殿门。

康熙皇帝走到于成龙面前，俯下身去，亲自将于成龙搀扶到椅子上坐下来，道：“于爱卿，你今年也有六十了吧，你辛苦了，请坐。”

于成龙双手捧着茶，一副诚惶诚恐的样子，道：“皇上还记得老臣的年龄，老臣感激不尽，受宠若惊。”

康熙皇帝回到龙椅上坐下来，面对于成龙，仔细端详，笑道：“于爱卿啊，今日是我们君臣第一次见面，但在朕的心里，朕与于爱卿神交已久啊，从爱卿任广西罗城知县开始，广西巡抚金光祖在奏章中不止一次提到爱卿，后来爱卿任合州知州、黄州知府，到福建按察使、福建布政使，爱卿的名字时常在朕的耳边响起，康亲王杰书在朕的面前不止一次赞扬于大人，朕就在想这个于成龙究竟长什么样子，如果不趁于大人进京办差这个机会见上一面，也是朕的遗憾啊。”

于成龙听罢，放下茶碗，面对皇帝再次跪拜道：“老臣感谢皇上的知遇之恩。”

康熙皇帝连忙起身，上前搀扶于成龙，道：“于爱卿，你我君臣不必多礼，你也上了年纪，不必再对朕行此大礼，朕免了你的礼。”

于成龙自是感恩戴德，心里对康熙皇帝有着说不尽的感激之情。

康熙皇帝再次回到龙椅上坐下来，欣慰道：“于爱卿，朕还听说你有一个雅号，叫于青菜，从广西一直叫到直隶，可有此事啊？”

于成龙拱手道：“皇上，让你见笑了。”

康熙皇帝热泪盈眶，道：“爱卿啊，朕看见你瘦成皮包骨，朕心疼啊。二十年来，你天天吃青菜萝卜，这身体怎么受得了啊，每天公务繁忙，就是铁打的身体也吃不消啊，还是要吃些酒肉，不能对自己太苛刻。从七品知县到二品巡抚，二十年爱卿还能坚守清操，朕甚为欣慰，朕感谢你啊，有你在是我大清之福。朕得爱卿，如同唐太宗得魏征，宋仁宗得范文正。”

面对皇帝如此高的评价，于成龙深感惭愧，道：“皇上，老臣乃无能庸才，怎敢与魏征、范仲淹相提并论，折煞老臣了。唐太宗有言，以铜为鉴，可以正衣冠；以人为鉴，可以明得失；以史为鉴，可以知兴替。老臣没有其他本事，只是借鉴古人经验罢，几十年来圣贤之书不离身，三日不读书，难免被外力所干扰。读书之人就应以修身齐家治国平天下为己任，这也是老臣几十年来不变的信念。”

康熙皇帝听罢，十分欣慰道：“朕还听说你在黄州单枪匹马深入匪巢劝降匪首，最后真的成功将他招抚，还以一两万乡勇打退了黄州十万土匪，爱卿一介文官，有胆有识，朕甚为佩服啊。”

于成龙道：“微臣只是在宣扬皇上的威德，坚持剿抚并用，并没有其他本事！”

于成龙这话一出，康熙皇帝听了，心里自然是美滋滋的，如饮甘露一般。于成龙倒也很会给皇帝脸上贴金。

康熙皇帝接着又问道：“你手下还有哪些清官？”

于成龙道：“知县谢锡衮、同知何如玉比较清廉。”

康熙皇帝接着再问道：“上次你弹劾知县赵履谦，办事非常得当。”

于成龙道：“赵履谦过而不改，微臣万不得已才弹劾他。”

康熙皇帝嘱咐于成龙道：“为政之道，当知大体，小聪小察，不足为多。且人贵始终一节，尔其勉之。”

“老臣铭记在心。”于成龙打恭礼道。

于成龙喝了一口茶，再次来到皇帝面前，跪拜道：“陛下，老臣还有一个不情之请，请陛下恩准。”

康熙皇帝见于成龙跪下来，又起身走出来将于成龙扶起来，道：“于爱卿，朕不是说了让你不用下跪吗？有什么事你只管说。”

于成龙老泪纵横，抹了抹眼泪，道：“皇上，老臣从顺治十八年离开家乡为官，到今天已经整整二十年了，公务缠身，从未回过家乡，黄州剿匪功成后，老家传来书信说老母病重，老臣当时向湖北巡抚张朝珍大人告假回乡探母，又被皇上调任江防道台，今又传来家母噩耗，老臣五内俱焚，身为人子生不能尽孝，死不能为母下葬，实在愧为人子。自古忠孝两难全，老臣的余生愿为陛下、为大清鞠躬尽瘁死而后已，但求皇上准臣回乡葬母，老臣感激不尽，至死以报陛下。这是老臣给陛下的《请假归葬疏》，本想这两日就快马加鞭送往京城，没想到皇上亲自召见老臣，今天就趁这个机会给皇上吧。”

《请假归葬疏》内容如下：

> 臣早年失恃，继母李氏勤劬抚育。臣初任知县，欲奉母之任，而力有不能。及任黄州知府，正值兵兴，终未遂迎养之私。寻闻母病故，督抚之臣题留在任守制。由是抱哀供职，驰驱军旅之间，而臣母停柩在家，不遑顾也。今滇南逆孽荡平，我皇上诞敷文德，首扶植纲常，敦崇伦理。臣谬任巡抚，代宣圣化，亦惟以纲常伦理教人。际太平盛时，非复从前多事。若不归葬，是贪恋显荣，忘亲背义。对属临民之际，先处怀惭歉，又何以教人乎？伏乞允臣回籍葬母，完此一生大事。则犬马余年，皆图报圣恩之日。

康熙皇帝阅后眼泪夺眶而出，同情道：“爱卿啊，朕对不住你，你受苦了，朕批准你三个月假期，回到山西好好享受一番天伦之乐。”

“谢皇上隆恩。”于成龙兴奋不已，面对康熙皇帝一连磕了几个头。

于成龙拜别皇帝后，先行一步回到保定。康熙皇帝将大学士兼吏部尚书纳兰明珠、内阁学士陈廷敬叫到身边，道：“于成龙起家外吏，即以廉明著闻，洊陟巡抚，益励清操。凡在亲戚交游请托者，概行峻拒。所属人员并戚友，间有馈遗，一介不取。朕甚嘉之！知其家计凉薄，特赐内帑银一千两，朕亲乘良马一匹，以示鼓励。”

康熙二十年二月十二日，翰林院掌院学士库勒纳和一等侍卫对亲，奉旨赶到保定，将皇帝御赐恩典全部颁给于成龙。

于成龙前脚到巡抚衙门，朝卿、李元武、李中素在衙门口迎候。

见于成龙归来，朝卿连忙上前，激动地问道：“老爷，听说皇上召见你了？皇上长什么样？”

于成龙走路像一阵风，很匆忙，道：“皇上啊，他形貌不凡，手握乾坤，口悬日月。”

李中素也迎面而来，道：“于大人，见到皇上了。”

“见到了。”于成龙往衙门内走去。

李元武也很好奇，问于成龙道：“于大人，皇上长什么样？”

朝卿道：“老爷说了，皇上形貌不凡，手握乾坤，口悬日月。”

李元武一脸吃惊，瞠目结舌。

“朝卿，收拾东西，我们回山西老家了，皇上已经恩准我三个月的假。”于成龙回头对朝卿喊道。

朝卿听罢，欣喜若狂，喃喃自语道：“终于可以回家了。”

朝卿激动不已，往后衙跑去，准备回房收拾东西。

于成龙随之转身面对李中素道：“先生很久没有回湖北麻城了吧？也趁此机会回去看看吧，三个月后咱们再见。”

“是呀，是该回去看看了。”李中素感慨道。

“元武啊，你也回去吧。”于成龙面对李元武道。

李元武道：“我孑然一身，父母都不在了，我还回去看什么?!我还是跟着于大人吧。”

于成龙面对李元武道：“你跟着我有十几年了，罗城的变化也很大啊，回去看看吧，看看乡亲们过得怎么样，难得有这个机会。”

“好吧。”从李元武的表情可以看出，他还是很想回家的。

于成龙还未踏入院子，就听见衙门外锣鼓声响起，像是有什么喜事，门外喧嚣不已。

于成龙、李中素、李元武走了出去，见门外仪仗赫赫，引来很多百姓围观。

大学士纳兰明珠、翰林院掌院学士库勒纳从马车上下来，他们的身后站着一等侍卫。

李中素当然不认识明珠，但认得官服，面对于成龙吃惊道：“于大人，对面那个人穿的可是正一品的朝服啊，旁边站着一等侍卫，还有一个穿戴翰林院二品官服，于大人看这阵仗，是皇上派来的。”

于成龙低声道：“他是明珠相国。”

李元武、李中素皆惊，巡抚衙门所有官员出来迎接圣旨。

于成龙上前行屈膝礼，道：“拜见明珠大人。”

明珠笑道：“于大人，恭喜你呀，皇上派本官到保定来，亲自将皇上赏赐的内帑白银和良马给你送来，还带了皇上为你写的一首诗，这份恩宠真可谓天高地厚啊。”

于成龙受宠若惊，面对京城方向连连遥拜道：“老臣多谢皇上。”

明珠道：“于成龙接旨。”

在场所有人跪了下来。

明珠缓缓展开圣旨，宣读道：“奉天承运，皇帝诏曰：直隶巡抚于成龙秉性淳朴，廉介夙闻，朕心嘉赖。俾典节钺，保厘畿辅。唯能激浊扬清，始终如一。清洁之操，白首弥励。真国家之所重，人所不能也。兹来陛见，赐内帑白银一千两和鞍鞯齐全之御乘良马，爰赐以诗，用示鼓励之义，且以风有位焉。诗曰：自昔崇廉治，勤思吏道澄。郊圻王化始，销铭重臣膺。政绩闻留牍，风期素饮冰。勖哉贞晚节，褒命曰钦承。钦此。”

于成龙含泪接旨，道：“老臣谢主隆恩。”

众人羡慕不已，于成龙双手捧着圣旨来到李中素、李元武面前。

李中素道：“于大人，皇上将私银赏给你，这是对臣子最大的荣耀，古往今来很多宰相都没能享受到这份荣耀。”

于成龙感叹道：“皇上的恩德，我无以为报。”

“于大人，一路保重。”明珠朝于成龙喊了一声，留下东西，便上了马车，奔赴京城。

明珠走后，于成龙将皇上赐的银子全部捐给在场的穷人，感动了也震撼了所有人。

第十四章

回乡葬母

按照于成龙的安排，李元武回了广西罗城，李中素回到了湖北麻城，于成龙和朝卿雇了一辆马车，往山西永宁而去。他们相约三个月后在保定聚集。

要回家了，归心似箭，马车奔驰在官道上，地上扬起了两米高的尘土。于成龙和朝卿坐在马车上，他们没有带一兵一卒，马车上只有皇上御赐之物，皇帝赏的美酒，于成龙是一滴也舍不得喝，他准备带回山西，像圣物一样供在祖宗的牌位前。

“老爷，我们有二十年没有回来堡村了，也不知道现在村里的老人还在不在！”朝卿道。

于成龙感慨道：“是呀，二十年了，想必进村的路我都忘了。”

朝卿面对一脸消瘦的于成龙，百感交集道：“老爷，你说这二十年我们漂泊在外到底为啥？别的官每天大鱼大肉，老爷每天青菜萝卜，官越当越大日子越来越清贫，不能在父母身边，与妻儿分别二十年，天南地北，无法相见，饱受离别之苦，老爷难道你不后悔吗？”

于成龙苦笑道："自古忠孝两难全，国家百废待兴，抛弃小家顾全大家，这才是大丈夫所为！虽然我于成龙的家人没能享受到实惠，但是我让千千万万个家庭得以幸福，于愿足矣。"

朝卿没在说话。

于成龙恍然醒悟，道："怎么？朝卿，你在怪老爷我天天没让你吃上大鱼大肉？"

朝卿笑道："哪能呢，老爷，跟着你是我这辈子最大的福气，能跟在皇上都赞扬的清官身边，我也知足了。"

于成龙面对傻呵呵的朝卿，突然觉得有些对不起他，内疚道："朝卿啊，老爷对不起你，你说这么多年了也没能给你找个媳妇儿，让你受委屈了，这二十年来连累你也跟着我吃青菜萝卜。"

"有老爷这句话，朝卿也知足了。"朝卿欣慰地握着于成龙的手。

"于大人，请停一下。"

马车后面有人喊，一队侍卫和一个穿着二品文官官服的人骑马而来，后面扬起几米高的尘土，朝卿探出头去，什么也看不见，呛了一鼻子灰。于成龙连忙招呼车夫停下来。在朝卿的搀扶下，于成龙从马车上走下来。

那穿二品官服的人是陈廷敬，于成龙不认识，陈廷敬手握圣旨，从马背上下来，疾步走到于成龙面前。

陈廷敬上前激动地握着于成龙的手，道："先生，你不认得我，我们是老乡，我是陈廷敬，学生有礼了。"

陈廷敬面对于成龙打恭礼道。

于成龙大吃一惊，道："原来是廷敬啊，你的大名我是如雷贯耳啊，我可听说了，我在保定开仓放粮，百官都劝皇上砍我头，是你保住了我这颗人头，成龙感激不尽啊。”

陈廷敬摆了摆手，笑道：“先生，原本皇上就不想杀你，廷敬劝与不劝都一样，当今圣上是千古圣君，也是我等臣子之福啊。”

于成龙感念道：“是呀，如若不是皇上，于成龙不知道死了多少回了。”

陈廷敬道：“先生，皇上另有恩典，直隶巡抚于成龙接旨。”

“吾皇万岁万岁万万岁。”于成龙和朝卿一同跪下。

陈廷敬展开圣旨，念道：“奉天承运，皇帝诏曰：特简直隶巡抚于成龙为两江总督兼兵部尚书、都察院右副都御史，钦此。”

“臣于成龙谢主隆恩。”于成龙双手捧过圣旨。

陈廷敬和朝卿将于成龙搀扶起来，道：“先生，恭喜你荣升一品大员。”

于成龙朝陈廷敬行了拱手礼，陈廷敬将于成龙拉到一边，郑重道：“于大人，皇上派你到两江，主要是去除两江火耗问题，两江之地是天下的赋税重镇，大清有超过一半的财政出入来自两江，同样两江的腐败问题，官员涉黑问题也是很严重的，所以，于大人你任重而道远啊。”

于成龙的表情很沉重，道：“我明白，多谢廷敬。”

陈廷敬拍了拍手，两江总督的仪仗队整整齐齐走了出来，他们鸣金开道走在于成龙的面前。

“于大人，皇上让我把两江总督的仪仗给你带来，让你风风光光回山西，这一路上就让他们护送你回山西，就不用乘坐马车了，皇上还为你准备了二十坛好酒，都是朝鲜国使臣进贡的，皇上知道你好这口，于大人此行必将名动三晋。”陈廷敬道。

面对这赫赫仪仗，一旁的朝卿都傻眼了，又惊又喜。

于成龙道：“廷敬啊，你知道我就不是张扬的人，这仪仗队还是收起来吧。”

陈廷敬笑道：“先生，反正他们都是为你保驾护航的，你可以把仪仗收起来，就让他们送你们一程也好，到了山西你再遣返他们吧。”

“也罢。”于成龙为难道。

“先生一路保重。”陈廷敬打恭礼道。

陈廷敬转身要走，于成龙恍然大悟喊道：“廷敬，我差点忘了，直隶守道参议董秉忠、直隶巡抚衙门笔帖式郎图、直隶通州知府小于成龙，他们都是清廉正直的好官，请皇上酌情提拔，郎图精通多民族语言和文字，可调往两江任职，我要依仗此人。”

陈廷敬道：“于大人，我知道了，放心吧，学生一定禀报皇上。先生保重。”

陈廷敬上了马，和随行侍卫快马奔赴京城。

于成龙于康熙二十一年（1682）三月才离开直隶，启程回山西省永宁老家。

于成龙在经过固关时，感慨万分，写下一首诗：

行行复过井陉口，白发皤皤非旧颜。
回首粤川多壮志，劳心闽楚少余闲。
钦承帝命巡畿辅，新沐皇恩出固关。
四十年前经过地，于今一别到三山。

这次，皇帝派人护送于成龙回家，于成龙归心似箭，小半月于成龙就抵到了山西永宁州，在靠近山西边界时，于成龙将仪仗队遣返，留下一部分随从押运皇帝送的那些美酒和一应器物。

于成龙二十年没有回来堡村了，村里变化很大，此时正是严冬时节，山西正纷纷扬扬飘着大雪，路面积雪很厚，白茫茫一片。但是能明显感觉到比起二十年前，路面加宽了，对路基进行了加固，村里新修了很多房屋，很多老人都已经去世了。村里的年轻人大多不认识于成龙，于成龙就这样在朝卿的搀扶下行走在村子的窄路上。随从十来个人抬着皇帝的御酒跟在于成龙的身后，小心翼翼地走着，生怕酒水溢出来。

村里来来往往的人从于成龙的身边经过，竟没有几个人认识于成龙。

于成龙面对朝卿感慨道：“二十年没回来了，物是人非了。”

朝卿道：“是呀老爷，很多人连我也不认识。”

但是于成龙还是记得回家的路，他往自家走去。于成龙记得他家有两棵柿子树，这次回来发现两棵柿子树早已枯死，只剩下树干，那轮巨大的石磨还在。于成龙家的屋檐上还挂着晾干的玉米棒，院子里空无一人，只有厚厚的积雪，大雪纷纷扬扬地下着。

但是于成龙依稀听见屋子里有人在说话，于成龙吩咐身后抬酒的随从将御酒放在院子里。

于成龙和朝卿往屋里走去，于成龙的妻子邢氏正坐在炕上与于廷翼的妻子一起扎着鞋垫，她们很专注，屋里进了人也不知道，于成龙闻声而去，朝卿陪着进去。

于成龙掀开帘子，见白发苍苍，垂垂老矣的妇人，于成龙二十年前的画面历历在目，于成龙老泪纵横道："夫人……"

廷翼妻子猛一回头，一头雾水。邢氏见苍老不堪的于成龙，还是能一眼认出，她从炕上下来，步履蹒跚地走到于成龙面前，眼泪汪汪，用颤抖的右手去抚摸于成龙的脸颊。邢氏眼泪奔涌地喊道："北溟，你回来了。"

于成龙泪流满面，连连点头，他抚摸着邢氏的白头发，内疚道："夫人，我二十年没有回家了，恍如隔世啊，成龙对不起你呀，这二十年来我没有一天尽到为人父、为人夫的责任，让你受苦了。"

邢氏擦干了眼泪，笑道："北溟，你回来就好，我以为这辈子再也见不到你了。"

邢氏忙对炕上的廷翼妻道："佳敏，这是廷翼的父亲，快叫爹。"

廷翼妻给于成龙行了一个万福礼，道："爹，你快上炕，外面太冷了。"

廷翼妻连忙和朝卿把于成龙扶到炕上。

于成龙面对邢氏，又看了看朝卿，问道："夫人，你还认得他吗？"

邢氏在朝卿脸上仔细打量一番，依稀记得，道："你是朝卿？"

朝卿连忙面对邢氏拜了拜喊道："大娘。"

邢氏面对朝卿欣慰道："朝卿，谢谢你这么多年帮大娘照顾你成龙叔。你爷爷死了好几年了，他临死前想见你最后一面也没有等到你。"

邢氏说着，朝卿就忍不住哭了，道："老爷，大娘，我先去我爷爷的坟前看看。"

朝卿抱头痛哭，往外面跑去。

于成龙恍然大悟，面对廷翼妻吩咐道："佳敏，你快出去，外面还有很多官差在雪地里等着呢，他们是帮我抬皇上御酒来的，你告诉他们，就说我说的，让他们先回城里驿馆住下。"

"我这就去。"廷翼妻往外面走去。

廷翼妻离开房间后，于成龙将邢氏拉到身边坐下来，夫妻俩坐在炕上，于成龙抚摸着邢氏的手，温情道："夫人，让你受苦了，几个儿子怎么样？廷翼、廷劢、廷元，还有几个孙子他们现在怎么样了？"

邢氏欣慰道："廷翼托你的福，现在山东曲沃县做训导，廷劢现在永宁书院教书，廷元现在京城任工部虞衡司员外郎，几个孙子于准、于汪、于灏，重孙大梃都还不错，于准、于汪、于灏前两天去了太原，准备参加明年的春闱，大梃在赵大嫂家玩。廷翼妻佳敏专门在家照顾我和大梃，他们知道你这几日要回来，所以廷翼他们过几天也要回来了，不是马上要过春节了嘛。"

于成龙瞅了瞅屋子里的摆设，和二十年前并无不同，他想起了死去的继母李氏，泪流满面道："夫人，娘葬在哪里？"

邢氏道："娘和爹合葬一处，还是在村头的山坡上。"

于成龙从炕上下来，道："走，带上铁锹、锄头，我要去祭拜娘。"

邢氏道："北溟，现在外面正下着雪呢，还是等过两天再去吧？"

于成龙含泪道："他虽然不是我的生母，但是谁都知道她待成龙比亲生儿子还亲，当年是娘支持我去罗城赴任，变卖了产业，成龙生不能侍奉在她老人家身边，是我这辈子最大的遗憾，我已经是大不孝了，现在回来了还不马上去看她老人家，成龙于心何安啊。"

于成龙说罢，往外面走去，邢氏拧不过，只能迈着蹒跚的步子跟上。

这时，朝卿和佳敏刚从外面回来，佳敏带着大梃回来了，此时的大梃还是一个几岁的孩子。于成龙见到胖嘟嘟的重孙很欣慰，摸了摸孩子的脸庞。

一旁的佳敏推了推孩子，道："大梃，快叫太爷爷。"

大梃稚嫩的声音喊道："太爷爷。"

"真是好孩子。"于成龙将大梃抱了起来吻了一下便又放下去。

于成龙面对朝卿道："朝卿，你和佳敏一起把院子里的御酒搬进去，然后带上锄头和铁锹到村头的山坡上，我要去祭拜你李奶奶，顺便把我们在城里买的香烛、冥钱带上。"

朝卿急道："老爷，雪天路滑，你要当心点。"

朝卿连忙动手，将皇帝御赐的二十几坛朝鲜进贡御酒往于成龙屋子里搬。佳敏把大梃带进了屋子后，出来和朝卿一起搬酒。

村头的山坡上，是于成龙父亲于时煌和李氏的合葬墓，李氏刚刚下葬不久，所以看起来还是一座新坟，坟上的土看起来还很松软，旁边有一棵野生的柿子树，山上光秃秃的，只有一些枯黄的野草和一些野枣树，积雪堆了厚厚一层。

墓碑上刻着：乡贤于时煌与妻李氏合墓。

于成龙面对父母坟墓，老泪纵横，一时情绪失控，扑倒在墓碑上痛哭起来。

"爹，娘，孩儿不孝，我回来晚了，孩儿对不起你们……"

于成龙在墓前哭得死去活来，邢氏不忍，安慰道："北溟，你要节哀啊，娘也是深明大义之人，她老人家知道你一切都是为了老百姓，她是不会怪你的，当年也是她老人家支持你去罗城的，如今你衣锦还乡，光宗耀祖，就是对父母、对祖宗最大的孝，你也上了年纪了，不能因为悲伤过度也伤了身体啊。”

朝卿带着香烛来到了于成龙身边，道：“老爷，香烛拿来了。”

于成龙伤心欲绝，他接过朝卿手里的香烛和冥钱，在李氏的墓前用石头架起一个烧纸坑，朝卿从山坡上找了一些干草放在坑里，于成龙用打火石点燃了干草，并点起香烛给继母李氏上香，一旁的朝卿、邢氏和于成龙一起烧这些冥钱。

于成龙一边烧，一边哭。烧完后，于成龙拿起锄头开始在坟墓周围除草，他很卖力，边除草边念叨：“爹，娘，孩儿没有让你们失望，没有让于家先祖蒙羞，成龙如今官拜一品，成龙谨遵爹娘教诲，没有拿百姓一针一线，孩儿今天回来帮你们除除草、添把土。”

于成龙用锄头将坟墓周围的野草都除干净后，又拿着铁锹铲土，往坟墓上垒。

乡亲们知道于成龙回来，正在山坡上给李氏垒坟，纷纷从家里窜了出来，站在村头的坝子上，男女男少翘首瞧热闹，他们指指点点、议论纷纷，于成龙只听到山下很吵，听不见他们在说些什么，只是七嘴八舌。

于成龙扶着邢氏从山上走下来，朝卿扛着锄头和铁锹往山下走。

于成龙夫妇刚下山，就被村里的人围住了，纷纷给于成龙打招呼，也许是许久没有回家，乡亲们看到于成龙就像看到了稀罕物。

“于老爷，你回来了？听说你现在当上大官了。”

“于老爷，你可算为咱来堡村增光了。”

乡亲们七嘴八舌，争先恐后地逢迎于成龙。

村里的年轻人于成龙大多不认识，老一辈已经去世了，认识的也基本上是一些同龄人。

“成龙兄，你还记得我吗?”于成龙的发小王成德此时也是满头白发，长年干农活，看起来比于成龙更加衰老。

王成德来到于成龙面前，牵起于成龙的手激动地说。

于成龙见来人似曾相识，看了看夫人邢氏，邢氏道：“北溟啊，他是成德啊，王成德，你的发小你忘了?”

于成龙拍了拍额头，恍然大悟道：“哦，你是成德兄，二十年不见了，你也老了？现在做何营生啊?”

王成德惭愧道：“成龙兄，我一直在家里种地，比不上你啊，你当年没有听我的劝去罗城是对的，如今已是一品总督，你为咱来堡村，也为咱山西增光了。”

于成龙自谦道：“成德兄，再怎么样，我也是百姓的公仆，是给皇上当差的，官场险恶啊，几次三番差点命就没了。”

王成德握着于成龙的手，感叹道：“这些年来，你一个人在外，苦了你了，也苦了嫂子了，现在你儿孙满堂全满了。这次回家准备待多久啊?”

于成龙道：“皇上准我三个月的假，这次回来要春节后才走吧。”

王成德热情道：“正好，只要你不嫌弃，还看得起为兄，春节还来我家过年吧?”

“多谢成德兄，一定。”于成龙拱手道。

于成龙想起了他的另外一位好友王吉人，问王成德道：“成德兄，吉人怎么样了？我怎么没有见到他?”

王成德道："吉人跟着女婿去城里住了，他的女婿在太原城给他买了宅子，现在日子过得好着呢。"

于成龙欣慰道："那就好，只要乡亲们好，我就高兴。"

"张大嫂。"

"赵二哥。"

于成龙一一和人群中的熟面孔打招呼，并一一握手，于成龙与乡亲们寒暄一番后，便携邢氏往家里走去。乡亲们跟着于成龙走了几个路口，直到于成龙进了家门。

几日后，于成龙的儿子、儿媳、孙子、孙媳们都陆陆续续从外面赶回来，一别二十年，于成龙对子孙们有很多话要讲，当天晚上，于成龙与子孙们一直唠嗑到凌晨。

于成龙穿上一品红宝石、仙鹤官服顶戴，携于家老小十几口跪在于家祠堂前，祠堂前供奉着祖宗牌位，还有于成龙这些年来朝廷颁发的"卓异"牌匾，各种荣誉挂满了屋子。

于成龙面对祖宗牌位，自嘲道："成龙这些年来没有挣回金没有挣回银，愧对家人，让这一家子跟着受苦，但成龙挣回了这些荣誉，也不算让祖宗蒙羞，也算光宗耀祖了。"

于成龙面对祖宗牌位和皇帝颁发的牌匾，带领子孙们一起磕头。

于成龙当着祖宗牌位，一副正义凛然的样子道："我于成龙今日当着祖宗和于家子孙的面，立下家规，自我于成龙始，凡我族人，提倡耕读传家，勤劳节俭，艰苦奋斗，秉承孝道，兄弟和睦，爱惜民生，后世有我族人为官者，凡贪污受贿、戕害百姓者，一律踢出族谱，千夫所指，受万世唾骂。尔等都听清楚了吗？"

“儿子谨遵父亲教诲。”

“孙儿记下了。”

子孙们面对于成龙的耳提面命，回答得倒也整齐，态度很是诚恳。

于成龙处理完家中事，带着重孙大梃，提着一包银子，在村子里挨家挨户走访。于成龙在二十年前，去罗城赴任时，吃穿用度全仗乡亲们的资助。哪一家、哪一户资助过于成龙，于成龙都铭记于心，这次专门拉着大梃前往各家中还银子，报答乡亲们的恩义。

于成龙往于敏家走去，于成龙拉着大梃刚进院子，就看见于敏、王元、陈实、李平四人说着话从屋子里走出来。

“于敏、王元、陈实、李平。”于成龙用低沉的声音喊道。

四人年已半百，见于成龙，连忙上前跪拜，异口同声喊道：“于老爷。”

“我们听说于老爷你回来了，我们几个正商量到你家看望你呢，没想到你来了。”于敏巧言道。

“是呀……”其余三人异口同声连连点头道。

于成龙从包裹里拿出四个二十两的银锭，共八十两银子分别塞进四人手里，四人面愧不肯收，于成龙强行给他们手里，道：“于敏、王元、陈实、李平，当年是你们一路护送我到罗城，最后什么也没有得到，我于成龙对不住大家，今儿个权当当日报答，务请收下。”

说罢，于成龙抓着大梃，转身出院子。

于敏等四人热泪盈眶，惭愧万分，跪在了地上，高呼：“于老爷。”

于成龙这次回来不仅为母亲李氏垒了坟，也借此机会资助了家乡的一些民生工程，为家乡父老铺路搭桥，至于这些钱的来路嘛，基本上都是康熙皇帝赏赐给他的，像于成龙这般清廉之官吏，哪来的这么多钱资助民生啊。他这样做，无非是取之于民，还之于民罢了。

人老了就希望念旧，于成龙阔别家乡几十年，这次回来感触颇深啊。

那日午后，于成龙吃过午饭，又带着重孙子大梃前往距离村里不远的安国寺。安国寺曾经是于成龙寒窗苦读十年的栖身之所，寺庙里的人大都认识他。

于成龙身着便装来到安国寺上香，并四处参观，刚出了大雄宝殿就遇上了弘光法师，法师已是老态龙钟，见于成龙忙迎面合掌道："阿弥陀佛，施主红光满面，真乃贵人之相啊。"

于成龙定睛一看，吃惊道："你是弘光法师？"

弘光法师笑道："贫僧与施主二十年未见，不曾想施主还记得贫僧。"

于成龙笑道："大师哪里话，成龙小时候常住安国寺，是大师给成龙方便，成龙感激不尽。"

弘光法师摆了摆手，笑道："施主如今官拜一品，惠泽万民，可喜可贺。"

于成龙笑道："大师，在佛家看来，功名利禄不都是虚妄嘛，况且成龙也是在为百姓服务，一介公仆耳。"

一名小沙弥跑来，面对法师道："方丈，斋饭已备好。"

法师面对于成龙道："施主不妨品一杯素茶如何？"

于成龙笑道："甚好，想不到法师如今已贵为安国寺主持方丈，可是光阴似箭啊。"

于成龙牵着大梃跟在法师后面，往内院去了。

于成龙捐下巨款，资助寺庙的修缮，并且还资助了一些一心求学的贫苦子弟，让他们也能完成学业，将来考取功名，也好为国尽忠。

过完了春节，三个月的期限很快就过去了，于成龙又要背井离乡，前往两江赴任。此次离家，将与家人永别。于成龙和朝卿上了路，再也不是一人一仆，妻子邢氏不忍，他心里很明白，这是她和于成龙的最后一次见面，可能会是永别。邢氏带着于家子孙，远远望着于成龙远去，邢氏泪流满面，在村口站了几个时辰不肯离去。幼子于廷元不放心，便追上于成龙陪同上任，于成龙、朝卿、于廷元一起跋山涉水来到两江首府江宁城。

第十五章

一品总督

于成龙一行于康熙二十一年（1682）四月抵达两江首府江宁，正式出任两江总督。两江总督是清朝封疆大吏中最肥的，总督两江等处提督军务、粮饷、操江、统辖南河事务，辖区包括江苏、安徽、江西三省，总督三省的军政大权、钱粮赋税。在清朝初期，江苏和安徽两省并称为江南省，所以，两江指江南省和江西省。康熙皇帝授予于成龙两江总督的同时还加兵部尚书衔，兵部乃清朝六部之一，于成龙所担任的兵部尚书，正是兵部的最高行政长官。兵部主要是负责全国的兵马调动日常工作，兵部尚书一职在清朝是为从一品衔，全国的兵马大权都交到了于成龙手上，可想而知，皇帝是如何的信任于成龙。

康熙皇帝给于成龙加都察院右副都御史衔，主掌监察、弹劾及建议，都察院也是明清两代最高监察机关，清代改都察院左右副都御史为总督、巡抚等封疆大吏的国衔，主要意图是便宜封疆大吏执法，对一些不法官员进行监察和弹劾。

于成龙这次从山西老家出发，走的是旱路，朝廷专门安排了马车和随行人员负责接送，于成龙、朝卿、于廷元三人是乘坐马车到的江宁城。以江宁将军瓦岱、江苏巡抚余国柱、江苏布政使丁思孔率两江三品以上的官员在总督衙门迎接。

于成龙到达江宁当天，总督衙门附近街道的商贩和行人全部清街，巡抚衙门派官兵在总督府衙门的各个出口严防死守，不准百姓出入，百姓怨声载道。百姓们只有远远地观望，接待排场隆重而盛大。两江境内的八旗贵族家眷陪同迎接于成龙，他们翘首以盼于成龙的车队。

于成龙的车队缓缓向着总督府驶来，于成龙时不时从马车上探出头来，本想饱览江南风情，但于成龙发现街道上一个行人也没有，街道两边只有一眼望不到头的官兵站岗，于成龙很是生气。

马车在总督府门口停下来，朝卿和于廷元先行下车，于廷元扶着于成龙从马车上走下来，道："爹，你小心点。"

于成龙下了马车，巡抚余国柱和布政使丁思孔疾步上前，行屈膝礼。

"下官江苏巡抚余国柱拜见于大人。"余国柱道。

"下官江苏布政使丁思孔拜见于大人。"丁思孔道。

于成龙连忙道："二位大人请起。"

那江宁将军瓦岱来到于成龙面前，拱手笑道："于大人，你一路辛苦啊，本将军在明月楼设下酒宴，请于大人务必赏光啊。"

于成龙面对瓦岱一头雾水，那巡抚余国柱面对于成龙笑道："于大人，此乃江宁将军瓦岱。"

于成龙一惊，连忙朝瓦岱行屈膝礼，道："下官见过瓦岱将军。"

瓦岱俯下身去，将于成龙扶起，笑道：“于大人你不需多礼，你的清廉之名本将军早有耳闻，三藩之乱你协助朝廷大军瓦解了黄州匪患，康亲王多次在皇上身边保举你，你我从今以后共同管理两江，今天我来迎接你是应该的。”

于成龙道：“下官多谢将军的款待，只是下官一向只吃粗茶淡饭，这将军也是知道的，请将军见谅，下官心领了。”

于成龙转身面对巡抚余国柱，问道：“抚台大人，怎么今日这江宁城的街道上空无一人？”

巡抚余国柱战战兢兢道：“今日于大人赴任，下官下令驱散了百姓，实在是担心有不法之徒趁机谋害于大人啊。”

于成龙厉声呵斥道：“我于成龙行得正坐得端，难道还怕人害我？禁街劳民伤财不说，还会让我这个刚上任的总督背上恶名，官员和百姓之间不要有隔阂，只有亲近他们，他们才愿意相信我们。”

“是，下官谨遵制台大人教诲。”巡抚余国柱点头哈腰道。

于成龙面对江宁将军瓦岱行了作揖礼，便在朝卿、于廷元的陪同下往总督府里走去，头也没有回。

江宁将军瓦岱失了面子，脸色有些不好看，埋怨道：“这个于成龙，真不识抬举，本将军作为两江领衔长官亲自迎接他，他还如此放荡不羁。”

巡抚余国柱笑着宽慰道：“将军，于成龙向来油盐不进，他的为人你不是不知道，你不要和他置气。”

瓦岱道：“我和他置什么气，正因为我知道他是什么人，也罢，于成龙不吃，我们去吃，不要浪费了这一桌好酒好菜。”

瓦岱将军带领着大家往酒楼方向去了。

巡抚余国柱面对身边的官差道："帮于大人把马车上的货物都卸了，搬进去。"

随后下令将周围的官兵撤了。余国柱为了两不得罪，他和丁思孔先安置了于成龙，再往明月楼去。

于廷元帮父亲于成龙安顿好了一切后，便要返回山西，临行前他劝诫父亲于成龙，说官场险恶，遇事首先要明哲保身，不可直来直去，不可轻易得罪人。于成龙知道儿子的话是一番好意，但秉性正直的他又怎么能轻易改变呢。于成龙和朝卿送走了于廷元，面对儿子离去的身影，于成龙潸然泪下，他知道自己的身体一日不如一日，这一别可能就是父子之间的永别。于成龙站在江宁城楼上，目送儿子远去，他的内心如针扎一般。

于成龙赴任两江总督没几天，与于成龙约定好的李中素和李元武来到了总督府。李中素继续在于成龙身边当他的幕宾，李元武继续为于成龙鞍前马后、冲锋陷阵，做于成龙两江总督衙门的捕头。这次回来，李元武不再是一个人，在罗城的三个月里，他邂逅了属于自己的爱情，妻子是他儿时的玩伴，他们是久别重逢，这次她和李元武一起来到了江宁。女方名叫银凤姑，凤姑是北方游牧民族的后裔，南迁罗城扎根。凤姑留在了总督府，和朝卿一起为于成龙一行人照顾起居饮食。

李元武从罗城回来，他告诉于成龙，罗城百姓、乡绅捐资在罗城为于成龙修建了罗城广场，塑像，造生祠，还说罗城县在近十几年的发展迅速，百姓安居乐业，于成龙感到很欣慰。对于建造生祠一事，于成龙颇有几分介意，在于成龙看来这无疑是劳民伤财，更何况，树大招风，日后必会成为朝廷中那些嫉贤妒能之人打击报复的借口。为此，于成龙多次修书罗城知县，但都无事无补，阻挡不住罗城百姓对于成龙的崇敬之情。

于成龙到达江宁后，没有休息一日，便马不停蹄地投入工作，他带着李元武和李中素在江苏各地走访民间，他是微服私访。在江宁、扬州、镇江、常州等地走访时，他探听到两江境内有一个欺男霸女、无恶不作的黑道人物，他叫鱼壳。民间传言这位鱼壳背后的靠山是一个皇亲国戚，因为有皇亲的撑腰，于是在江南一带恶贯满盈，杀人越货无恶不作，百姓们谈虎色变，闻风丧胆，没有人敢提他的名字。经多番打听，于成龙最终了解到这个鱼壳是江宁地方兵马司副都统葛礼的大管家，统归江宁将军辖制，葛礼还有一个了不得的身份，他是康熙皇帝的亲外甥。

回到江宁后的于成龙彻夜难眠，这是他出仕以来经手的最大要案，鱼壳的恶名在两江境内无人不知，但是没有人敢得罪葛礼。于成龙经过一晚上深思熟虑，最终他的良心战胜了他的胆怯。

翌日辰时，于成龙在两江总督府衙门的平政堂召见了两江文武大臣、各级官员。两江境内正三品以上的官员都在场，于成龙坐于堂上，直言不讳道："这几日，我在江苏各地走访民情，打听到一个人，他的外号叫鱼壳，是江南一带的黑道恶霸，哪位大人认识，可否为本官引荐一下？"

诸位大人一听，脸色大变，仿佛空气瞬间凝固，没有人敢说话，连呼吸都不敢。在场的官员们左顾右盼，他们的表情很沉重。

于成龙笑道："我知道你们都认识，怎么就没有一个人敢向本官引荐呢？"

就在气氛陷入十分尴尬的境地时，兵马司副都统葛礼带着一队亲兵，约有十余人，来到了大堂上。

“听说总督大人想认识鱼壳，我来给大人引荐。”

人未到，声先至。那葛礼长得脑满肠肥，身材魁梧，穿着副都统的铠甲，腰悬佩刀，大摇大摆地走到了于成龙的面前，走着六亲不认的步伐。

“于大人，下官有礼了。”葛礼朝于成龙拱手道。

于成龙冷笑道：“不知将军姓名？”

葛礼不顾礼仪，一副目中无人的样子就在大堂上找了一把椅子坐下来，嚣张道：“下官乃江宁兵马司副都统葛礼，实话告诉大人，这鱼壳是我葛礼的大管家，于大人要拿鱼壳尽管来便罢，下官在府上恭候。”

葛礼之言似有挑衅之意，于成龙哪能听不出来，道：“既如此，那就多谢将军成全了。”

葛礼起身，一脸铁青准备往外面走。

刚走出大堂门口，转身面对于成龙道：“于大人，你可要想好了，这么做的后果。”

葛礼头也不回地率兵离开，于成龙听出了葛礼威胁的语气。

“将军，一切后果由我承担。”于成龙喊道。

这是公然叫板，在场的各级官员们已经嗅到了火药味，对此保持沉默不敢吱声。

退堂后，李中素、李元武随于成龙来到了后衙，于成龙坐在走廊上，消化刚才葛礼挑衅之语。李中素和李元武表情沉重地走到于成龙面前，李中素道：“于大人，刚刚我们都看见了，这是葛礼公然在与大人叫板，不知大人接下来该怎么办？”

于成龙坚定道："李先生，速速草拟告示，本官要在两江境内招揽义士，抓捕鱼壳。"

李元武自告奋勇道："大人，让我去。"

李中素忙劝道："于大人，不可，牵一发而动全身，葛礼有恃无恐，必然有所防备，再说抓住葛礼于大人该怎么处置他，杀了他？大人不能因为这件事毁了前途，葛礼是谁，当今皇上的亲外甥，学生担心大人因为这件事丢官是小，可能还会丢脑袋，大人你不能冲动啊，今天大堂上的各级官员没有一个人敢吭声，谁都知道这里面的利害关系。"

于成龙斩钉截铁道："李先生，皇上把我派到江宁自有他的道理，如果办了葛礼和鱼壳果真惹来杀身之祸，于成龙也算为江南百姓除去一害，我死而无憾，你快去草拟告示。"

李中素面对于成龙的一意孤行无可奈何，只能前往草拟告示。

李元武道："于大人，让我去抓鱼壳吧，果真出事，元武愿代大人受过。"

于成龙不忍道："不行，你死了凤姑怎么办！"

于成龙背着手往房间走去，一副心事重重的样子，一筹莫展。

遵照于成龙的吩咐，衙门书办执笔，抄写了几百份告示，张贴在江宁城的大街小巷，期待义士揭榜，可一连几天无人揭榜。

葛礼在总督衙门受了气，回到府上大发雷霆，将府里的一应器物砸得粉碎，葛礼身为皇帝外甥，从来没有人敢让他怄气，于成龙还是第一个，葛礼越想越来气。

夜深人静时，葛礼府上的灯还亮着，鱼壳大摇大摆地进了葛礼府的大门。此时的葛礼是无论如何也睡不着的，他坐在中堂上等着鱼壳归来。

鱼壳一进门，见葛礼脸色铁青地坐在那里，不明情况的鱼壳上前请安道："鱼壳给将军请安。"

葛礼瞪了鱼壳一眼，道："鱼壳，你去哪里了？这几日不见你踪影？"

鱼壳道："将军不是马上要过寿了嘛，小的到各地要供奉去了。"

葛礼拍案而起，震怒道："于成龙要抓你，你不知道啊？这几日你不要活动了，赶紧找个地方躲起来。"

鱼壳不可一世的样子，道："将军，我是你的大管家，于成龙就算借他十个胆他也不敢吧。"

葛礼道："如果是别人本将军倒不担心，这个于成龙就没有他不敢的，本将军告诉你，如果你真的栽在于成龙的手里，本将军第一个杀的人就是你，这其中的利害关系你要明白。"

葛礼如此说，倒让鱼壳重视起来，他顿时感到此事非同小可。

鱼壳道："将军，你放心，小的这就去躲起来，他是找不到我的。"

鱼壳朝葛礼作揖后离开，出了都统府。葛礼哪里知道，此时的都统府已经被于成龙派人监视起来了。李元武正躲在角落里，带着一队官兵跟踪。

于成龙、李中素在房间里焦急不已时，有衙役来报，道："启禀大人，有人揭榜了。"

于成龙忙问道："人在哪里？"

"他在大堂上等着大人。"衙役道。

于成龙和李中素急急忙忙跑到大堂上，见一粗壮大汉，高大威猛，操着手立于大堂上，他的胸前抱着一口大刀。此人穿着便服，威风凛凛。

于成龙坐于大堂上，李中素侍立一侧。

“卑职拜见总督大人。”大汉请屈膝礼道。

于成龙诧异道：“你叫什么名字？何方人士？”

那壮士起身，面对于成龙拱手道：“于大人，卑职乃是江宁知府衙门捕头雷翠亭，大人张榜数日，无人敢揭榜，卑职愿效劳。”

李中素吃惊道：“你就是江南名捕雷翠亭？”

“正是在下。”雷翠亭恭敬道。

于成龙问道：“你既然是公门中人，今日为何布衣来见？”

雷翠亭拱手道：“于大人，那鱼壳在江南恶贯满盈，卑职多次想要替天行道，知府大人也是畏首畏尾，既然于大人要拿鱼壳，卑职只有豁出去了。”

于成龙道：“雷捕头，你可知道此事的利害？拿了鱼壳，就如同得罪了葛礼，葛礼是皇上的外甥，你真的想好了？”

雷翠亭道：“于大人的清名，雷翠亭早已耳闻，于大人可以为百姓不顾一切，雷翠亭还担心什么，只解沙场为国死，何须马革裹尸还。”

于成龙振奋道：“雷捕头，此事的后果，我于成龙与你一力承担，本官下令将你暂调总督衙门，全力抓捕鱼壳。”

“领命。”雷翠亭赫然领命道。

雷翠亭打听到鱼壳爱去一家客栈喝酒，一日，他便乔装成店小二，给鱼壳送菜。捕快扮成街市上卖货的商贩，雷翠亭趁鱼壳酒醉如泥将他拿下，并没有花大力气。鱼壳被关进了监狱，像鱼壳这样的人，典狱长、狱卒都是他熟悉之人，后来玩起了金蝉脱壳，逃了出去。鱼壳对于成龙怀恨在心，意图杀害于成龙。于成龙当时正在总督府与官员议事，商量对鱼壳的处置办法，鱼壳在梁上听得真真的，持剑向于成龙刺来。那李元武在于成龙身边，对于成龙形影不离，反应迅速的李元武用剑鞘一挡。

“来人，有刺客。”李中素朝门外喊道。

府衙内官兵闻声持刀冲进来，与鱼壳展开厮杀，鱼壳见他们人多势众，敌不过，拼命杀出一条血路，跳上房梁，逃了出去。

李元武因为要保护于成龙没有再追，雷翠亭刚好路过，见鱼壳逃走，连忙追了出去。鱼壳的车夫正在府外等着他，鱼壳刚一出府就跳上了马车，马车飞奔而去。雷翠亭追了上去，一跺脚，跃上马车，与鱼壳打斗，鱼壳被打下马车，马车只好停下，车夫急得直跺脚。

鱼壳被雷翠亭逼进一条死胡同，车夫追上去，鱼壳被雷翠亭彻底压制，刀已经架在他的脖子上。

“你被抓，第一个杀你的人就是我。”葛礼的话在鱼壳的耳边回荡，这里面牵扯了太多利害关系，鱼壳想只有他死了，于成龙就没有证据罪及葛礼，葛礼将军也会好好照顾其家眷，鱼壳用雷翠亭的刀自尽身亡。

车夫吓得半死，连滚带爬跑回葛礼的府上。

“将军，鱼壳死了。”车夫火急火燎跑到葛礼面前道。

葛礼大惊失色，抓起车夫的领口，气急败坏道：“怎么死的?!”

“他被雷翠亭抓住，自尽了。”车夫急道。

“他是被雷翠亭杀死的，快说。”葛礼像一条疯狗一样嚎叫道。

葛礼的样子要吃人一样，车夫连连应道:“是，鱼壳是被雷翠亭杀死的。”

葛礼把车夫藏了起来。

鱼壳死后，雷翠亭感觉要出大事，火急火燎赶回总督府，于成龙、李中素、李元武和布政使丁思孔等人正在大堂上等着雷翠亭。

雷翠亭急急忙忙来到于成龙面前，禀告道:“于大人，鱼壳自尽了。”

于成龙大吃一惊道:“鱼壳是葛礼犯罪的证人，这下线索全断了。”

李中素似有不祥之感，道:“雷捕头，鱼壳自尽有谁看到?”

雷翠亭道:“当时在场的只有鱼壳的车夫，他跑了，应该是去葛礼府通风报信了。”

李中素急道:“不好，车夫是唯一的证人，恐怕葛礼不会放过他，车夫一死，不仅扳不倒葛礼，还会连累雷捕头。”

果然，当晚葛礼就带人来兴师问罪，诬陷雷翠亭杀人，把雷翠亭带走了。

李元武为了救出车夫，当晚就潜入葛礼府，费尽周折才找到车夫被绑在柴房里，李元武将车夫救了出来，还没有走出院子就被葛礼府上的府兵发现，葛礼带着几十人的队伍追杀李元武和车夫，追了他几条街。

当于成龙发现李元武不在，这才感觉大事不妙，在朝卿、丁思孔等人陪同下，带着总督府所有人上街找人。

李元武既要保护车夫，又要对付葛礼的府兵，受了点轻伤。

在秦淮河边的观音庙前，葛礼追上了李元武，李元武被葛礼的府兵围困，李元武且战且退。于成龙一行人也刚好赶上。

见于成龙赶来，葛礼准备鱼死网破，从府兵手里抢过弓箭，一箭射穿了车夫的心脏，当场毙命。

李元武的左臂也受了伤，在总督府士兵的保护下，葛礼才撤兵。

葛礼当街杀人，于成龙、丁思孔以及随行人员都亲眼所见，葛礼自知难逃罪责，也没有逃。当晚就被于成龙带人绑回了总督府，关押在大牢里。

翌日早会，于成龙当着两江各级官员的面公审葛礼，李中素在一旁负责记录。李元武侍立在于成龙身边。

于成龙拍了拍惊堂木，喊道："押故意杀人犯葛礼上堂。"

葛礼被五花大绑带上堂来，葛礼嚣张道："于成龙，你识相点快放了我，否则我定让你好看。"

于成龙的公案上放着一摞状纸，于成龙拍着这些状纸，愤怒道："葛礼，看到了没有，这些状纸都是状告你的，有的告你霸人妻女逼死良民，有的告你索贿不成致人死亡，你长期以来祸害两江、人神共愤，鱼壳车夫是你所杀不是？"

葛礼道："你不都看到了吗？问我作甚？"

"回答本官，鱼壳车夫是不是你杀的？"于成龙厉声道。

"是老子杀的，你想怎么样?!"葛礼跋扈道。

于成龙道："你承认就好，本官现在就判处你绞刑，给两江百姓一个公道。"

巡抚余国柱连忙制止道："于大人，葛礼应交宗人府处置，你没有审判葛礼的权力。"

江宁将军瓦岱匆匆赶来，面对于成龙拱手道："于大人，事情我都听说了，葛礼属于兵部辖制，我江宁将军钳制，还是将他移交我将军府处理吧，他毕竟是皇亲国戚，皇上的外甥，如果你这么杀了他，本将军的日子也不好过啊，我们大家都会有麻烦的。"

瓦岱似有央求之意。

"于大人，你的心情我可以理解，但你可不能一意孤行啊。"江苏布政使丁思孔道。

于成龙见江宁将军说情，连忙从公案前走出来，面对江宁将军作揖道："将军，不是我于成龙不给你面子，王子犯法必须与庶民同罪，其实你我都很清楚，如果真的把葛礼送回京城由宗人府或者刑部处置，那他就死不了，如此一来我怎么对得起江南百姓，请将军见谅。"

于成龙回到公案前坐下，从令箭桶里取出令箭。

瓦岱道："于大人，你执意如此，本将军不拦你，我只有带着两江之地三品以上官员联名弹劾你，否则我等也要跟着你遭殃。"

瓦岱拂袖而去。

于成龙心一狠，道："将葛礼拉出去，处以绞刑，立即执行。"

葛礼瞬间魂飞魄散，他不明白于成龙真的敢杀他，拼尽力气高喊道："于成龙，你杀了我，皇上不会认可，朝廷不会认可，你就等着给我陪葬吧。"

葛礼被拖了出去。

葛礼的甲胄被于成龙八百里加急送往京城，康熙皇帝在乾清宫将葛礼的甲胄传示群臣，群臣皆惊，不敢说话。

康熙皇帝坐在龙椅上沉默良久，抬头面对群臣道："江宁将军瓦岱与两江三品以上的官员弹劾于成龙不行上奏处死葛礼，你们说这个于成龙好大的胆子，竟敢杀朕的外甥?!"

大殿上的大臣们，对于成龙的处境自然是亲者痛仇者快，但康熙皇帝的表情看不出愤怒。

就在大臣们还在揣摩皇帝心思的时候，康熙皇帝站了起来，用铿锵有力的语气道:"于成龙做了一件很多人都想做而不敢做的事情，葛礼长期以来祸害两江、人神共愤，不杀葛礼不足以平民愤，不杀葛礼天理难容，于成龙不顾葛礼是朕的亲外甥也杀了他，这样的官员才是朕仰仗的股肱之臣。至于说于成龙不行上奏一事，交给刑部、吏部会议。"

于成龙杀了葛礼后，第一时间也给皇帝上了请罪书，等待朝廷的裁决。这段日子，于成龙寝食难安，心里很不是滋味，如同被置于火上烤一般难受。但这件事情朝廷和皇上没有给任何态度，也就不了了之，皇帝下旨放了雷翠亭，由此看来皇帝的态度很明显。

既然如此，于成龙就得履行两江总督的职责。于成龙于康熙二十一年（1682）六月，向朝廷上书《请暂停江苏举劾疏》:

"江苏现届二年举劾之期，臣自四月任事，虚衷察访属员。有立身以名节自励，而设施未洽民情；行已在清浊之间，而举动未撄民怒。盖贤非循卓之优，不贤非污墨之甚，恐举之劾之，不足以为未举未劾者愧励，请暂停此次举劾。其贤者，臣奖进诱掖，徐观厥成，特疏题荐；不贤者，教诫以期自新，倘怙恶不悛，亦特疏纠参，无稍姑容。"

皇帝同意了。

于成龙自离任直隶巡抚后，对直隶的小于成龙还是很挂念。康熙二十一年（1682）六月十九日，江宁府知府陈龙岩病逝，知府位置空缺，于成龙当即向朝廷请示《请补江宁知府疏》，指名道姓地请求朝廷任命通州知州小于成龙或霸州州判卫既齐为江宁府知府。这些都体现出于成龙举贤不避亲。

于成龙在举荐奏疏中写道："江宁知府一官，不独为八邑之表率，而实为通省之领袖，自到任以来，目睹江宁知府陈龙岩老成持重，廉洁自矢，且其料理各项钱谷，应付过往官兵，尤征肆应之才。臣幸其得一良吏，可以收臂指之效，而表式乎群僚。不意于康熙二十一年六月十九日未时病故，臣闻报如失左右手。窃念朝廷储养人才，固不乏才德兼优之俦。但吏部铨选，原有定例。今该府员缺，部臣自必循资按格，掣签推补。诚恐所推者操守有余而才干不足，或才干可观而操守难凭。以之经理重地，难免覆疏之虞。必得才守兼全如臣任直隶巡抚所荐通州知州于成龙、霸州州判卫既齐，区画一切事务，庶可政修事举，胜任而愉快。仰请皇上俯念江宁知府一官关系最重，不拘铨选常例，敕部立速拣选或命廷臣会推清操久著干练成效者，星驰赴任。"

于成龙在奏章中举荐小于成龙和卫既齐，不能明目张胆举荐，这是朝廷官吏制度的大忌，所以，于成龙只是在奏章中列举这两个廉吏，供皇帝参考，皇帝也未必就会用这二人。不过康熙皇帝最终用了通州知州小于成龙，让他接任江宁府知府一职。还有就是镇江府的知府高龙光，祖籍是福建的，也是一位德才兼备的清官，但是这个高龙光可不像于成龙这样好运，官运亨通，高龙光虽然为官也较清廉，但是官运不佳，一路降级贬职，康熙十九年因为处理漕运事务误了期限，被朝廷降职。

于成龙在奏章中写道：“京口滨江负海，地处冲要。又当闽浙孔道，素称繁剧。且为旗营驻防之所，军民杂处，豪暴间出，非偏僻旁郡可比。臣驻扎省会，抚臣亦相距稍远，耳目或有难周，所赖道府弹压整顿，良非浅鲜。臣自到任以来，凡要地郡守之淑慝，尤必加意体访，目睹镇江知府高龙光守绝一尘，才长肆应，革除耗羡，屏绝馈遗，真以实心而行实政。他如绥靖地方，审理逃务，调剂得宜，旗民允服。无忝表帅，允称理繁之任。似此才守兼优之员，正可砥砺官方，方欺久任奏效。查定例，被降之官果系清廉爱民良吏，许该督抚题请留任。”

康熙二十一年（1682）十二月，于成龙和巡抚余国柱联名向皇帝上书，举荐江苏布政使丁思孔。于成龙在奏章中，表明了自己的立场道：“论人授官，固当就才之短长以分繁简；若就官论人，又当按地之繁简以定高下。江南赋重役繁，民生凋敝，兼以水旱频仍，供亿四出。官斯土者，长才欲黾勉而回头无进步之阶，短才困积逋而束手鲜周身之策。案牍日见纷纭，催科日渐繁苦，求其痛自鞭策，志期上达者，屈指不见一二。”

两江吏治，于成龙在给皇帝的奏章中写道：“朝乾夕惕，茹药饮冰。上以期答朝廷委用之重，下以期慰生民乐业之望。细事必出于躬亲，勺水必凛于夙夜。凡属吏公事进见，多方训诲，随事禁饬。严其守又察其所守之真伪，勤其政又访其敷政之宽严。莫不争相濯磨，矢志厘剔。”

于成龙就两江的实际情况，颁布了几项条例，供两江境内基层官吏学习。名为《示亲民官自省六戒》：

一、勤抚恤。于成龙是希望一些州县官员能够真正发挥父母官的职能，做一个名副其实的父母官，官民应该更加亲近、自然，不应常常体现官架子、打官腔、不办实事的现象。很多地方官员常常沽名钓誉、哗众取宠，在外体现自己清官一面，却背地里残害百姓，搜刮民脂民膏，这些官吏都是应该得到严惩的。既是父母官，就应该爱民如子，善待自己的子民。

二、慎刑法。地方官员在审案的时候，尽可能避免对罪犯用刑，需明镜高悬，彻查真相，不可屈打成招。更不能将良善百姓当成替罪羊，草菅人命，百姓是为官者的衣食父母，他们需要保护，人命关天，对于命案一定不能草率。屈打成招，只会让真正的罪犯逍遥法外，地方官员需谨慎处理，做好清廉之表率，只有以身作则才能教化世人。

三、绝贿赂。俗话说上梁不正下梁歪，只要官老爷肯收受贿赂，那么下面心存侥幸的人就必然敢贿赂，必然肆无忌惮，贿赂成风。于成龙还引用了俗语："士大夫若爱一文，不值一文。"来教化下属官吏，官员和百姓谈钱，不但有失风化，而且还会有牢狱之灾。

四、杜私派。严厉打击官员私派，用官府公家的财产私自分派，最后达到中饱私囊的目的。

五、严征收。于成龙明文规定，严禁地方官员私自征收、加重火耗，于成龙再次引用古语："钱粮一节，若肯请减，其善无量。"

六、崇节俭。于成龙严令禁止地方官员吃喝嫖赌，将官府公家财产拿去花天酒地，大肆铺张、宴请宾客，以示应酬。

这些奢侈糜烂的表现，是为官者所不耻。条例中道："长吏近民，虽自己足食，尤当思民之无食者；自己披衣，亦当思民之无衣者。推此一心，纵令衣食淡薄，尚且不能消受，而又欲起侈丽之想乎？"

最后引用宋代名家的话语道："无功于国，无德于民，若华衣美食，与盗何异？"

这句话一针见血，将为官者的丑态完全暴露在百姓眼中。这些条例正是于成龙心中所想，也是他为官的原则，有生之年，必将造福于民，并且希望他的这些思想能够唤醒一些贪官污吏的良心，能为百姓做主，为苍生谋福祉。

在改革两江民生方面，于成龙颁布了《咨访利弊通行檄》，广泛征求了两江官员在民生方面的利弊意见。于成龙在这份檄文中写道："大弊不革，则大利不兴。一县有一县之利弊，一乡有一乡之利弊。自当因地制宜，相时兴革。但两江幅员辽阔，一时耳目难周，端在贤有司殚心匡理，庶国计民生两获安全。"

于成龙要求两江地方官员，针对当地实际情况，拟定出一套合理的民生方案出来，看当地适合发展什么样的民生工程。毕竟两江还是有三个省，各地的环境、位置皆不相同，不能统一颁布实施政令。故而，要因地制宜，找出当地可发展的民生项目。不仅要发展新的民生项目，而且要革故鼎新，对旧的不适合发展的民生项目，一定要及时撤销。

待于成龙采纳了各地方官员的广泛意见后，再根据自己的调查研究，及时颁布了《兴利除弊条约》，发布到两江各地，这个条例从标题中也能看出，主要针对兴利除弊，还是与民兴利。

（一）严禁“火耗”。于成龙这条政令，地方官员也没有很多在认真执行的，绝大多数只是做做样子，蒙骗上官，基本上效果不是太明显。于成龙只想杀杀风气，能制止多少算多少，一时半会儿也无法将其全部制止。

（二）禁止私派。禁止官员揽私活，动用公家财产，中饱私囊。

（三）严禁馈送。礼尚往来不适用于官场，官场中很多人没有一定交情，但还是用礼搪塞，主要是贿赂上官，以求日后好办事。跟民间的礼尚往来肯定是有显著性区别的，民间送礼在于人情，官场送礼，在于官运亨通，两者不可一概而论。于成龙对官员送礼是深恶痛绝的，坚决杜绝此风气。

（四）访拿衙蠹。在衙门里办事的衙役、公差，利用衙门名义，狗仗人势，坑害百姓，为官员们蒙羞，百姓最终将仇恨记在该衙役上司官员头上，官员们却浑然不知。

（五）访拿光棍。地头蛇作为地方一霸，常常与官府勾结，残害百姓，荼毒忠良，这批人应该处以极刑。

（六）禁止问刑迟延。官员们最不能接受的事情，就是下级官吏办案不积极，派下来的案子不能如期结案，朝廷催大官，大官促小吏，这担子最终落在小吏身上，其中缘由是很多地方官员收了贿赂，推迟问案，直至将罪犯拖死于狱中。

（七）严禁借旗放债。这条针对借着旗人名义放高利贷的，清朝是满人的天下，旗人享有特权，很多汉官并没有办法治旗人，于是民间很多恶霸借着旗人名义向借款人放高利贷，以此名义作案，官府也拿他们没办法，最终未能得到律法的制裁。于成龙要求地方官员严厉打击和彻查这些借着旗人名义放贷的贼人。即便是旗人，也会请旨处理，绝不姑息。

（八）严禁滥差。这条是针对官员滥用差役一事，上级官府差役拿着上级令箭到下级官府办事从而要吃要喝，气焰嚣张，于成龙的意思是尽量避免上级差役到下级衙门生事。

（九）严禁滥收监仓。本条是禁止地方官员不要轻易将犯下一些鸡毛蒜皮的罪犯收监，对其进行拷打、勒索。

（十）严禁捕役非刑私拷。捕役抓到罪犯后，不是带到衙门而是先拉到荒郊野外暴打一顿，再趁机向罪犯勒索钱财。

（十一）禁止保歇。所谓“保歇”，就是当地人凭着路熟替人办事，又称为“歇家”。百姓上城办事或者告状，不了解程序和摸不着头脑，不知从何下手，这时候百姓就会求到衙门中差役，差役便从借此勒索告状者。于成龙要求对这帮子衙役要严禁严办。

（十二）严禁讼师。讼师相当于现在的律师，主要以给当事人打官司为谋生手段。很多官府和讼师勾结，怂恿百姓告状，最后官员再和讼师来个唱双簧，将此事敷衍过去，最后还骗得了百姓财产。

（十三）禁止取用行户。这条是禁止为官者仗着权威，白拿白用商家商品。

（十四）禁止奢靡佚游。这一条还是跟倡导节俭有关，杜绝百姓和官员们奢侈浪费，挥金如土，过分地浪费钱粮。江南乃富裕之地，对节俭的概念并不是很深，难免奢侈。

（十五）严禁兵丁虚冒。很多地方官员为了侵吞朝廷军饷，常常会将家族中人笼络过来，假冒军人，或者已经战死了的兵士，死而不报，继续让朝廷发放军饷，最后军饷所得全部进了自己或者亲戚的口袋里。还有一些人吃空饷，不干事，只是在军中挂名。这些于成龙都是严令禁止的。

于成龙在两江任总督时，对学子的教育问题，也是密切关注，对教育的发展，也是大力提倡。他动用了两江内的一些富豪、贵族捐资赠物，修建了一座虹桥书院，广收学子，并聘请名家讲学。于成龙在民生方面力求革故鼎新，民生改革也有了明显成效，两江境内出现了空前的盛世，风气也有了很多的变化，很多达官贵族也不再像以前那样奢侈糜烂。民间刑事案件也有了明显减少，官府大堂也比以往显得清净很多，这一系列的现象都跟于成龙的政绩有关，他勤政爱民，一心为公，虽已居高官，却不坐享其成，所谓的高官厚禄并不是他一生的追求，他只想为民做点事。

第十六章

端坐而死

康熙二十二年（1683），这一年于成龙已经整整六十七岁高龄。虽然年事已高，但他并没有因此而懈怠，还是勤于批复下级官府的公文。两江总督公务繁忙，很多事情都等着他去做，他再也不可能像以前那样喝酒消遣。于成龙知道自己来日不多，想尽自己的余生为两江百姓最后再办点事。他连吃饭的时间都用来办公，一顿当三顿，终年不知肉味。

于成龙是真的清廉，也是真的有能力，官声越是显赫，却遭来小人嫉妒。再加上于成龙在两江任职期间，进行了一系列的改革，触碰到某些人的利益，难免有人打击报复。江南督造漕船的副都御史马世济，向皇帝上奏弹劾了于成龙，奏章中写道："于成龙向有声誉，初到江南，美名如故。闻其自任用中军田万侯之后，人多怨言。臣奉差在南，见其年近古稀，景迫桑榆，道路啧啧，咸谓田万侯欺蒙督臣，倚势作弊，因未有实据，难以入告。督臣衰暮，不能精察，故匪人得以播弄而败善政。且各有司衙门皆有督臣秽言告示，污蔑各官。如果各官不法，何难白简题参；若俱循良，岂可凭空凌辱？显系小人播弄督臣，令其虚张声势，就中取利。请罢黜万侯，并令成龙休致。”

马世济先是在奏章中称赞于成龙，然后再指出于成龙年迈昏聩，不能任事，意图让皇帝罢免于成龙，这是马世济的高明之处。

据史料记载，后查明这是两江达官贵族对于成龙造的谣，他们担心于成龙在位一天，会对他们造成威胁。马世济弹劾于成龙的奏章，着实让于成龙惊出一身冷汗，他差点就晚节不保，但于成龙仍然沉着冷静，这种宠辱不惊的处世态度让人佩服。

于成龙给康熙皇帝回奏道："臣到江南，期以兴利除害，察吏安民，仰报知遇。无奈两江之吏治、营务、刑名、钱谷，繁剧实甚。臣昼夜拮据，躬亲料理，从不敢寄耳目于左右。然近习难防，或有窥伺欺弄，臣亦安能保其必无？宪臣马世济疏称中军田万侯倚势作弊，臣实未之觉察也。至于告示一节，或地方之利弊，民生之疾苦，臣有见闻，即通行禁饬，无非以利害祸福之言痛切告诫，其词未免过于竣厉，似涉秽言污辱。宪臣马世济疏称小人播弄，令其虚张声势，就中取利，臣亦未之觉察也。此皆臣之衰迈昏聩，何以自解？若夫臣之年近古稀，景迫桑榆，久在皇上洞鉴之中，虽殚精竭虑，不敢稍自宽假。然气衰力疲，龙钟之状，大非昔比，臣又何敢自讳？乞敕部严加议处，以为大臣溺职有初鲜终者戒。"

于成龙在奏章中表示，他对下属官员的批评过分了点，他表示由衷后悔。但是他在两江任上所做的事情，绝无半点私心，都是为了百姓、为了朝廷，无奈小人搬弄无非，无事生非。于成龙自己对这些人是深恶痛绝的，并请求处分。于成龙当然不怕处分，他都这把年纪了，他怕的是自己名誉扫地，老了还落下话柄。于成龙一事，朝野震惊，朝野之上的奸佞小人都想一举扳倒于成龙，尤其是于成龙曾经得罪过的大学士纳兰明珠。

康熙皇帝没有证据，没法把于成龙怎么样，也不想把于成龙怎么样，皇帝是相信于成龙的，但是为了平息朝堂非议，必须要处置一个人，就是降了田万侯的级，于成龙留任。

康熙二十二年（1683）八月，清军正式攻入台湾，郑成功之子郑克爽率领残余投降。郑氏家族与大清的战争彻底宣告失败，台湾被收复，全国统一。虽然台湾已经完全被清军占领，但台湾周边部分岛屿，仍然存在反清势力，这股反清余孽若不及时清除，日后也将会危及沿海各省。所以，清廷将会对其一举歼灭，斩草除根，永绝后患。十二月，朝廷下令，命令两江总督治下的江口左路水师迅速组织战船一百多只，兵丁数千，在总兵张杰的率领下，与浙江水师会合，准备向台湾附近海域进军。

出征前，于成龙写了一份讨贼檄文《檄示剿海行兵方略》，下发给总兵张杰等人，希望他们按章执行。于成龙提出："用兵之道，无论贼之多寡，总贵谋出万全。故为将者每事谨慎，自不难于克敌奏功。"

于成龙还指出，这次作战，是临阵调兵，会合将士相互之间并不熟悉，军队也没有经过战前训练，所以，这次作战要防止敌军浑水摸鱼，混入到我军阵营之中。于成龙建议，待战船和将士们都聚集起来的时候，各部将军、总兵要对其战船和兵士拟出一个名册，一式三份，总兵保存一份，江南省和浙江省双方各一份，以作核实之用。一旦有上级或者军机处下发的公文，一定要认真核实，以辨真假。此外，每晚的值班士兵，要有口号，口令要保密，如果有变换口号或旗号的，需要提前通知，传达到各部。临阵前，各部需团结一致，共同御敌，切不可内讧，将领之间切勿相互猜忌，这是兵家大忌。出征前，还需拟定出一套切实可行的军法，一旦有违军法者，将严惩不贷。于成龙虽然是个文官，一介文人，但是打起仗来却不含糊，曾经在黄州期间，就赢得过很多战役，虽然是文官，但是他足智多谋，不会上阵杀敌，还是能够指挥战役的。

此次征剿台湾反清余孽，于成龙亲自带领两江的文武官员到妈祖娘娘庙为将士们祈祷。此时的大清正值鼎盛时期，威仪四海，台湾的部分余孽，见清军来此，闻风丧胆不战而降，这倒省了清军很多力，终于在康熙二十三年（1684）三月六日，大战告捷，台湾余孽彻底被清除，捷报传到紫禁城，康熙皇帝龙颜大悦。“海寇”伪将军房锡鹏、周云龙，伪都督阮继先等率伪官一百余名、兵四千一百余名向清军投诚。这是于成龙临死前参与的最后一场大战，他见证了清军是如何在弹指之间将台湾贼寇一举歼灭的。这将是于成龙出仕以来的又一次壮举，为国家的统一画上了一个圆满的句号。

康熙二十三年（1684）春，年老力衰的于成龙再次向康熙皇帝请求退休，他意识到官场风云变幻，自己来日不多，气数将尽，只想在临死前退休，回家看看家中老小。

于成龙给康熙皇帝的奏章中道：“无奈两目久昏，两耳不聪。自去秋染疟之后，复得怔忡之症。每办事午夜，心胸惊悸，辄不能寐。焦思愈集则精神愈惫，精神既竭则事务糊涂，势所必然。臣勉励之念虽切，而艰大之任自揣万不能胜。是臣无裨两江之治化，实负期望之圣心。将来再有贻误，纵睿慈曲加矜全，臣有腼面目，尸位素餐，将何以砥砺僚属，统驭士民耶？”

这次请求退休，仍然没有得到康熙皇帝的支持，于成龙很无奈。皇帝还把他另外两个手下都调走了，余国柱和徐国相，他们两个一个升任湖广总督，一个担任都察院左都御史，两江的二把手都被皇帝调走了，由于没有新任巡抚，这两江的担子落在了于成龙一人身上。于成龙之后的几个月，公务更加繁重，加之他年老力衰，身体一天不如一天，可以说是废寝忘食。这段时间，他还是坚持每天吃青菜，营养跟不上，身体自然严重透支。此时的于成龙突然各种老年病，眼睛也看不清了，听力也下降了，就连走路也不是很稳当。

康熙二十三年（1684）四月十八日的凌晨，彻夜失眠的于成龙再次从床榻上走下来，披上衣服，拖着病弱的身躯，来到办公桌前，批阅之前没有批完的公文。于成龙体力透支，加之身体本有顽疾，就连握笔杆子，手都有些颤抖，此时的于成龙可以说是已经油尽灯枯。刚写了两个字，就开始咳血，鲜血湿透了纸，手中的笔杆子也掉在了地上，于成龙的眼睛从此合上了，他就这样端坐在椅子上死了。他累了，他为了百姓，为了国家将自己最后的岁月都捐献出来了，就连临死前见家人最后一面的机会也没有。

江南距离北京相隔甚远，于成龙去世后几天消息才传到北京。当晚，康熙皇帝玄烨正在南书房批阅奏章，内阁大学士张英突然来见，他一路跌跌撞撞，行为冒失，他心急如焚地走进来，像是前方发生紧急军情一样。

张英气喘吁吁道：“启奏皇上，微臣刚刚收到消息，说两江总督兼兵部尚书于成龙在康熙二十三年四月十八日凌晨在总督府暴毙！”

康熙皇帝一听到这个消息，如同受到晴天霹雳的打击一般，他最喜欢的清官离他而去。康熙皇帝一生求贤若渴，刚刚提拔起来的清官，还没有真正为朝廷所重用就这样离去了。

康熙皇帝眼泪夺眶而出，他很少为大臣哭过，于成龙的突然离世对他的打击很大。他手中的毛笔连同眼泪一起落在了奏折上，眼泪和墨汁湿透了奏折。

康熙皇帝起身走出来，来到张英的面前，痛心不已地道："张爱卿啊，这于成龙是朕最器重的清官，他一生为了百姓，连家都难得回一次，就在他去世的前些日子还向朕告老还乡，朕始终没有批准，没想到他用自己的生命报答了朕、报答了百姓，朕要命人为他立传，将他的廉洁、德操传至后世！张爱卿啊，你看给于公一个什么谥号为好啊？"

张英犹豫了一下，道："皇上，于成龙乃前朝举人，虽入我大清为官，但在我大清朝终究无功名在身，若贸然给他一个谥号肯定会受到朝中大臣的集体抗议的。鉴于于成龙并未入我大清的翰林院，所以自然不能以'文'谥号，就给他一个……"张英思索了一下道："就给他一个清端的谥号吧，这也算皇上对他天大的恩赐了！"

康熙皇帝沉思了一下，道："清端。清正，端正，好，就叫清端，为官清正，做人端正，这也倒符合于公的为人，那张爱卿就快快拟旨吧。"

张英道："臣遵命。"

说罢，便退出了御书房。

康熙皇帝突然叫住了他。

玄烨痛彻心扉道："张爱卿啊，就再给于公一个太子太保的封号吧，朕对不起他！"

张英有些犹豫，见康熙皇帝如此眷顾于成龙，他有些嫉妒，吞吞吐吐道："皇上，你这……这……这不合适吧，太子太保只有本朝的一品以上且有功劳在身的官员才能得此殊荣啊！"

康熙皇帝觉得他有些啰唆，使了一个脸色，催促道："快去吧，人都死了，一个虚名难道张爱卿你还不愿意给他吗！就按照朕的意思办吧！于公的家人一定要好生照顾。"

康熙皇帝与众大臣商量之后，最终决定给于成龙"清端"的谥号。"清"字就是清廉的意思；"端"字就是端正、正直，不为势利所趋的意思。

也只有这个谥号，才能充分地体现出于成龙的一生。

于公被授予太子太保衔，只有正一品大员才能享此殊荣。太子太保虽然是一个荣誉，但是这个荣誉并不是谁都能得到的，就连乾隆年间的大学士纪昀纪晓岚也不过得了个太子少保。太子太保，属于是东宫官职，其主要职责是教授太子。康熙皇帝追封于成龙这么一个太子太保衔，其用意可能在于以于成龙为师表影响太子吧。太子太保则是太子的老师，所以，皇帝在授予这个荣誉的时候是非常谨慎的，并不是轻易、随便授予某人这一荣誉。

于成龙去世后，朝廷在整理于成龙的遗物时，发现他的木箱中只有一套官服，别无余物，于成龙的遗体被运回山西老家安葬。雍正时入贤良祠。

第十七章

千古一吏

于成龙去世的消息，很快传遍江宁府（南京）的大街小巷，百姓听闻于成龙逝世，痛哭流涕。江宁城出现“士民男女无少长，皆巷哭罢市。持香楮至者日数万人。下至莱庸负贩，色目、番僧也伏地哭”，这是何等景象，于成龙对江南百姓的影响竟会如此之深。

康熙二十三年冬天，康熙皇帝第一次南巡，南巡期间，他顺便探听了于成龙在江南时候的官声。

康熙皇帝带着一帮大臣微服江南民间，见街市一居民家中供奉着于成龙的塑像。并每日朝拜，于公的塑像正放在他家的客厅正中，所以康熙皇帝和大臣们一眼就能看到。康熙皇帝和大臣们也产生了好奇心，便直入该居民的家中。见这老汉一个劲儿地给于成龙上香磕头，康熙皇帝一行也不便打扰，直到他磕头完毕。

康熙皇帝走到老汉的身后，好奇地问道：“老人家，我们是从外地来此游玩的人，正好见你在此叩拜这名官员，所以就冒昧地进来了，想必你拜的这名官员应该就是本朝的于成龙于公吧？”

老汉应道：“正是于大人！”

康熙皇帝就更加好奇了，于成龙就是再怎么深得民心，也不至于让百姓如此对他吧。便接着问道：“既然是于大人，那又何必将他做成塑像当作神灵供奉在家里呢？还对他三拜九叩，焚香祷告！”

老汉叹了一口气，感恩戴德道：“公子你有所不知，于大人可是我们一家的恩人哪。我们一家老小本不是地道的江南人，而是客居在此，早年在三藩之乱的时候，兵荒马乱，我们一家四处飘零，好不容易安定下来又开始闹粮荒，我们一家就快要饿死了，是于大人将他身上唯一的几两银子拿出来送给我们，救了我们的命，听说他自己却是以粗糠粥充饥。是于大人让老汉一家得以活下来，所以，我们一家决定世世代代供奉于大人，老汉有一天死了，就由儿子、孙子代替！”

康熙皇帝大为惊讶，想不到于成龙如此深得民心。

这次微服出巡，玄烨看到在江南的街道上，甚至有酒家为了纪念于成龙，将自己店里的酒命名为“于公酒”。

此次出巡，康熙皇帝才真正地了解于成龙，他清廉的程度远比他想象的还要清廉。之前朝廷大员对于成龙的举报纯粹是诬告，是一些奸佞之臣对于公的诽谤，好在康熙皇帝始终都是相信于成龙的。康熙皇帝通过这次在江南民间的明察暗访，充分确信了自己的决定，于成龙的为人他是深信不疑的。

康熙皇帝很欣慰，自己信任之人终究是忠于国家的，是忠君的。南巡完了以后，康熙皇帝回到紫禁城，当众向大臣表扬了于成龙，对于成龙的一生给予了高度评价。并下诏：“国家澄叙官方，首重廉吏，其治行最著者，尤当优加异数，以示褒扬。原任江南江西总督于成龙操守端严，始终如一。朕巡幸江南，延访吏治，博采舆评，咸称居官清正，实天下廉吏第一。应从优褒恤，为大小臣工劝，其详议以闻。”

事后，康熙皇帝还亲自为于成龙作诗、撰写碑文，以作表彰。诗文是：服官敦廉隅，抗志贵孤洁。江上见甘棠，遗爱与人说。

康熙二十四年（1685）二月十五日，康熙皇帝亲自为于成龙撰写了碑文，内容是：朕读周官六计廉吏，曰廉善、廉能、廉敬、廉正、廉法、廉辨，吏道厥唯廉重哉！朕用是审观臣僚，有真能廉者，则委以重寄，赐以殊恩，所以示人臣之标准也。尔于成龙，秉心朴直，莅事忠勤，而考其生平，廉于尤善，以故累加特擢，皆朕亲裁。盖拔自庶官之中，洊受节钺之任，尔能坚守夙操，无间初终。古人脱粟布被，或者嫌于矫伪，尔所谓廉，本于至诚。闻尔之风，可以兴起。乃本憖遗，忽焉奄逝。日者有方察吏，南及江表，采风谣于草野，见道路。思清德在人，于今不泯。唯尔之廉，天下所知。朕俯合舆情，载褒劲节，既考名副实，谥曰清端，葬祭以礼。又晋之崇秩，赐予有加，恩恤尔子。呜呼，人臣行己、服官、事主之道，尔可谓有始有卒者矣，顾不可以风世也！

直到康熙四十六年，康熙皇帝再一次南巡，见江南百姓仍然在纪念于成龙，康熙很是感动，也很欣慰，随即写下了一副对联：“历仕甘棠随地转，两江清节至今传。”

于成龙的去世，康熙皇帝是痛彻心扉、痛心疾首，为此黯然神伤了很长一段时间，于成龙的子孙受祖上福荫，相继入朝为官，孙子于准最后竟做到了贵州巡抚，虽然不及祖父于成龙，但是贵州巡抚也算是封疆大吏了，于准跟他祖父于成龙一样，也是一位不折不扣的大清官，这些大概是受到了于成龙的影响，跟于家的家风有关。

不管怎么说，于成龙的一生是精彩的、是伟大的，他享年六十八岁，但是真正出仕是在四十五岁时，为官只有短短的二十几年时间，相当于他人生的三分之一还少点。四十五岁以前，于成龙是个怀才不遇的文人，他渴望建功立业，渴望报效国家，渴望拯救黎民，好在老天开眼，他的愿望终于实现了，即便是大器晚成，想必于公也该知足了，他为官二十余载，但足以羞煞那些为官一世的平庸之辈，他不为势利所屈，不畏强权，不为名利，一心只想为百姓谋福祉。

几百年过去了，于公在百姓心中的形象依然没有丝毫的模糊，仿若刚刚离开人世一般，几百年时间里，于公的高风亮节一直在影响着后人，仿若一盏灯，为盲目的官吏，照亮一条光明大道，清端之光辉，足以照耀世人，千秋万代、永垂不朽。

附录一

《清史稿·于成龙传》

于成龙，字北溟，山西永宁人。顺治十八年，授广西罗城知县。罗城居万山中，盛瘴疠，民犷悍。方兵后，遍地榛莽，县中居民仅六家，无城郭廨舍。成龙到官，召吏民拊循之，申明保甲。盗发即时捕治，请于上官，谳实即处决，民安其居，尽力耕耘。与民相爱如家人父子。牒上官请宽徭役，建学官，创设养济院，凡所当兴罢者，次第举行，县大治。总督卢兴祖等荐卓异。康熙六年，迁四川合州知州。四川大乱后，州中遗民裁百余，而供役繁重。成龙请革宿弊，招民垦田，贷以牛种，期月户增至千。迁湖广黄冈同知，驻岐亭，尝微行村堡，周访闾里情伪，遇盗及他疑狱，辄踪迹得之，民惊服。

十三年，署武昌知府。吴三桂犯湖南，师方攻岳州，檄成龙造浮桥济师，甫成，山水发，桥圮，坐夺官。

十七年，迁福建按察使。有民以通海获罪，株连数千人，狱成，当骈戮。成龙白康亲王杰书，言所连引多平民，宜省释。王素重成龙，悉从其请。十九年，擢直隶巡抚。宣化旧有水冲沙压地千八百顷，前政金世德请除粮，未行，为民累。成龙复疏请，从之。又以其地夏秋屡被灾，请治赈。别疏劾青县知县赵履谦贪墨，论如律。

二十年，入觐，召对，上褒为“清官第一”，复谕劾赵履谦甚当，成龙奏：“履谦过而不改，臣不得已劾之。”上曰：“为政当知大体，小聪小察不足尚。人贵始终一节，尔其勉旃!”旋赐帑金千、亲乘良马一，制诗褒宠，并命户部遣官助成龙赈济宣化等处饥民。未几，迁江南江西总督。成龙至江南，自奉简陋，日惟以粗粝蔬食自给。居数月，政化大行。势家惧其不利，构蜚语。明珠秉政，尤与忤。

二十二年，副都御史马世济督造漕船还京，劾成龙年衰，为中军副将田万侯所欺蔽。命成龙回奏，成龙引咎乞严谴，诏留任，万侯降调。二十三年，命成龙兼摄两巡抚事。未几，卒于官。

成龙历官未尝携家属，卒时，将军、都统及僚吏入视，惟笥中绨袍一袭、床头盐豉数器而已。民罢市聚哭，家绘像祀之。赐祭葬，谥清端。内阁学士锡住勘海疆还，上询成龙在官状，锡住奏甚清廉，但因轻信，或为属员欺罔。上曰：“于成龙督江南，或言其变更素行。及卒后，始知其始终廉洁，为百姓所称。殆因素性耿直，不肖挟仇谗害，造为此言耳。居官如成龙，能有几耶?”

附录二

于成龙诗词作品欣赏

赤壁怀古·赤壁临江渚

赤壁临江渚，黄泥锁暮云。

至今传二赋，不复说三分。

名士惟诸葛，英雄独使君。

今朝怀古地，把酒对斜曛。

乙卯春题书雪堂

竹笋才生黄犊角，蕨芽初放小儿拳。

试寻野菜和香饭，便是黄州二月天。

无酒·一夜一壶酒

一夜一壶酒，床头已乏钱。

强欲禁酤我，通宵竟不眠。

恩假归里葬亲过固关作

行行复过井陉口，白发皤皤非旧颜。
回首粤川多壮志，劳心闽楚少馀閒。
钦承帝命巡畿辅，新沐皇恩出固关。
四十年前经过地，于今一别到三山。

壬戌秋九金陵署梦中作

牢落风尘里，三千白发新。
跨虹湖色变，啸月海岚亲。
椒雨铁牛厂，菊霜金马邻。
帝乡咫尺近，浩气达西秦。

西江月·终日阴云靝霴

终日阴云靝霴，空过上巳踏青。残红片片满长亭。两岸浮萍靡定。
莺报春归谁送，游人独叹飘零。五更杜宇更难听。万暁千愁不竟。

赠属邑·浠川淑气冠齐安

浠川淑气冠齐安，抚字催科万姓宽。
尤望冰壶澄到底，神君年少足称欢。

戊申除夕入彭水采楠木宿神祠侧作

驱驰王事入彭川，旅舍神宫辞旧年。
七载罗阳梅弄影，三冬蜀道柳含烟。
石龟气负星文粲，林鸟声催草木鲜。

忽忆家乡思对镜，明晨霜鬓独凄然。

晚菊·桃李芳菲尽有期

桃李芳菲尽有期，菊花爱晚独迟迟。
西风摇落今重九，尚尔韬英更待谁。

偶吟·石崇豪贵范丹贫

石崇豪贵范丹贫，生后生前定有因。
传语世间名利客，不如安命是高人。

春月·腊月出门履雪山

腊月出门履雪山，梅花向暖绽红颜。
春来桃李横冈岭，我自披裘草色閒。

秋吟·一年又有一年秋

一年又有一年秋，难禁时时忆故邱。
独坐琴台心万里，庭前草木尽含愁。

自吟·逢人漫道不如意

逢人漫道不如意，满腹原来不合时。
回首青山千万里，乐天安命亦何疑。

金沙落雁·金沙依旧挂滩长

金沙依旧挂滩长，孤雁飞飞下夕阳。
烟断水寒栖不定，稻粱觅处是他乡。

署中閒咏·子厚当年被谪时

子厚当年被谪时，柳州城上写新诗。
那知千载存亡后，我与先生共客羁。

辛酉上元上谷祈雨作

皓月当空照，黄尘逐日飞。
求沾惊蛰雨，肠断几千回。

贺寿·才猷当代仰宗工

才猷当代仰宗工，经济文章自不同。
名著玉堂称绣虎，功齐铜柱集飞鸿。
一身化育钧陶际，万姓生成指顾中。
从此豫州多气象，惟凭湘泽望高嵩。

过虞姬墓·破秦当日衄咸阳

破秦当日衄咸阳，及败谁嗔困北邙。
玉玦无谋定天下，青锋有意谢君王。
八千歌散肠应断，九里烟销骨尚香。
悔比樊姬差一谏，空令妃血舞红妆。

粤西九日·冷落荒城又一秋

冷落荒城又一秋，每逢佳节转添愁。
黄茅嶂远今犹古，白发风凄叹复羞。
菊瘦懒看空泪落，雁回遥望暮云收。

闭门却厌登高去，醉里心魂到故丘。

满庭芳·脱却蛮烟

脱却蛮烟，奔离蜀道，三年又到光黄。
生来命薄，才力比谁强。
眼见此身已老，消磨了、多少疏狂。
百年里，有几人，跳出傀儡逢场。
思量还故里，箪瓢陋巷，澹泊何妨。
任随缘过日，说甚彭殇。
幸遇杏花赤壁，访遗迹、感慨悲伤。
寻两地，半邱荒草，一望白云乡。

读聘君歌·吾民不听却因何

吾民不听却因何，岂是吾民痴诈多。
定有个中真线索，从容细读聘君歌。

成都·易老冯唐虚岁月

易老冯唐虚岁月，难封李广未公侯。
晋秦同好今吴越，只为方圆不可俦。

蜀中山行·几人鞅掌几人閒

几人鞅掌几人閒，山里僧家独闭关。
风雨一犁堪自慰，醉归春社月西湾。

有感·书生终日苦求官

书生终日苦求官，及做官时步步难。
窗下许多怀抱事，何曾行得与人看。

鸡冠花·亭亭赤帻岸台端

亭亭赤帻岸台端，傲出风霜不自寒。
要识朝阳凭一唱，扶桑高捧海澜安。

写梦·终日思家怅复吁

终日思家怅复吁，梦魂飞泊洞庭湖。
忽惊信篆归何处，别却耆童觅旧途。

鱼城烟雨·石城遥望碧云端

石城遥望碧云端，峭壁荒凉烟水寒。
屈指兴亡几许事，清风明月在江干。

客访溪·我来客访溪

我来客访溪，独坐夕阳西。
古道荒已没，隔篱闻鸟啼。

铜雀台·铜雀空台漳水流

铜雀空台漳水流，云横烟断笑残丘。
千门锁钥风尘暗，万里河山落日收。
才子文章堪极目，美人台榭半成洲。
英雄一世今安在，明月依然是汉秋。

代兄忆弟·天光黯澹雁行斜

天光黯澹雁行斜，断续行云映远霞。
太乙吹藜颠出火，蠹鱼蚀字腹生花。
素琴悬壁宫声合，青草当庭春意赊。
太史于今瞻紫气，德星应集我荀家。

祝蔡忠襄公尊配顾太夫人八帙

中丞秉钺昔行边，屈指捐躯四十年。
马革从容真不愧，熊丸辛苦自堪怜。
河山百战丹心痛，俎豆三迁彤管贤。
忠节并全非易事，几人青史有完编。

戊午监试楚闱作

皓月悬明远，奎光映素秋。
瑶图五老献，玉署众英俦。
桂影天香发，卿云瑞气浮。
末员微效职，为国广薪槱。

贺寿·数年寒署戴清辉

数年寒暑戴清辉，为恋深恩尚未归。
挟纩何缘同缟带，捉襟殊愧等缁衣。
盾边檄就常摧敌，马上诗成已解围。
敢订中原霖雨足，愿分馀润慰调饥。

梦餐优昙花作

优昙曾记梦中餐，山寺日高柏水寒。
云绕佛龛常五色，香飘精舍比芝兰。
生平未识金银气，偶尔轻抛麋鹿滩。
四十年来魔障尽，好教拂袖紫霞端。

罗城署中閒咏

窗前驯鸽行书案，惊醒主人午梦时。
起坐閒看十七史，古今成败有谁知。

壬戌九日·人人尽说登高好

人人尽说登高好，惟我求閒不得閒。
山后山前无数景，叮咛游客莫空还。

百字令·楚天和霭

楚天和霭，忽风狂云黯，霎时雨泄。
溅入篷窗喷碎玉，湿透竹穹珠滴。
鼍怒龙吟，雷轰电掣，永夜无休歇。
挑灯倚枕，危樯只恐吹揭。
待旦爽气微开，枝头梅子，闹似金丸击。
菡萏池塘花叶好，醉倒浑如无力。
紫燕无声，乌鸦影灭，一带柴门僻。
几人酣饮，顿忘昨夜岑寂。

后　记

于公虽为举人，然却有进士之才。按惯例，于公只是个明朝举人，根本不可能在清朝担任两江总督那样的封疆大吏，且不说他还是一个汉人。这样的例子在清王朝历史上并不多见，于成龙可说是开了先河，可见康熙皇帝是怎样一个君主。康熙皇帝知人善用，且不论对方是何出身、是何身份，他完全不受其祖宗约法所牵制，继往开来，成就千古一帝，开创“康乾盛世”。这些都和君臣同心同德是密不可分的，康熙一朝，可以说是中国历史上，出现廉吏最多的时期，这显然跟康熙皇帝的整顿吏治有关。

于成龙不仅是位清官，而且他还是位多才多艺的才子，工书法，擅长诗词写作，且功力娴熟，如数十年苦练一般。于公一生著作颇丰，就连在出仕的这二十多年间，他的文艺创作也一直没有间断过，依然一如既往地在闲暇之余挥洒笔墨，表达自己的思想。于成龙一生的著作，主要由其门生搜集整理，再由其孙于准编辑成书《于山奏牍》七卷附录一卷、《于清端政书》八卷传世，此外，于公在就任两江总督两年时间里，还曾组织当地一些文学泰斗，编辑完成他的《畿辅通志》四十六卷、《江南通志》五十四卷，这些著作都对当地的政治、经济、文化的发展作出了巨大的贡献。不仅如此，于公曾经还奉清朝廷命，组织编纂了《畿辅通志》《江南通志》和《江西通志》等地方志书，为后世研究地方历史提供了资料，对此，于成龙功不可没。

于公不仅在官场上铁面无私、刚正不阿、廉洁奉公，在文艺创作上也是一样，无论是他的书法，还是诗词，都看不到半点献媚之意。不光在现实当中，他不会阿谀奉承、谄媚讨好，在他的书法和诗词作品当中也是一样，他的书法刚劲有力、下笔如刀，挥笔如行云流水一般，看不到一丝大意。他的诗词作品，无不透露七尺男儿的铮铮铁骨，且饱含深意，很是贴切现实，以至于后来组织编纂《四库全书》的乾隆朝大学士纪晓岚，还曾这样评价过于公："国朝于成龙撰，前七卷皆历官案牍奏疏，末一卷为诗文。诗文皆不擅长，可云疣赘，余皆有用之言也。"纪昀也是位正直的谦谦君子，他说的话从未有过半句虚言。并且在《四库全书》里，还收藏了于成龙的两部文集。

于成龙的门生，后来出任岳麓书院山长的李中素，在整理于成龙的遗稿期间，对他的作品评价相当高，原话是这样的：为人臣而知读是书，其常也必廉，其变也必勇；为人子而知读是书，其养也必力，其哀也必毁。以此治兵，必无覆败之虞；以此临民，必免贪戾之祸。以之为国，则达经权；以之居家，则敦孝悌。主编《清史稿》的史官，对于成龙的评价是："于成龙秉刚正之性，苦节自厉，始终不渝，所至民怀其德。彭鹏拒伪命，立身不苟，在官亦以正直称。陈瑸起自海滨，一介不取，行能践言。陈鹏年、施世纶明爱人，不畏强御。之五人者，皆自牧令起，以清节闻于时。成龙、世纶名尤盛，闾巷讼其绩，久而弗渝。康熙间吏治清明，廉吏接踵起，圣祖所以保全诸臣，其效大矣。”史官是将于成龙和当时康熙朝的另外几位清官并列起来写的评价。

我作为本书作者之所以将本书书名命为《大清第一廉吏于成龙》，而不是“天下第一廉吏”，如果是这样，那么给于成龙的帽子实在是太高了，要知道这世界上当真没有天下第一，说到底，于成龙他再怎么清廉，也只是相对清廉，也无绝对清廉。康熙皇帝之所以将于成龙赞誉为“天下廉吏第一”，毕竟我也不是生活在那一时代，于成龙究竟是怎么样的一个人，我无从考察，只能从简短的历史史料上进行主观判断。但是，我可以肯定的是，康熙皇帝之所以称赞于公为“天下廉吏第一”，原因之一，大概是出于政治需要，他要将于公推崇为官吏的楷模，让天下官员都效仿于公，以此才能说服天下官吏从清廉做起。而且做了清官是有好报的，是能够得到回报的，这大概也是于公最后能当上封疆大吏的原因之一吧。

若好人无好报，清官难以得到升迁，想必也就没有多少官员愿意当清官。所以，康熙皇帝给于公不断升官，不仅仅是因为他清廉，康熙这样做，也是为了给天下人看。但是，于公清廉是事实，清廉奉公是他出仕这二十多年的原则。我们都知道，人无极好，亦无极坏；这官员也是一样，但是于公这个清官，已经有了相当的境界、相当的成绩、相当的名声，这就算对得起百姓了。这也是我这本书开端要用“千古一吏”来进行诠释和褒奖于公的原因。当然，这个“千古一吏”并不是我在肆意推崇于公，而是针对历史事实来对他的定义。

为我等所熟知的清官，有包公、海瑞、刘统勋、刘罗锅、纪晓岚等，总之，历朝历代都是有的。这些清官最后都还当得比较大，尤其是像刘统勋、刘罗锅这样的官员，都成了一人之下万人之上的军机大臣、大学士。尽管如此，他们都有一个共同点，那就是官二代，不是官二代必然就是受祖上福荫入朝当官的，即便有那么几个靠科举当上官的，毕竟占少数。所以，这些官二代，出身本来就比普通人要好，从小到大不缺吃穿，锦衣玉食、绫罗绸缎，不缺钱的他们，脑子里面自然没有贪污的意识。但是，相比之下的穷苦人家的子弟靠科举赢得个一官半职，最后还能坚守清操，这样的人就值得佩服了，于公就是个典型的例子，他出生的于家，虽说是官宦世家，但是，到他父亲、祖父那辈已然沦落为平民，他入清朝为官，仅仅只是依靠了前朝举人这样一个筹码。过惯苦日子的于成龙，做官到罗城，本可就此像其他官员那样在当地大捞一把，然而他没有，直到后来，当上了两江总督那样的封疆大吏，他还是一如既往地坚守清操，不拿百姓一分一文，坚持每天吃青菜白饭，两江总督的俸禄也不少，他为何要这般作践自己，难道他真的是哗众取宠，沽名钓誉吗？非也，他是将自己的俸禄都捐给了灾民。再说，他也不是在当了两江总督以后，才开始吃青菜的，而是他自罗城出仕以来这二十多年来，吃青菜、粗糠的日子就从来没有间断过，难道说他为了哗众取宠为了沽名钓誉，让自己白受二十年的委屈吗？没错，假清廉是可以靠装出来的，但是一个人的人格骗不了，于公的书法、诗词中透露出来的正是这直冲云霄的浩然正气。所谓，字如其人、文如其人，也正是这个道理。

中国历史上，虽不乏大量的清官干吏，但是，他们的清廉、干练皆不如于公，于公自罗城出仕以来，所到之处，皆有政声。所以，给于公这个“千古一吏”的光环，他自是当之无愧。当然，于公之所以能扶摇直上、平步青云，除了他清廉之外，还需要一点机遇，那就是天时、地利、人和，这些他都具备了，所以他的运气都比别人好点。于公的贵人很多，上自皇帝，下至督抚、百姓，他们都是于公的贵人，也是因为有他们的成全，于公才能走上历史舞台。康熙皇帝给他“天下廉吏第一”的赞誉，我到现在都无法理解，究竟康熙皇帝说于公是康熙朝的天下廉吏第一，还是为了于公，将中国几千年的官吏全部否决了，这个天下廉吏第一的赞誉，相信没有几个人敢当。我作为本书作者，我就秉公执笔吧，姑且用“大清第一廉吏于成龙”作为本书书名，如于公真能像后人说的那样清廉，成为大清三百年的廉吏第一也不错了，足以含笑九泉，他对得起百姓，他的一生也没有白活。

于公去世，至今已有三百三十八周年了，但是民间百姓也都一直没有忘记他，后人从不同的渠道了解他，有的从电视剧上，有的从史书上，有的从传记里，还有的从民间故事中、野史里都有过对他不同程度的了解，后人对清端形象一直刻骨铭心。作为本书作者的我，真切地希望，天下诸官吏都能够效仿和学习于公，为苍生谋福。如此，于公也将含笑九泉，作者也会为此书带来的价值而感到累有所值。

代　言

2022 年 10 月 12 日